快时代的慢阅读

Slow Reading in a Hurried Age

［美］
大卫·米基克斯
——著——

陈丽
——译——

译林出版社

图书在版编目（CIP）数据

快时代的慢阅读 ／（美）大卫·米基克斯（David Mikics）著；
陈丽译.—南京：译林出版社，2022.1
（名家文学讲坛／周宪主编）
书名原文：Slow Reading in a Hurried Age
ISBN 978-7-5447-8662-1

Ⅰ.①快… Ⅱ.①大… ②陈… Ⅲ.①读书方法 Ⅳ.①G792

中国版本图书馆 CIP 数据核字（2021）第 084979 号

Slow Reading in a Hurried Age by David Mikics
Copyright © 2013 by the President and Fellows of Harvard College
Published by arrangement with Harvard University Press
through Bardon-Chinese Media Agency
Simplified Chinese edition copyright © 2022 by Yilin Press, Ltd
All rights reserved.

著作权合同登记号　图字：10-2020-440 号

快时代的慢阅读 ［美国］大卫·米基克斯／著　陈　丽／译

责任编辑	王雨舟　陶泽慧
装帧设计	韦　枫
校　　对	戴小娥　孙玉兰
责任印制	单　莉

原文出版	Harvard University Press, 2013
出版发行	译林出版社
地　　址	南京市湖南路 1 号 A 楼
邮　　箱	yilin@yilin.com
网　　址	www.yilin.com
市场热线	025-86633278
排　　版	南京展望文化发展有限公司
印　　刷	江苏苏中印刷有限公司
开　　本	880 毫米 ×1230 毫米　1/32
印　　张	9.75
插　　页	2
版　　次	2022 年 1 月第 1 版
印　　次	2022 年 1 月第 1 次印刷
书　　号	ISBN 978-7-5447-8662-1
定　　价	59.00 元

版权所有·侵权必究

译林版图书若有印装错误可向出版社调换。质量热线：025-83658316

主编的话
周宪

自有了人,就有了文学。自有了文学,就有了关于文学的言说。自有了这些言说,人类文明的家园便多了一扇窗户。透过它,我们瞥见了大千世界。

口传文化时代,人们口口相传谈论文学;印刷文化时代,人们记录下自己的文学感言,付梓出版;今天的电子媒介文化时代,尽管文学这一古老的形式面临严峻挑战,但文学的话语仍作为不可多得的生存智慧,不断激发人们对自然的爱,对社会的关切,对人自身的洞察。

基于这一判断,我们策划了"名家文学讲坛"书系。

在一个实用主义和实利关怀甚嚣尘上的时期,被冷落了的文学涵养及其精神熏陶反倒变得异常重要了。此书系意在收罗国外知名思想家和学者的精彩篇什,展现文学思想的博大精深,由此开启一个通向人类精神家园的门径。此一讲坛吁请天下文学爱好者们齐聚那里,聆听各路方家论道,发表有关文学的奇思妙想。

我想,此"讲坛"意义毋庸赘言。

作为主编,我诚邀各位读者带着自己的知识行囊上路,在绵延不绝的文字旅程中,去分享那妙不可言的文之悦!

2008 年岁末于古城南京

纪念我的父亲

目 录

前　言 ………………………………………………… 1

问题所在 ……………………………………………… 7
解决之道 ……………………………………………… 27
阅读规则 ……………………………………………… 47

  规则一：要耐心 ……………………………………… 47

  规则二：问正确的问题 ……………………………… 54

  规则三：辨识叙述声音 ……………………………… 62

  规则四：感受风格 …………………………………… 75

  规则五：注意开头与结尾 …………………………… 84

  规则六：辨识路标 …………………………………… 92

  规则七：使用词典 …………………………………… 104

  规则八：追踪关键词 ………………………………… 110

  规则九：发现作者的基本思想 ……………………… 116

  规则十：保持质疑 …………………………………… 123

  规则十一：找到各部分 ……………………………… 131

  规则十二：写下来 …………………………………… 142

  规则十三：探索不同的道路 ………………………… 154

  规则十四：再找一本书 ……………………………… 163

阅读短篇小说 ………………………………………………… 171
阅读长篇小说 ………………………………………………… 195
阅读诗歌 ……………………………………………………… 219
阅读戏剧 ……………………………………………………… 247
阅读随笔 ……………………………………………………… 272
结　语 ………………………………………………………… 296

致　谢 ………………………………………………………… 300

前　言

我们为什么要读书？全球有数以亿计的人并不识字，而识字的人中也只有极少数经常读书。上网、浏览新闻头条、检查电子邮箱，更别提看电视和玩电脑游戏了，这些就能让你轻松打发掉一天（假如你那天不用上班、做家务或与朋友、家人和同事聊天的话）。上述行为都不是我所说的阅读。浏览电子邮件或短信，与我所说的阅读行为有着本质的区别，我将在下文详细描述。阅读是一种技艺，一种实践。我的目标是给你提供所需的工具，以便你能成为更好的阅读者。

更好的阅读意味着更为缓慢的阅读。近年来，一种慢生活的潮流正在悄悄流行：慢烹调、慢思考，对了，还有慢阅读。我们这个世界受电脑驱使，节奏快得令人喘不过气来。为了应对这种快节奏，作家们在谈论社会潮流时，开始提倡我们要以一种更加沉思、更加投入的方式来对待生活中的方方面面，其中便包括阅读。更快并不总是更好。以获得信息为目标的阅读，与缓慢、深入的阅读并不一样，后者是为了愉悦和理解而进行的阅读。慢阅读是严谨缜密的，我们从中获得的愉悦感也会超乎想象。

假如你打开了这本书，那足以说明你本来就热爱阅读，只不过常常没时间读书。尤其是在繁忙的一天快要结束时，阅读往往沦为信手翻翻《纽约客》，而非读完它的任何一篇文章；或者浏览网上新闻，查看社交媒体网站。在这个数字时代，这些娱乐消遣日益成为令我们难以自拔的困扰，而慢阅读正是纠正这一问题的一剂良药。

我的目的并不是要骚扰、诱骗乃至恐吓你去阅读更多的书籍。正相反,我希望你能从阅读的书籍中获得更多知识。如果你正在阅读本书,那说明你本来就希望从阅读中得到更多的收获;你有信念。而通过改良你的阅读方法,你就有机会将这一信念付诸实现:你需要更严肃认真地,当然也要更缓慢地读书。

如何阅读要远比读了多少书更为重要。而且只有好书才能教会你如何全心全意地阅读,如何专注于其中并收获愉悦和知识。报纸、推文和博客文章无法向你展示阅读的全部。只有书籍能够做到这一点。

想要在阅读时达到流连忘返、乐在其中、浑然忘我的境界,你需要做一些准备工作。为了享受阅读,你得先知道阅读时要关注什么。本书便拟介绍一些简单的规则,并深入探讨几本深受大家喜爱的书,从而引导你得到更多的快乐。

你一旦学会慢阅读,就等于拥有了一份稳固的财富,它会不断激励你向前。你对世界的态度和反应都会发生出乎意料的改变。我无法保证慢阅读一定会把你变成一个更好的人,令你挣更多的钱,或者帮你找到真爱。但是,你会实现更微妙的改变,你的生活也会因此而变得更有趣。想象一下,你以前从不运动,后来却变为一个有水准的运动员,每天跑几公里,就像运动能改变你的身体一样,慢阅读能改变你的思想:一个崭新的世界将会开启;你会有完全不同的感受和行为,因为书籍对你而言将会变得更加鲜活、更为开放。

慢阅读是一种积极的训练。你投入得越多,就会发现它越有价值,越有吸引力。你阅读时越严肃越积极,就会越发乐意重新阅读一些曾经读过的书,重新理解和评价它们,并且也重新评价自己。沃尔特·惠特曼写道:"阅读不是一种半睡半醒的行为,而是一种最严格的肉体锻炼。……并不是书籍本身需要保持完整,而是书的读者需要这么做。"惠特曼认为,以高昂的情绪和认真的态度来进行阅读将使你成为完整的人,令你健全而坚强。

在21世纪,要实践我在本书中推荐的阅读方法,我们面临的困难远超以往。不论我们是否喜欢,互联网已经给我们的阅读方式造成了革命性的改变。人们对科技持或赞同或批判的态度,但他们都同意这一点:我们与书面文字的关系已经永远改变。即使互联网的狂热爱好者也时常承认,他们对自己的互联网经历有挫折感:他们每天心不在焉地浪费几个小时的时间,但掌握的只不过是一小撮资料,还很快就会忘记。

只要你感兴趣,哪怕这是一个互联网时代,本书仍然可以教你如何成为一个仔细的好读者、一个慢阅读者。互联网滋养的是休闲阅读:我们快速浏览,浅尝辄止,寻找奇闻趣事。互联网鼓励我们以一小口一小口的懒散态度消费文字。但是,慢阅读要求时间和练习。本书将引导读者养成他们所需的新习惯,以便从书籍中获得最多的知识。他们获得的回报会是巨大的:几个世纪的知识,以及只有专注阅读才能获得的愉悦感。

对于有些负荷过重、生活匆忙的人而言,本书是一本指导他们正确阅读的指南。这些人无时无刻不接触"文本"(电子邮件、推文、简短的网络新闻),却渴望更有回报的阅读体验,这是只有慢阅读才能够提供的东西。本书便是一本慢阅读的指南,或者手册,我希望你们能用最切合自身需要的方法使用它。本书还能为那些希望提高阅读技巧的经验丰富的读者提供指导,亦能帮助那些疏于练习的读者。可能你自大学毕业后便没有大量读过书,但是你经常会满怀渴望地瞄一瞄书架上那些你在最喜欢的大学课程里曾经接触过的小说。随着你因实践慢阅读而变得更加雄心勃勃,旅行到人迹罕至的"黄金王国"(借用济慈的短语),你仍可以依赖早期的阅读,将之作为你的本垒基地,但也会体验到新的乐趣。在你面前开启的是一片无穷无尽的资源,总是可以随时取用:伴随真正的充实阅读而来的那种兴奋感。最后,我的论述还对相关的教师和家长有用,他们认识到数字科技的不断使用已经负面地影响了孩子的注意力持续时间,以及他们独立应对挑战的能力。慢阅读能帮助提高他们在课上和课后的注意力。对于如何增强年轻读者的好奇心和投入感,本书提供了务实的建议。

在本书中，我引用并讨论了许多例子，大多数例子来自文学作品，但也有一些来自历史和社会科学领域。许多例子是经典文本，不过也有少数例外。我所关注的是从《圣经》和荷马以降的西方传统的名篇经典。我选择那些书，是因为它们提供了线索，供我们了解实现深入阅读存在的问题和可能性；还因为它们给读者提供了那么多深奥微妙的愉悦感，哪怕它们很难被读懂。我曾参加过一个"伟大书籍"的项目，连续多年给大学一年级新生开课，我十分清楚阅读经典文本能够提供怎样的兴奋感。

最后，我稍微解释一下本书的篇章结构。在本书伊始，我先概述数字时代给严肃读者带来的急迫危险。"问题所在"这一章的讨论，乍看上去似乎与我后来提供的有关阅读的务实建议并无关联。事实上，认识到这种危险具有无与伦比的重要性：互联网虽然实现了许多好的改变，却使得我们比以往更难投入到严肃、缓慢和有效的阅读中。在"问题所在"以及随后的"解决之道"两章中，我剖析了数字革命的真实维度，认为它已经激进地改变了与阅读相关的一切事物。除非我们认真思考如何去控制（有时则是如何去抵消）数字科技对我们的生活造成的日益增长的影响，否则我们就不可能实现真正有益的阅读。

在"问题所在"和"解决之道"之后，我接下来论述我的 14 条阅读规则。许多读者对文学的复杂性感到挫败，当文学作品明显难懂时他们尤其会有这样的感受。我多么经常地听到这样的感慨，而且是博览群书的成年人发出的感慨："我就是无法理解诗歌！"该章为这样的读者提供了具体的计划。如果你喜欢读书，但是感觉你所阅读的作品应该有更多值得了解和谈论的内容，那么这些规则将帮助你成为一位更有能力、更加仔细的阅读者，帮助你了解如何才能更好地阅读一本书。我的 14 条规则可以按照任何顺序加以阅读；每位读者都能从中找到更适合自己的一些规则，这取决于读者本人先前的阅读经历。请自由采纳你能用得上的规则，这是让它们发挥最大功用的方式。

我希望,我对这些规则的强调不会妨碍读者的愉悦感。拉尔夫·沃尔多·爱默生曾督促我们"为了意趣而读书",为了那些书中浮现的闪闪发光、一瞬即逝的高峰而读书。我并不打算用我的实用规则将那些高峰变得平坦。相反,我希望给你提供一个方法,帮你找到那些高峰。

这些规则之后是五章对关键文类更宏观的体验,分别论述如何阅读短篇小说、长篇小说、诗歌、戏剧和随笔,之后便是结语。这些章节给读者提供机会来实践那 14 条阅读规则,我在讨论各式各样的作者时会经常涉及这些规则。在这些章节里,我引导读者和我一起阅读一些我最喜爱的书籍,这些书能帮助我们更清楚地理解什么是读书,并将我们引向和它们同类的其他书籍。我所列举的那些书都是其所属文类的典型代表,很好地体现了长篇小说、诗歌以及其他文类的特性。从某种重要意义上说,随笔就是蒙田,戏剧就是莎士比亚。假如你尚未读过我谈论的这些书籍,我希望,你能下决心去读一些:这些书范围广泛,覆盖了整个文学世界,从契诃夫带有忧伤底蕴和人性关怀的喜剧,到亨利·詹姆斯敏锐而又自欺欺人的清晰文字;从莎士比亚悲剧中深重的高贵精神,到薇拉·凯瑟呼出的纯洁空气;从将激情与克制融于一体的华莱士·史蒂文斯,到将痛苦不加掩饰地暴露出来的贝克特。在选择这些作品的过程中,我依据的是个人的爱好,多少失之偏颇和武断,而且我还不得不略过许多我十分珍爱的作家:要想把我喜爱的书全部讨论一遍,那将意味着写十本书,而不是只写这一本。但我已经开了头,并且希望我提供的是个榜样,能帮助你们了解如何来谈论自己最喜欢的书籍。

伟大的英国浪漫主义文学评论家威廉·哈兹里特提倡阅读要有热情。先有对阅读的渴望,才有良好的阅读。我对你的首条建议永远都是,保持你对书面文字的热情渴望,并保持你的愉悦感。阅读不应该是件苦差事,也不应该是单纯的避世途径,而应该是在更高层面上的一种生活形式。哈罗德·布鲁姆坚持认为,正确地进行阅读,它就会给你提供更多的生活:比你日常所能接触的更多的人物,和远超你可能亲身经历的更多的爱与恨、强烈的幸福与悲哀。那些伟大作家创造的世界,堪与上帝创造的世界媲美,一样具有剧烈的变化,一样具有美丽与阴暗,以及令我们钦佩的新颖感。通过文字的无限能量,这个人造的世界会给你带来惊奇,而惊奇是最有价值的礼物。而且这个世界永远向你开放,每时每刻。书籍永远等着你。

问题所在

夜深了,天知道刚过去的一天多么漫长。孩子们终于上床了,与老板或伴侣的争论也差不多被我们抛诸脑后了。我们大多数人,在筋疲力尽的一天快结束时,都知道接下来该做些什么:拿起手提电脑,寻找一些容易消化的娱乐消遣或新闻;查看"脸书"页面或电子邮件。最终,在厌倦了点开一个又一个网页之后,我们准备上床睡觉。

但是,还存在一种更好的选择,你可能已经猜到了:读书。与五光十色的网络世界相比,书籍能够给你提供更加真实、更为持久的陪伴。即使你已经开始热切地、广泛地阅读,了解更多的阅读方法也将帮助你更好地沉醉于书籍之中:让书充分发挥它的魔力,展示出新的景色、新的经历。我们有必要摆脱心事重重的社会自我,以便为这种全新的体验做好准备。接着,正如罗伯特·弗罗斯特在《指令》一诗中所写,你将"在陶醉迷失中找到自我"。你陶醉于其中的书籍可能会令你迷失方向或者感到困惑,但这种迷失最终会引导你重新发现一个更加真实的自我。

我们身边的一切几乎都会影响和妨碍我们实践本书所推荐的这种阅读。数字娱乐时代给读者带来了前所未有的挑战。我们时刻准备着要浏览和略读,抓住主要观点,然后就继续前行;我们对速度趋之若鹜。我们想要快速的下载,实时的新闻,最新的推文。

我的目标不是单纯地发脾气抱怨,也不是要宣称过去总比现在好。你或许会奇怪,我为什么要数落电子媒体的过错,而不是单纯地颂扬书籍和阅读。理由很简单。我在敲响警钟,警告人们注意数字时代的危害,因为读者要清醒意识到我们需要面对的问题,这一点十分重要。我们必须要公开地回应这一挑战,我们要完全意识到,即使与仅仅几年前相比,好好读书已经变得更为困难。(当然,新科技推进了科学和人文学科领域的研究,并带来新的科学发现,但是我现在谈论的是科技对阅读生活的影响,这是一幅更加阴郁的景象。)

我们被一股永不停歇的文本潮流所席卷,几乎没有时间静下来反思。快速而凌乱的信息不断地冲击我们。糟糕的写作形成一股潮流,而且它们大多要求读者快速做出回应。它们妨碍了需要投入时间并集中注意力的真正的阅读。本书将向你展示如何以一种强大的、有建树的方式来进行阅读,这种方式会提高你头脑的创造力,而不是令它衰竭。即使在今天这种枝枝蔓蔓、无限互联的生活方式中,深度阅读仍然是可能实现的。但是你需要一些指导,以便实现深度而有效的阅读:考虑到以字节为单位的娱乐带来的新困境,现在比以往更需要指导。

目前的数字风暴真正是前所未有的。甚至在二十年前,谁也没有想到它会发生。在20世纪,学者们写作并出版了大量的辩论文章维护书籍,反对新兴媒体(电影、电视、连环漫画)。他们大声呼吁有必要"拯救阅读",帮助它抵抗那些引领潮流的敌人。但是,这些穿着粗花呢外套的批评者——有些还是真正杰出的社会活动家——谁也没有预料到后来真正发生了什么事情:互联网的文字环境无处不在,就像我们呼吸的空气一样包围了我们。当莫提默·艾德勒在第二次世界大战后的美国提倡阅读书籍时,他担心的是人们在未来不再阅读书籍。(艾德勒的《如何阅读一本书》完成于1940年,并在随后的几十年间卖出了数百万本。)艾德勒担心,我们迷恋电视(当时的一种新发明),会变成整日待在沙发上一动不动看电视的电视迷,只会理解图片信息,而不是印刷文字。他没能预见到未来真正发生的事情:每个人都经常阅读,但是都读得很糟糕。艾德勒、查尔斯·范多伦(他于1972年与艾德勒一起修订了《如何阅读一本书》一书)和尼尔·波兹曼(他于1985年出版了反新媒体的论战之书《娱乐至死》)等作家,从未预见到如今每日冲击我们且萦绕不去的缩微文本的乌云——那些电子邮件、推文和即时信息。

互联网将一切事物置于新的视角之下:闪电般迅速,但是模糊不堪。那些随意的、临时拼凑的句子现在受到重视,被认为比精巧的、深思熟虑的句子更加重要。雄辩和缜密的阐述似乎成了纯粹浪费时间的东西,属于更古老的、互联网没有那么普及的时代。普鲁斯特珍视时间给予灵魂的回报和惩罚,假如他还活着,他能否忍受这个推特时代呢?

当然了,并不是所有的推文都生而平等。在推文中还是可能出现格言警句般的简洁和智慧,但是这种情况很少见:推特不利于产生精雕细琢的句子,它促成的是一次性的文字产品。如果有某条推文被全球推特转发,那通常是因为它包含了新闻,而不是因为它以持久精准的力度总结了一种情感或思想。最受欢迎的推文通常类似新闻头条、笑话或羞辱之词:强硬有力、冷嘲热讽、略显粗糙。在推特中,迅速的攻击远比智慧更受欢迎。名人的推文满足了读者的好奇心,是八卦或谩骂话题的源泉,这些源头在任何一个现代社会都从未干涸。但是八卦只是一时之乐,随着时间的推移便失去了滋味。谁也不会想要坎耶·韦斯特的推文合集,甚至 Jay-Z 的推文合集也无人问津,就像没有人会想要去年报纸头条新闻的合集一样。即使它们当时正如日中天,现在也已经过时了。

真正的阅读旨在提高读者的创造力,永远不会失去力量。它不会像电子邮件、推文和即时短信一样具有时效性。这样的阅读要求你投入时间,以便回报给你某些永久性的东西:你对某本书的理解足以令你愿意一而再,再而三地重新阅读它,你投入的时间越多,你的收获就越大。时间——对时间的需求,以及时间带来的回报——是我所理解的有价值的阅读的关键所在。在这个信息时代,我们格外重视以尽可能快的速度获得我们需要的信息,或者我们自认为需要的信息。但是,问题在于,事情发生得太过迅速,我们被剥夺了判断能力。我们敏锐地感觉到,我们不再有能力判断什么值得我们关注,什么不值得。因此,我们开始痛苦。青少年已经对无休无止的点击鼠标的行为上瘾,鼠标无规律的响声统治了他们年轻的生活。2012年5月,极端正统犹太教徒在纽约的花旗球场举行了一次反对互联网的集会,该集会以一种挑衅性的姿态敲响了警钟(当然,我们不得不承认,这种方式多少有些保守)。我们正在变成"只会点击鼠标的机械人",犹太拉比伊弗雷姆·瓦克斯曼说道:"如果你觉得无聊,点点鼠标就好。"

皮尤基金会和"常识媒体"近期针对教师所做的两项调查得到了广泛的报道。这两项调查证实,越来越多的教师已经察觉到,学生对电子科技的不断使用正在逐渐侵袭他们的专注力。约90%的参与调查的教师相信,电子科技正在塑造出"注意力持续时间短暂、轻易便被分心的一代人"。"好家伙,这难道是吹响了号角,呼吁我们创建一个更健康、更平衡的媒体环境?""常识媒体"的总经理吉姆·斯泰尔在评论调查结果时如是说道,"父母们必须得理解的一点是,在家庭中发生的媒体消费行为会影响孩子的学业成绩。"

文化评论家马克·鲍尔莱因引用了凯泽家庭基金会2005年的一份调查报告。该报告显示,在业余时间是否读书是最准确的预测指标,能够预测8至18岁的孩子以后能否上大学,以及能否在大学里学业优秀——而互联网比其他任何事物都更能偷去孩子们本该用于严肃的业余读书的时间。我们大多数人都希望自己的孩子能上大学(哪怕大家像我一样,都已经老得忘了大学是什么样)。不断地使用互联网妨碍了年轻人养成深度学习的习惯,而这种习惯是大学教育所要求的。

我们不可能弃置网络不用,而且,实际上,我们也不想这么做。网络使得我们的世界变得更方便,联系更紧密。我们可以快速查找所需的资料,也可以与更广泛的人群交流,范围之广远甚从前。我们用各地正在发生的事情扩展了我们的朋友圈。但是,互联网也带来了实实在在的负面影响:我们失去了私密的、沉思的快乐,例如严肃阅读。和书籍不一样,互联网给我们带来持续不断的骚扰。我时不时地会听到朋友们描述一种日益罕见的体验：他们在某个偏远的度假地愉快地度过了一个没有互联网的周末，能够真正地放松和集中精力，并逃离平时那种被侵扰的生活。只要有互联网，它就会提醒我们有各种各样的工作要做，在办公室如此，在家里也愈发如此。互联网消失一阵子，我们就感觉自由了。

互联网提供了看似无穷无尽的选择。但是，当我们一头扎进这个具有各种可能性的电子海洋时，我们经常感觉自己被剥夺了选择的权利。和超市不一样，互联网通常并不要求你为自己的选择付费；它骄傲地宣称信息是免费的。但是网上丰富的各种可能性并没有解放我们。网络统治了我们，要求我们尽可能多地去选择，尽可能频繁地做选择，以便我们不会遗漏任何东西。这尤其适用于网上阅读。我们有那么多可选择的阅读对象或浏览对象。结果就是"持续性走神"，它发生在我们想同时做太多事情的时候。琳达·斯通发明了这个短语，她解释说"持续性走神"并不等同于多任务处理。她认为，当我们进行多任务处理时，我们在同时从事一种机械性的行为和另一种需要更多注意力的行为。例如，我们在吃午饭的同时写东西或者打电话。主要的行为（写东西、打电话）一直是我们主要关注的目标。吃那个三明治不会将我们的注意力从主要任务上转移开来。

斯通写道，"持续性走神"则是另一码事，因为当它发生时，我们会受到"驱动，不愿意错过任何事情"。"持续性走神"逐渐给我们灌输了

> 一种警惕感，这在多任务处理中并不常见。有了"持续性走神"，我们感觉只有在线时（连上互联网，先知为快），我们才最为活跃。在任何时间，我们不断地浏览网页，寻找机会——活动或者人……"持续性走神"总是存在，在任何时间、任何地点，这种行为制造出一种人为的危机感。我们总是高度警觉。

这种警惕感如果是小剂量的，或许会派上用场。但是当代的科技将"持

续性走神"强加于我们,它提供了大量关注新事物的机会,而我们被这些机会包围了。斯通总结道:"渐渐地,我们中的许多人感受到了'持续性走神'带来的'阴影'——过度的刺激和成就感的缺乏。"每一分钟似乎都有一个新的链接来骚扰我们,都会有一篇文章或邮件用性感的标题挑逗我们并向我们承诺,只要我们点击并花费几秒钟看一看,我们就能先知为快。关键就在于诱惑你去点击,吸引你"跳进去",这样你才会看到文章的其余部分(以及,更为重要的,一个新的广告页)。

现在,与压力有关的疾病比以往任何时候都更为普遍,这些疾病与互联网在我们生活中的无孔不入密切相关。与压力有关的去甲肾上腺素和肾上腺皮质醇在分心、挫折和浪费时间的种种新感受的刺激之下,泛滥不可收拾。我们寻找解决之道,至少是部分的解决办法,来应对我们疲惫的神经和支离破碎的注意力:服用抗焦虑药,冥想,整个下午都游泳或打高尔夫球,以此远离苹果手机。这些都是合适的方法,可以应对互联网催生出来的焦虑不安。但是读书是最好的解决途径,它提供的是最珍贵的回报,这一点我将在本书中进一步说明。

当然,注意力被分散的问题并不是在数字时代才出现的。但是只有在最近,只有在现在,我们才走到哪里都随身携带即时连接互联网的电子产品,注意力分散这一问题才达到令人崩溃的程度。沃尔特·基恩在《大西洋月刊》上思考"无限连接的噩梦"时,引用了普布里乌斯·西鲁斯(古罗马的一位获得解放的奴隶、格言作家,生活在公元前1世纪)的话:"同时做两件事情等于什么都没做。"现在,我们经常同时做两件(或者三件、四件)事情。

在他的文章中,基恩回忆了互联网的早期承诺:

> "你今天想去哪里?"微软公司在20世纪90年代中期的一个广告中这么问道。其言外之意是你有无穷无尽的目的地——地理的、社会的、知识的目的地——只要将正确的软件装入正确的装置,你就

可以在千分之一秒内到达那些目的地。它还进一步巧妙地暗示,你想去哪里完全取决于你,而不是你的配偶、你的老板、你的孩子或者你的政府。

正如我们十分清楚地知道,谷歌和亚马逊监视着我们的一举一动,告诉我们应该去哪里:他们的手法十分有效,我们甚至没有意识到他们在那么做。杰伦·拉尼尔是一位具有开拓精神的计算机科学家,他认为互联网诱使我们放弃了自由。名义上,我们"免费"获得信息,但实际上这却最终演变成为我们心甘情愿地同意让公司免费获得我们的个人信息。对于作家、作曲家和艺术家而言,这还意味着同意数以百万计的其他互联网使用者获取他们创作的作品而不用支付任何报酬。"就在现在,"拉尼尔写道,"我们获得某些免费的云服务,而实际上该服务提供商不仅可以免费获得我们上传的材料,而且还能监视我们,我们为网络带宽付出了太高的代价。"自由是网络主管们最不屑的问题。他们想要的不过是先了解清楚我们这些消费者的习惯——我们在网上读什么、买什么、看什么、写什么,然后用之来影响和塑造我们。"你今天想去哪里?"他们问道。为了让他们能够收集到关于我们的足够多的信息,我们不得不去一些地方(或"网址"),不仅仅是今天去,而且是每天(每小时?每分钟?)都去。突然之间(比方说大约在 2005 年吧),人们就感觉不再自由了。

我们与网络互动的不自由性质还体现在它强加于我们的呆板节奏上,我们被迫在各种吸引我们注意力的源头之间不断跳转。一个人很容易就被网络的各种诱惑吸引,无法再认真思考他正在做的工作。在荷马的《奥德赛》中,海妖塞壬告诉奥德修斯,她们实时更新帖文,记录他的名望、他席卷地中海的英勇事迹。她们还是奥德修斯的公共关系顾问,宣称对他的灵魂有最终的发言权:她们承诺要告诉这个闻名世界的英雄他自己究竟是谁。和塞壬一样,网络上的各种可点击链接奉承你,宣称你真的应该掌握一切:你应该知道世界上正在发生的事情,并因此知道正发生在你自己身上的事情(此处,"因此"所表达的因果关系十分隐晦)。为什么不追踪一些具有潜在相关性的知识趣闻呢？或者看一眼这篇说不定能给你提供一个重要的新想法的文章？或者,干吗不休息一会儿呢？只休息一小会儿,来娱乐一下。在你意识到之前,你就已经浪费了一天时间来观看愚蠢的喵星人视频,你的眼睛和灵魂都疼得厉害。

基恩的报告中称,我们花在互联网上的时间要求我们"不断地转换和筛选",这"使得大脑中负责视觉处理和身体协调的区域十分活跃,同时似乎抑制了与记忆和学习相关的一些更高层次的区域"。美国加利福尼亚大学洛杉矶分校的一项实验要求实验对象分类整理索引卡,先是在静默的环境下进行,接着要求他们一边分类一边倾听并辨认某些声音。"实验对象在有音乐分散注意力的情况下勉强能够整理索引卡,"基恩写道,"但是一旦实验结束,与另一组人相比,他们要想回忆起究竟整理了什么会难得多。"他们大脑的活跃点从处理记忆的海马体,转移到了处理机械行为的纹状体。他们能够完成任务,但是不能够回忆起做了什么。同样的道理也适用于我们的孩子和青少年。他们大多数人习惯于在阅读的同时做些别的事情：在互联网上漫游、收发短信、观看视频、听音乐(有时还同时做所有这些事情)。年轻人集中精力于单一的兴趣点的能力正在明显下降,许多教师和父母都已经惊恐地注意到这一点。伴随着电子科技成长起来的孩子,与那些在长大后才接触到互联网的老辈人相比,更容易染上这种不断分散注意力的毛病。波士顿英纳斯科普研究所的一项研究表明,"数字土著人"(那些伴随着新科技成长起来的人)平均每小时在不同的信息源之间转换27次。(而那些"数字移民"——成年后才开始使用移动科技产品的人,其频率是每小时17次。)大多数(54%)的数字土著人声称,他们更愿意给人发短信,而不是打电话。(只有28%的数字移民喜欢发短信甚于打电话。)

同时做两三件事情降低了效率,因为不断地转移注意力会产生压力。这样的"持续性走神"使你不能有效率地投身任何一件事情。在互联网时代,我们经常感觉自己已经获得了完全的自由,可以在任何我们希望的时间,观看或者倾听任何我们想要的东西。但是我们并不知道如何分清主次:如何判断什么值得我们关注。我们感觉迷失了方向,无能为力。我们的目的是寻找消遣,结果却总是分心做太多的事情。

我们在苹果手机、手提电脑、电子书和推特、Tumblr、YouTube 等网站之间习惯性地、疯狂地跳来转去,其间偶尔还会停下来关注一下站在我们面前的人。基恩暗示,这种行为在某个更美好的未来会被当作不可思议的事情,简直就跟魔法师的修炼工作一样。"当我们在未来回顾这些,回顾我们玩杂技一样的电子生活,"基恩说道,

> 这一奇观将令我们感觉离奇古怪、光怪陆离,就像那些旧电影中的影像一样:坐得笔直的女接线员,戴着发卡,迅速地将电话的听筒接口从一个洞插到另一个洞,将芝加哥与迈阿密、记者与本市新闻编辑室、商人与情妇连接起来。这样的影像一度成为现代疯狂生活的电影缩写,但是随后,通信科技革新,这些接线员失去了工作。

> 我们接过了她们的工作。

要想逃离我们目前被蛊惑的状态,摆脱困住我们的多重媒体平台,我们就得专注于一项任务,并决心将那个任务做好。不论学习内容是假蝇钓鱼、电子工程学还是拉小提琴,要想学好某样值得学好的东西,我们需要减缓速度并集中注意力。同样的道理适用于阅读。慢阅读,就像越来越多的评论者所认识到的,是允许我们真正体验一本书的唯一方式。

浏览式阅读和为了获取信息的快速阅读一直伴随着我们。一篇好的新闻故事,配上一个绘声绘色的题目,总是被设计来让我们阅读几个关键的段落,而不是从头读到尾。互联网采纳并强化了典型的小报风格,鼓励我们在数字的草场上放牧,而不是让我们潜进去深思一个主题。但是,对于这种盛行的适合略读的新闻模式,越来越多的人表示不满。对于那些

希望阅读长篇文章并愿意从头读到尾的读者而言，Longform 之类的网站迎合了他们的需要。这些读者是饥饿的难民，他们逃离的国度充斥着无穷无尽的、美味却不令人满意的信息碎片。他们想要一些能让人深度思考的东西，一些值得缓慢和仔细阅读的东西。Longform 网站的联合创始人之一马克斯·林斯基宣称，在奥萨马·本·拉登被刺杀的那一天，他网站的点击率达到八十万，人们都来搜索有关本·拉登的详尽的、有一定长度的研究文章。他们不需要那种在网上迅速扩散的只有两段篇幅的耸人听闻的总结性文字，而想要更深层次的内容。

互联网是后现代时代的一个缩影，它推崇迅捷和快速连接，远甚于其他。但是这种表面上的高效事实上却完全没有效率，我们的忙碌和迅捷并没有任何建树。在互联网上阅读那些三分钟就能读完的豆腐块并不是严肃阅读，就像在不同广播台之间快速调台不是严肃的倾听一样。当我上高中和大学那会儿，每张新的重磅专辑都会被重放重听不知道多少遍。我们还以为这样浪费了时间，但是我们想错了。我们十八岁时对美国传声头像乐队或者英国歌手埃尔维斯·科斯特洛的最新黑胶唱片的敬畏迷恋，并不是单纯的漫无目标的开小差，而是对细节的深情热爱，体现在对他们作品的一遍遍倾听上。阅读要求同样的投入：看一次阅读是否成功，试金石就是看你是否会被吸引着重新拿起那本书再读一遍。

在这个数字的"美丽新世界"里，我们一心关注的是速度，而不是重复和缓慢的学习。因此，我们忘记了这一事实：良好的阅读要求时间和耐心。这一点再怎么重复强调也不为过。以书本形式出现的论文或想象文学作品，只有随着时间的推移才慢慢显示其魅力。我们必须努力，才能从所读之书中获得更多的东西。而且，对好书进行缓慢的阅读和仔细的思考，总会有回报。这一点在教育学上同样十分必要。假如我们让孩子们误认为，他们做的一切事情都应该是容易的，不费劲且能迅速完成的，那不会给他们带来任何好处。今天，在太多的情况下，对于高中生而言——甚至大学生也经常如此——所谓的"研究"不过是浏览一下维基百科,在谷歌上快速地搜一搜,然后将某些引文剪切拼贴在一起。在最好的情况下,学生也只会将拼贴来的段落放在引号里。但是因为互联网不断提供一些备用文本,学术抄袭已经成为一个愈演愈烈的问题。与糟糕的阅读相伴相生的是糟糕的写作:将互联网上的句子简单拼凑在一起,再加上自己的少量修改或增补。

写作的问题同样适用于阅读。我们不断地产出胡乱拼凑的文本,与之紧密联系的是一股新兴的潮流:我们用未经琢磨的临时冲动来冒充创造力。在互联网上,诗歌可能仅用一两分钟就创作完成,或者读完。但是,真正的创造性工作(不论是创造出某样有趣的东西,还是以某种有趣的方式来解读某样东西)要求你习得必要的技巧,以便达成你的目标。而对任何技巧或技艺的掌握,没有不需要时间、奉献和专注的。弹钢琴如此,体育如此,绘画如此——阅读亦如此。"因此,除了创造性的写作外,还得有创造性的阅读,"拉尔夫·沃尔多·爱默生宣称,"当心灵被努力和创造力振奋时,我们读的任何一本书都会页页生辉,都会给予我们各种启示。这时每个句子都会显得更有意义,作者的见识也会显得无比广博。"[1] 爱默生睿智地洞见了创造性要求我们兼具"努力"和"创造力",它需要费力气。

真正回报性的阅读所要求的"努力",正好与最近几十年来在互联网主导下发展出的懒惰的文本浏览方式形成反差。研究者发现,人们以一种 F 模式来阅读网络文本,不论它是博客文章、"脸书"页面,还是新闻故事。他们先读文本的第一行,或者头几行,把它读完(字母 F 最上面的一横杠)。接着,在后面的文本中,他们会从中间开始读,一直读到右边的空白处(字母 F 中间较短的那一横)。副标题或次级标题形成字母 F 的额外分枝:与 F 模式一致的是,这些次级标题倾向于比最上面的主标题更短小。最后,大约文本过半之后,读者的眼睛开始沿着页面左边空白处

---

[1] 选自《论美国学者(节选)》,曹明伦译,《中国翻译》2009 年第 4 期。——译注,下同

向下画直线(类似于字母 F 的垂直一竖),并"结束"文本的阅读,即便他们其实并没有真正读太多的内容。迫于时间压力,读者匆忙向下浏览,越来越快地下拉到文章的结尾处。

戴维·里斯利是一位博客营销策略专家,他这么评论 F 模式具有支配作用的重要性:"大多数的博文读者都受到 ADD[注意障碍]的困扰……所以你的内容必须得具备一定的结构才能迎合他们。"广告商们也意识到 F 模式的重要性:最贵的广告通常被置于网页最上方的左侧,那是 F 模式中最盈利、最吸引人眼球的角落。(这逆转了报纸的传统做法,报纸通常将头条新闻放置在最上方的右侧。)

网络用 F 模式建构我们的阅读,我们应该对该模式加以抵制,转而采用一种更合适的速度,一种允许我们更充分地接触文本的速度。我们每个人都享有自由,可以选择自己心仪的阅读方式;新科技或许会造成阻碍,但是我们仍然有能力掌控自己的阅读体验。

互联网日益主宰我们的生活,这虽然令我们为之深深担忧,但不应该成为绝望的理由。认为互联网已经破坏了我们的大脑结构的想法显然是错误的。这样的变化不可能在几十年内就发生,进化需要时间。但是,因为孩子的大脑仍然处在发育期,如果从幼年起就大量使用互联网,这会对其大脑产生影响,就像药品有其影响一样。(你不会让你蹒跚学步的孩子服食咖啡因或兴奋剂,对不对?)而且,即使到了成年期,对于互联网的持续依赖也会以一定的模式塑造我们的反应,并且如我前文所描述的,现在许多人感觉互联网的模式是束缚性而不是解放性的。研究者们很可能还需一段时间才能弄清楚,到底从几岁开始以多高的频率使用互联网会导致注意障碍。但是,证据已经表明,我们的孩子患上注意障碍的案例正在呈爆炸性增长,而与此同时出现的,是过去十年日益增长的互联网使用率。医生开出的阿得拉和利他林[1]处方数量之大,令人难以置信,甚至

---

[1] 这两种均为治疗注意障碍的药。

令人恐惧。

年轻人最易受到数字时代的负面危险带来的伤害。青少年人均每月发送约3 000条信息——这个数字在令人惊诧之余也颇令我们焦虑。马克·鲍尔莱因描述了这种无处不在的同龄人交际带来的压力：青少年们一天到晚都在聊天、互发图片。他们的卧室变成了一个"指挥中心",鲍尔莱因写道。短信、推文和图片"每天傍晚源源不断地涌入,而且如果孩子们不回复的话,他们就落伍了"。鲍尔莱因认为,"孩子们需要喘息,需要静养";他们需要被保护,免受同龄人群体每时每刻发来的指令的影响。阅读是一个年轻人可以独闯并且可以任意徜徉其间的世界,他想花多长时间都可以。他可以将自己解放出来,不再理会智能手机强加于他的骚扰：对阅读的每句话,他要么内行地进行辩驳,要么回以一句俏皮的评语。鲍尔莱因是一位大学老师,他写道,他的学生觉得必须要接收信息,一下课便立即打开手机。他们担心会错过什么事情——鲍尔莱因问道："还有什么比被排除在外更糟糕的吗?"但是,学生们的表情是紧张的,并不愉快,他们匆忙地查阅掌中的屏幕。没完没了地查看与回复,在这个新权力的统治之下,愉悦感已经丧失。鲍尔莱因在文中提及了几位互联网评论员,包括李·西格尔、尼古拉斯·卡尔和玛吉·杰克逊,他们都不约而同地认可鲍尔莱因的观点,承认数字时代对我们的灵魂施加的损害。

网瘾的效果是可以逆转的,这是一个好消息。你不会因为玩《愤怒的小鸟》上瘾而突然变成一个白痴,就像赌博者不会因为长时间坐在老虎机前而永久性地丧失思考能力一样。互联网催促和教导你采取"行动"（注意：我加了引号以表质疑)的方式与赌博有相似之处：它有一种强制性的氛围,使得你即使在玩得开心时也隐隐感受到一丝寒意。网上冲浪不能提供赌博所能带来的那种极端兴奋感；除了罕见的情况外,它也不会令你家破人亡、众叛亲离(除非你沉迷的是一些赌博网站)。但是,这两种现象(赌博和网上冲浪)有一项共同之处：它们以一种非自然的、迅疾的速度运作,这种速度完全迥异于我们散步、与友人谈话或严肃阅读书籍时的节奏。

网上冲浪与我刚才提及的其他行为在节奏上的不同,不仅仅表现在网络崇尚速度。它还表现在网络的速度具有僵硬的强制性,缺乏表现力,即使在链接快速转换时,情况也是如此。世界上最快的电脑仍然会将你变成它的奴隶,使你受制于它的反应速度;它仍然会给你提供大量的选择,让你点击。它就是不能像人、风景、绘画或者书籍那样回应你。音乐也同样能创造一种交融环境,网络却永远无法模仿它的方式。对于这个人工营造、触手可及的互联网,杰伦·拉尼尔看到了它表现力的匮乏。文学、音乐和艺术具有表现力;与之相比,电脑按部就班地领着你走。你并不是沉浸于一种现实之中,而是盯着屏幕看,它问你问题并要求你回答。

你可以陶醉于一本书,但你永远不能以同样的方式沉浸于网络。在等待屏幕跳转时,你永远不是真正自由的。这就是为什么最好的电子阅读器(电子书)总要尽可能真实地模仿书籍所带来的感觉。电子书的根本吸引力在于它使我们免于携带沉重的大部头书。(不过它仍然使我们受制于另一种屏幕;如果我们已经在隔间中盯着电子书看了一整天,我们或许会渴望逃到纸质书中换一换。)我们希望电子书能够提供书籍所能带来的那种亲密感:我们希望能浏览和快速翻动书页,能在书页空白处写笔记。换言之,电子书很神奇很方便,但是有什么事情是它能做而纸质书做不到的呢?电子书可以链接到音乐、图片和视频,书籍做不到这些。但是,书籍要求我们全心全意投入其中,所以这些电子附加物通常是阻碍。你真的想在阅读安东尼·伯吉斯的《发条橙》的同时听贝多芬的音乐吗,哪怕该书中的坏青年们经常在音响中播放贝多芬?答案是不。我们只要记得贝多芬的音乐是什么样,就足够用了。如果你在阅读的同时听音乐,音乐就会转移你对文字的注意力。

尽管精心演绎的有声读物常常会增加我们对书面文本的理解,但是书籍首先存在于一页页的纸上。它们是写作,而非谈话。写作与谈话是有区别的。我们并不常常把我们的谈话录下来以备后来再听：它们并不具备名篇名著那种精雕细琢的结构。谈话即时发生，而写作则是你的事后回顾。不过，随着即时短信和推文的兴起，谈话与写作之间的区别正在快速消失。

对推特现象感兴趣的语言学家约翰·麦克沃特认为推文姑且算得上是写作：推文实质上是以书面形式存在的谈话。这样的存在无可厚非，但问题是我们习惯了这样的文章。当我们阅读真正的写作，那些需要我们集中精力的写作时，我们就会有挫败感。我们感到厌倦，而那时我们甚至还没有弄明白我们厌倦的对象是什么。浏览推文只需几秒钟时间；理解一部小说却需要好几天，有时是好几个星期。一个酷爱读书的人也可以同时是一个熟练的推文写手，就像一个歌剧迷也可以同时热爱流行音乐一样。但是请记住，推文更像是流行歌曲的副歌部分，而不是整首歌曲。即使是流行音乐，也有整体结构，并且通常都有较强的专业性，而推文既不能也不想实现这些。推文是昙花一现，是短暂的休息，是暂时的灵感。你不能靠它活着。以如此短暂的时间吸收如此少量的信息，你最终会感到挫败。

我们需要持续性，一分钟又一分钟，一页复一页地，面对同一对象工作时产生的稳定感。这一点适用于阅读，也适用于听音乐或看电影。在不同的兴趣点之间切换令人挫败，而专注于一件事情却令人心满意足，这不是没有道理的。即使在孩提时，我们都能感受到分心与专注之间的重要差别。我们认为这一差别是我们进化遗传的一部分。幼童的一项显著进步通常发生在三岁左右，他获得了新的能力，能较长时间地专注于同一项行为，而不是每过几分钟就换一个玩具（两岁小孩的典型行为）。孩子的这一成长对父母而言是一种安慰。他们骄傲地发现，孩子已经学会了如何集中精力关注一件事情并更加充分地探索它。随着孩子的成长，长时间专注于一个玩具（或视频，或书籍）的能力也持续增长，同时还有对重复性经验的渴望：渴望再听同一个故事，或者一遍遍地倾听同一首歌。

成年人的一大特点便是他渴望沉浸于单一目标之中。我们能够持久地全神贯注于某样事情的能力，也已经催生了相当多的文化里程碑：要不是这种沉默的、全身心投入的专注，就不会催生那些数学家、化学家、大厨、电脑程序员、作家和艺术家。我们给自己一定的空间，而且更重要的是，给自己一定的时间，来解决问题，或者来仔细而缓慢地创造某样东西。弗洛伊德说人类需要工作和爱情才能生存下去，他指出了这两项行为共有的一个基本元素：最好的工作诱发我们的爱意，而爱情，如果我们不为之付出的话，就一文不值。爱情意味着持之以恒、视若珍宝的关切；当我们工作（不是仅仅为了工资卖命）时，我们全身心地投入一段过程，将它变成我们的一部分。这样的工作看起来似乎仅仅是迷恋于细节，但并非如此。

真正的工作——用这个词，我指的是任何值得付出努力的技艺或实践——通常是独立完成的，哪怕你的身边还有别人一起工作。阅读，作为一种工作模式，需要你独处。渗透于互联网每个角落的那种社交闲谈妨碍了我们专心工作的能力。好的闲谈具有娱乐性，至少当时如此；坏的闲谈（就像很多博文或新闻后面的低劣回复）则恶毒得令人感到不安。由深度阅读支撑的议论，与简单表达的激烈观点完全不同——后者是博文中十分常见的行为。在博文中我们十分自由地发泄怒火、公开指责，并对我们自己的浅薄引以为豪。卡斯·桑斯坦注意到，互联网上的观点倾向于自我强化，而不是成为对话的一部分。我们大多数人都注意到，网络因其匿名性而鼓励使用者采取敌对立场。当你不知道你在跟谁对话时，也就是当你在与所有人对话时，你倾向于维护自己的观点，并因此变得不必要地好斗。气势汹汹的轻蔑和匆忙的表态并不是真正的对话。

读者在互联网上对书籍的评论通常更倾向于适度的恭维，而不是偏激的出言不逊。但亚马逊网站上的简要评论，以及它那避无可避的星级评价，通常更像图书简介，而不是深思熟虑的书评。谈论我们阅读的书籍具有十分重要的意义，但是这种对话的前提是你愿意与其他读者严肃交流,而不是用信口开河的评论来获取积分,或者简单恭维作者几句。深思熟虑的评论与不假思索的反应是两码事,你不仅在与其他读者谈话时应该牢记两者的差别,在与你所读之书的作者对话时也应如此——因为阅读实质上就是读者与作者的一种对话。(关于阅读与对话的相似性,我在下文会进一步详述。)

有人声称,数字时代并不仅仅是刮起一场风暴令我们分散注意力,它还给我们提供了一些全新的、重要的东西,一些有益于脑力锻炼和创造力的创新形式。比如,电子游戏怎么样?在2012年,《每日电讯报》刊登了一篇文章,题目是《电子游戏"比阅读更能培养创造力"》。副标题也同样颇具煽动性:中产阶级父母不应该害怕让他们的孩子打游戏,因为该活动比阅读更能培养创造力,本国最著名的一位剧作家昨日如是说。这位剧作家,露西·普雷布尔(讽刺剧《安然》的作者),承认自己自十来岁起便是电子游戏爱好者,那时的电子游戏还远不如现在的游戏这么流畅和多维。在她最初就本主题写给英国《卫报》的那篇文章中,普雷布尔写道,游戏"与看电影或读书的消极被动相比,更能培养创造力。你要做出选择,甚至经常参与设计属于你自己的游戏场景"。

电子游戏能否成为一种新的艺术形式,与小说、戏剧或电影一争高下?现在下结论还为时尚早。但是普雷布尔认为打游戏培养创造力,而读书则消极被动,这却显然是错误的。如果你聪明地阅读——换言之,如果你学会以最佳方式阅读——你每分钟都在做出选择。你会考虑你眼前的这句话有什么意义,这本书是怎么组织起来的,作者是如何实现其意图的。你尽可能多地注意到作者的艺术表现,这使你成为作者的合作伙伴,而不是文本的消极接收者。在你揣摩是什么打动了你以及为什么时,你是在工作,和书中的文字一起工作。在你选择如何对一本书做出反应时,你需要技巧,就像你需要学习的任何行为都要求技艺一样,从跳交际舞到演奏乐器到绘画均是如此。

在"阅读规则"一章中,我将会更加详细地描述阅读技巧将怎样解放你的创造力,但在目前,我们要弄清楚关键的一点:阅读尽管与电子游戏不同,但也与游戏有一些共同之处(例如,它有规则)。在一个不经意的观察者看来,不论是否是在屏幕上操作,游戏看起来似乎都比阅读显得更加活跃,因为它需要身体运动。游戏玩家必须得点击或击打,扔球或者移动某物。游戏玩家的选择是清晰可见的,而读者的选择却从不会那样。你在阅读时追踪着文字留下的痕迹,有时你或许意识到你在做出选择(例如,这个作家是在反讽还是一本正经?情节是在朝着悲剧还是圆满结局发展?)。不过,大多数情况下,你仅仅感受到作品的语气,而不需要这么明确地考虑这些可选项。你花费在阅读上的工作就是挖掘字里行间的深度:逐渐习惯尽可能全面地阅读一本书,深入它的各个维度。将阅读者比作钢琴师是一个合适的类比:在几个星期、几个月或者几年的时间里,钢琴师练习、熟记,并努力真正了解某一乐曲,就会对它有越来越浓烈的好感。当你好好读书时,你不会算计如何利用游戏规则会对自己有利,如何将沉闷的场景变得有趣,或者如何与对手竞争(这些都是电子游戏的基本技巧)。阅读更像是充分认知文本里已经有的东西;它要求你理解作者是谁以及她或他想做什么。这样的理解能培养创造力,就像带着感情和洞察力弹奏莫扎特或贝多芬能培养创造力一样。和音乐家一样,读者用他的个性来渲染他的理解。再没有比这更积极的行为了。

  分散精力之事一直大量存在。《圣经·箴言》中提到了这一问题["你的眼目要向前正看……要修平你脚下的路,坚定你一切的道"(4:25—26)]。戴假发的18世纪学者也曾警告公众小心报纸,他们所用的语言和我现在用来反对互联网的语言同样激烈。但是,这一次事情真的不一样了,我对此深信不疑。你只要动动手指头,互联网就把有关世间万物的信息都提供给你。各种选项瞬间出现,数量大得吓人,我们战战兢兢地对眼前的每样事情都浅尝辄止,结果却一无所获。康德将这样无休无止的可能性罗列称为"数量的崇高":各种选择无穷无尽,令人头晕,它们令我们感到无助,而不是强大。

互联网这个人造宇宙类似于《创世记》中的通天塔。通天塔的建造者们试图通往天堂。但结果却正相反,他们被分散到地球各处,并受罚说各种不同的语言,相互之间难以沟通理解。通天塔的建造者们有协作,却没有前瞻性;他们为了建造而建造。将尽可能多的人联结起来,将网络尽可能地延伸更远,这是通天塔类型的工作。但是内聚力的缺乏(人们散落在地球各处,尽管他们被电子设备联结在一起)逐渐成为唯一可能的结果,因为没有前瞻性来指导这种延展的欲望,这种无休无止地从一个网址扩展到另一个网址的欲望。

豪尔赫·路易斯·博尔赫斯在短篇小说《通天塔图书馆》中想象,在互联网时代到来之前很久,有一座图书馆收藏了全世界所有的书籍。通天塔图书馆里的每本书正好都是410页厚,其中的字母都"精准、雅致、墨迹漆黑、具有独特的对称性"。博尔赫斯的图书馆里大片区域的书都有混乱和不完整的性质,包含的一串串字母并不表达意义。但是,图书馆里无穷无尽的书架的某处,也包含了已经被表达或者能够被表达的一切事物。当居民们发现图书馆的无穷容量之后,博尔赫斯写道,"宇宙突然有了无穷无尽的希望"。各种各样的人慕名而来,寻找能够预言自己未来的那本书,但他们都失败了。博尔赫斯声称,在一座无所不包的图书馆里,"人们想要找到他自己的那本书,或者他那本书的某个不忠实的变异本,实现这一点的可能性接近于零"。当图书馆里的人们意识到这一点,他们开始感到绝望。他们懒散地随意翻看附近的书籍,并不指望发现什么重要的东西,只是将它们当作廉价的消遣物来减轻自己的忧郁。他们成了无望的网民,虽然这个词当时尚未出现。

谷歌不惜一切代价也想建成博尔赫斯描绘的那种图书馆,容纳所有已经存在或者将要出现的文本。谷歌还没有实现这一点呢,还有不少书尚未被扫描,事实上是数以百万计的书尚未被扫描。互联网实际上并不包含人类历史上所有有记录的言论:它只是看起来似乎如此。但是我们感觉总能在网络空间的某处找到一切,这种感觉十分重要,尽管它严格来说并不准确。我们的大脑被互联网容量的纯粹规模所震慑。我们怎么才能从如此庞大的宇宙（它包含了各种事实、想法、观点和八卦）中得到真正令我们有所感触、满足我们需要的某种东西呢？

你想寻找能够教导你，重振你的想象力，或者甚至改变你的生活的文字，但是面对互联网提供的几乎无穷无尽的选项，你想顺利找到心中所想的机会很渺茫。在一个大城市的交通高峰期，我们很难遇见令我们难忘的那个人；同样，当你被互联网疯狂的文字旋涡持续冲击时，你很难找到那本关键的书。说起来有点矛盾的是，当我们面临的选项较少时，我们更有可能发现我们需要的东西。在一个温馨舒适、别具一格的小城镇图书馆里漫步，要远比在一个知名大学图书馆高耸的排排书架前攀登，更令人心情舒畅。和即使最大的图书馆相比，互联网提供的阅读材料数量都更多，更令人头晕眼花，我们必须保护自己，不再为之目眩神迷。

一旦我们能够保护自己，不受网络上持续不断的分神之物的影响，我们就能坐下来——并慢下来，准备好去愉快地沉醉于一本书中。缓慢的速度，以及伴随它的耐心，是良好阅读的关键所在。我一直在谈论我们应该做什么样的阅读，要为了愉悦和理解而阅读，而这就是贯穿我所有观点的主线。如果你认为阅读不过是上传一些信息，那么你就会一直觉得它太慢了。为了真正的享受和理解而进行的阅读，和为了获取信息而进行的阅读，是完全不同的两码事。我们需要时间和专注才能发现一个观点是如何展开的，或者一种叙事是如何产生效果的。

在一场著名的访谈中，玛丽莲·梦露说："我读诗是为了节约时间。"她是正确的：事实上，读完一首叶芝的抒情短诗的确只需 10 或 20 分钟的时间，而读狄更斯的一本小说则需要花好几个星期。但在另一方面，梦露又是错的。阅读哪怕只有一页篇幅的真正的文学作品，都需要严肃的时间投入，需要时间来思考。这意味着我们要远离约翰·罗斯金（他是一位极具说服力的阅读爱好者）所称的"浮浅、肮脏、错误百出、具有传染性的'信息'"。

解决之道

我在写作本书时一直在使用一款名为"自由"的计算机应用程序。一连几个小时——你自己设置时间的长短——"自由"让你只能在电脑上写作,而阻止你连接互联网。"自由"之于互联网,就像禁欲之于纵欲一样。为什么我,以及我认识的其他几位作家,都认为这款软件这么有用?因为我们需要将自己屏蔽起来,不被网络无所不在的干扰分心;我们需要制订战略。这是一场战争,而利害攸关的是我们的创造力、我们投身工作的能力。

爱默生有一句响亮的名言:阅读和写作一样,是一种创造性的行为。而互联网却提供各种各样浮华的可能性,竞相获取你的注意力。面对这样的风暴,你很难专心创造。你需要控制力、宁静和独处。你必须得将这场数字的风暴拒之门外,才能专心致志。从过多的环境刺激中解放出来,这种自由使得我们能够恰当地欣赏眼前的对象(书页上的串串文字)。当我们摆脱了无时无刻都得应对书籍之外的某样东西的压力之后,我们就能缓慢而仔细地阅读。

互联网很快按照我们的喜好调整自己,瞬间提供各种选项来迎合我们的口味。它给我们提供的信息把我们变为消费者,那些信息覆盖面广泛但大多肤浅,而我们也浅尝辄止。与之相比,慢阅读意味着我们把自己一步步交给作者。缓慢意味着发现。一本好书让我们渐渐理解,深入我们的内心,逐渐带来甘甜和力量。正如罗斯金在他的思辨文集《芝麻与百合》中强调的(该书是一部提倡阅读的经典之作,我将在后面的"阅读规则"一章中再次谈到它),通过缓慢而仔细的阅读,我们从一本好书中获得的是一次教育。我们以深思熟虑的步调前行,发现作者的真正意图,并因此促进了我们自己的思维发展。这样的教育是互联网所不能提供的。

最近兴起一股新潮流,提倡缓慢的速度:慢食品、慢旅行、慢友谊(与之相对的是"脸书"网站上将数以千计的附近的陌生人加为好友的疯狂交友方式),以及慢工作。这一潮流的一位拥护者卡尔·奥诺雷注意到,IBM公司告诉员工不必那么频繁地检查电子邮箱,还有一些公司已经为员工修建了冷静空间,并在工作日增加了强制性的休息时间段。慢阅读是这一慢速新潮流的一部分,是一种舒缓疲惫神经的办法,有时也能消解互联网世界的愚蠢疯狂。慢阅读并不是一场有组织的运动,也没有党政纲领。和它的同盟军"深度阅读"一样,慢阅读在20世纪90年代成为拥护者为之奋斗的事业(不过它的渊源十分漫长和显贵,我随后会解释)。评论家斯文·伯克茨热情提倡慢阅读,在他之后,约翰·米德马、托马斯·纽柯克和其他一些作家都曾著书提倡慢阅读。

此类的仔细阅读具有悠久的传统。六十年前,哈佛大学的鲁本·布劳尔曾开设一门课程,并称之为慢阅读,这是这个词组的首次使用。虽然他更为人知的身份是"文本细读"的创建者,但慢阅读这一术语应当归功于他。文本细读与慢阅读是十分类似的想法。在20世纪50年代,文本细读成为文学教育领域一个十分普遍的技巧,这部分归功于一本十分有影响力的教科书(今天仍然值得一读):克林斯·布鲁克斯与罗伯特·佩恩·沃伦合著的《理解诗歌》。随着文本细读占领文学教室,它有时变得过于狭隘,甚至毫无生气。它倾向于只推崇某一特定类型的作品,那种以精心控制的模糊性著称的作品。按照文本细读者的标准,约翰·邓恩比D. H. 劳伦斯更受欢迎。但是这一发展与阅读技巧无甚关系,更多的还是与教授们在第二次世界大战之后的品位与价值观有关。在布劳尔原来的课程中,他对文学的看法远比后来者更为开放。缓慢或仔细的阅读,意味着不论是哪本书，读者都全身心投入其中。

在哈佛，布劳尔和他的同事们教导学生如何鉴别作者的遣词造句，引导他们领会文风上的小细节也能产生重大差异。他坚持认为，读者必须花费时间才能逐渐理解一本书，理解它的韵律和氛围，明白它的运作方式。布劳尔强调，要想学会更好地阅读，第一步就是要慢下来。"深度阅读"这一词语（我在前文已数次提及它）是在几十年后，由斯文·伯克茨于1994年发展起来的。伯克茨的想法与布劳尔的，以及我的，十分相似：放慢速度，这样你能让一本书完全吸引你，这样你就能更好地理解它。布劳尔反对的是收音机和电视上轻松愉快的连篇废话；伯克茨反对的是日益膨胀的互联网，它残害我们的注意力，并用谷歌将我们弄得心神错乱。

慢阅读并非始于哈佛，而是古以色列。在那里，从约公元200年起，拉比和释经者们就一直在对《圣经》中的人物和故事进行争论。拉比们的辩论经常围绕着细微的措辞或者具体的词汇：对于好争辩的他们而言，没有哪个细节是太过微小而不值得考虑的。拉比们的研究著作《塔木德》和《米德拉什》（该词取自希伯来语的 darash 一词，意为"寻求"），在诠释《圣经》时常常别出心裁，富有深刻的想象力。这些早期读者还十分关注细节，他们的仔细认真时至今日仍对我们有教育意义。例如，拉比们想弄明白，为什么在《创世记》开篇描述的上帝创造世界的六天中，只有第二天没有被说明是好的。（他们的答案：因为第二天将天和新形成的海洋分离开来，因此也暗示着将上帝与世界其余部分分割开来，所以它是不好的。）再举一个困惑之处：只有在《创世记》第一章的结尾处，当第一批人类被创造出来之后，上帝才认为他创造世界的行为是"非常好"，而不仅仅是"好的"。古代的释经者们决心也要阐释这一细节。难道仅仅是因为有了人类，世界就变得非常好，而不仅仅是好的？（你怎么看呢？）写作《米德拉什》的拉比，以及在《塔木德》的书页上相互辩论的拉比，他们邀请读者参与讨论。读者必须得自己判断那个神圣文本的精微玄妙之处可能是什么意思。在《塔木德》中，敌对观点通常相互论战，而我们则被期待加入其中。

鲁本·布劳尔和他哈佛的同事很可能并不知道这些古代犹太学者对《圣经》的注释。假如他们知道的话，他们或许会反感拉比们经常偏离文本原意的做法。那些犹太圣贤通常都是杰出、严谨并忠实于书面文字的；但是，他们也有不这样的时候，他们会突然跑题，不再是仅仅阐释《圣经》，而是把《圣经》篡改得面目全非。对《圣经》的犹太教阐释，就像对《圣经》的晚期基督教阐释一样，掺杂有天马行空的揣测：作者铁了心要印证，文本表达的意思就是自己想让它表达的意思。《米德拉什》中有大量杜撰的《圣经》人物的幕后故事，它还致力于用煽动性的纯粹杜撰之词，来填补《圣经》文本简洁文字之间的留白。亚伯拉罕砸坏其父他拉的偶像的那个著名故事在《创世记》中并没有出现，但是绝大多数上过犹太学校的孩子都很熟悉这个故事：原因在于《米德拉什》。

布劳尔和他提倡慢阅读的同事们克服了这种杜撰故事来解读文本的冲动。在这个方面，我们必须学习他们，而不是那些老拉比。慢阅读的实践者不会杜撰情节来解释一个短篇故事或者一首诗，也不能凭空想象在作者描述之事发生的前后可能会发生什么事情。相反，他严格遵循他得到的文本，并试图尽可能地忠实于书页上的文字。

在《慢速阅读》这篇划时代的文章中，布劳尔谴责了"过去的文学欣赏课：教师在讲台上自说自话，如唱狂响曲，他的话只有自己能够理解，但学生们为了考试得背诵下来，这种记忆通常都是不准确的"。相反，他希望学生们弄明白，阅读某一具体的短篇故事、诗歌或小说到底是什么样的感觉。他们必须得积极主动，才能明白文本是如何运作的。"让我们看看我们能怎么处理它"是他在课堂上的口号。老师与学生一起动脑筋；他们是搭档——不是犯罪搭档，而是享受阅读与理解带来的愉悦感的搭档。布劳尔写道："一流的文学作品要求活跃的阅读；我们必须生动地将它表演出来，就好像我们在参演一出戏剧一样。"我们必须努力加入书中那些滔滔不绝的声音，努力一连几个小时地活在它的世界里。

布劳尔声称,文学有其特别之处,表现在"其神秘的完整性,其包含元素的数量,以及这些元素之间关系的多样性和密切性"。他是正确的。文学作品会回报我们的专注,因为它是精雕细琢的,因为我们能将之消化吸收,用它精当文字的力量来支撑我们的内心。值得一读的文学作品绝不会是对一个意识形态、道德观点或者历史事件的阐述。相反,它是一个鲜活的东西,像人一样复杂而矛盾。我们必须得与书籍共同生活,至少在一段时间内如此,才能真正了解它。这就是为什么布劳尔提倡的慢速阅读十分必要。我们必须深思熟虑地消化书籍,而不是将它们囫囵吞下。

布劳尔提倡的这一精细却热诚的训练仍在一些学术课上继续存在。但是,太多的情况下,大学忽视阅读,而是告诉学生仅需抓住书籍的主旨:不用担心细节(书籍是怎么写的),仅需抓住要点,以备考试之需。文化研究的优势地位也造成了部分问题。现在 Lady Gaga 取代了圣母玛利亚,成为学术关注的核心话题,对文学精妙之处的关注继续萎缩。英语系急切地顺应当代的流行动向,但这并不总对学生有益。怀着爱与敏感之心读书的渴望,完全沉浸在作者创造的那个世界的渴望,已经日益让位给对社会潮流和媒体形象的评论,且不论这种评论的对象是维多利亚时代还是当代社会。一些英语系的核心研究对象不再是文学,而变成了社会生活的历史。

和互联网一样,研究学会有时也会妨碍深度阅读(或者说慢阅读、文本细读)。如果你想体会一位真正的读者对印刷作品的反应,你最好阅读《纽约客》《新共和》或《纽约书评》(或其他类似杂志)上刊登的文章,而不是学术期刊上的文章。有些学术文章写得很好;但如果写得不好,它们关于作者的理论就难以取信于读者。有些文章能唤醒你在阅读某一作者时的真实感受,并且它有力地证明了该作者的价值,你应该只关注这样的文章和评论。关于现代性、资本主义或进化论的笼统、抽象的泛泛而论极少能带来有关书籍的洞见。

林赛·沃特斯 2007 年在《高等教育纪事报》上发表了一篇发人深省

的文章《阅读的时间》。在该文中,他认为当今的教授们总在书籍里搜寻有关历史和社会的言论,文学在他们眼中只是一种纯粹的信息来源。沃特斯提倡慢阅读,将之作为一种平衡上述倾向的对抗方法。"将书籍简化为主题和道德教条的做法,其问题在于它轻慢了阅读的体验,"沃特斯写道,"我们需要留出时间和空间,才能真正体验并乐享我们阅读的对象。"

以享受为目标的阅读(而不是以提取一些精华为目的)需要时间,以及想要重读一遍的欲望。沃特斯指出,通常我们只有在重读一本书时才真正开始理解它,因为"我们意识到第一遍我们读得太快了"。沃特斯接着说,尼采将语文学家的工作定义为慢阅读:"走到一边去,慢慢来,沉静下来,放慢速度。"这与我们热衷于仓促想要结果和匆忙要做决定的文化完全背道而驰。

和重读一样,大声诵读并且记忆是有效的手段,可以让你慢下来并尽可能充分地吸收你所读之书的韵律与意义。你可以找本文集,像约翰·霍兰德编著的《致力于记忆:百首最适合背诵的诗歌》或者罗伯特·平斯基编著的《不可或缺的愉悦:为朗读而选的诗集》,也可以在阅读其他作品的过程中停顿下来,大声朗读一段你喜欢的文字。如果这是一段对话,你还可以在大声朗读时发挥你的戏剧才能。

如今,全家人聚在一起大声朗读一本书的传统已经基本消失,但它并不必消失:这么做确实占用时间和精力,但这是一种激动人心、引人入胜的消遣方式,它将所有人聚在一起分享同一文本。共同阅读的实践也在其他场合出现。信教的犹太人,两人或一群人一起研究《塔木德》,他们总是大声诵读一段,然后才讨论它的各个细节,各个玄妙之处。(读《塔木德》的短短几页可能需要花费好几天,甚至几个星期。)如果你是与爱人一起阅读,那么你们也会感受到但丁《神曲·地狱篇》中保罗和弗兰切斯卡面对的那个古老的诱惑:在全身心地沉浸于一个骑士爱情的故事之后,但丁简练地告诉我们:"那一天他们再也读不下去了。"

背诵可能看起来是项令人生畏的任务,但关键是要一步一步地来。2009年,吉姆·霍尔特在《纽约时报》的一篇社论中介绍了他背诵大量伟大诗歌的方法:每天他都在已经背诵的诗行之外再增加一至两行新的,将这个新的部分接连在先前已经背诵的诗行之后。不知不觉地,他就把一整首诗背会了。他在业余时间背诵济慈或莎士比亚的作品。在街上行走或者排队等候时,他习惯于从他"心灵的深处"(借用叶芝《茵纳斯弗利岛》中的诗句)的这些诗人的文字中汲取力量。

霍尔特在其社论结尾处声称,他驱散了关于背诵诗歌的三个不实神话:

神话一:诗歌背起来很痛苦。它一点也不痛苦。每天背一两行就好。

神话二:你的记忆没有足够的空间来储存大量的诗歌。这是个糟糕的类比。记忆是肌肉,不是一夸脱容量的罐子。

神话三:所有人都需要一个苹果音乐播放器。你不需要苹果音乐播放器。相反,背诗吧。

孩提时,我们毫不费力地背诵童谣、歌曲和喜欢的故事,再大些就背效忠誓词和《葛底斯堡演讲》(至少我那时候是这样)……甚至还背一两段莎士比亚的戏剧独白。大多数美国人都会背几十首,乃至几百首流行歌曲。怎么会背不了诗歌呢?

我们通常认为阅读是一种离群索居的行为。但是,谈论书籍就像谈论电影一样,难以估量地增强了我们的体验。其他的读者能帮上忙,你并非独自一人。我们可以与读书社的其他成员、同学、朋友谈论书籍——甚至还可以与远程的网友谈论书籍,现在的新科技使得这一点成为可能(至少,新科技在这方面便利了我们)。

在我们一生有关书籍的谈话中,我们必定会遭遇到不同意见。各人品位不同。西奥多·罗斯福称亨利·詹姆斯为"一个矮小、没有男子气概的浅薄之人",而别人则认为他是最伟大的美国小说家。(顺便说一下,罗斯福是一位颇有壮举的小说爱好者,即使在最艰苦的环境中仍然能集中精力读书。在达科他领地的一个严峻的冬天,他在雪中步行40千米的过程中读完了整本的《安娜·卡列尼娜》。他当时正在押送两个窃贼,他们在偷他的划艇时被他抓住。罗斯福带着他的温切斯特来复枪,一只眼一直盯着那两个恶棍,一只眼盯着书页。在这样的环境中我们很少有人能够抵抗"持续性走神",但是罗斯福却以不屈不挠的热情读完了托尔斯泰的小说。)

不是所有的书都适合所有的读者。你不会什么都喜欢,而且你也不用试着去这么做——哪怕那本书被证明是"伟大的"。我本人似乎就对福克纳不甚感兴趣(我意识到,这么一说我可能就会失去一些读者),但是我承认几乎所有人都认为他的作品是名篇杰作。不论原因如何,我似乎就是无法像那么多其他读者一样爱上他的作品。但我意识到这是我自身的局限,因为有许多人都喜欢他的小说,而这些人的文学鉴赏力是我所尊敬的。我确实喜欢福克纳的个别作品,像那篇优美简洁的《野棕榈》,它将两个扣人心弦的中篇小说长度的叙事糅合在一起。但是福克纳永远不会是我最喜爱的作家。

几个世纪以来,发生过一系列令人难忘的"书的战争"(乔纳森·斯威夫特那部卓绝的18世纪讽刺作品《书的战争》可以令你对这场战争略知一二)。关于如何评价书籍的价值,有所争论在所难免,而且争论仍然持续不断。但它们同样十分有用。不论我们支持哪派观点,这样的争论都能鼓舞和帮助我们。它们能使我们免于沉闷地坚持个人品位。我们应该延展自己的品位,看看能通到哪里。要刁难自己,想想你为什么喜欢或不喜欢书中的某些东西,再想想别人或许会怎么回应你的评价。

请尝试读完整部文学作品,并理解作者的意图。当你这么做了,你就能避免那些本能的、不成熟的观点。随着你更深入地思考,"我讨厌那个人物!"的观点或许会被逆转,转而成为"但是,你不觉得她是主人公的一个了不起的对照物吗——我真得好好想想他们是如何相互平衡的"。

读者应该去理解作者的价值观。好书提供了看世界的方式;如果我们认为那是作者的偏见并为之感到厌烦,很有可能是因为我们并没有足够深入地理解作者的意图。首先,读者要与书中观点产生共鸣。如果他最终不喜欢该书,这一决定也应该是一个发现的过程,而不是本能反应。这主要取决于我们对作者人格的评价,这个评价从第一页便开始进行。即使我们本能地觉得不喜欢某本书,也必须理解为什么。一个作者的价值观念由其人格暗示出来,我们自己的价值观念或许有所不同,但是我们仍然能从与书籍的互动中学到有关自身的某些东西,而且,当我们与别人讨论该书时,我们还学到了有关他们的一些东西。

哈罗德·布鲁姆认为阅读提升自我,他指出(借用犹太圣贤希列的话语)"在你成为你自己之前,你能对别人有什么益处呢?"。布鲁姆指出了阅读最真实的回报:成为我们自己。我们诚实地面对自己对书籍的反应,并努力明了我们为什么会有这样的反应,通过这么做我们便能实现"成为自己"的目标。换言之,我们必须做一些深度的慢阅读。

为了深度或缓慢地阅读一本书(不论是纸质书还是电子书),读者必须关掉互联网浏览器,远离推特或短信,关掉电视;切断这些越来越吵、分散精力、嗡嗡作响的电子设备。阅读应该是一个避难所,是整日淹没我们的科技海洋中的一个岛屿。作为我们生活的一个核心部分,科技不可能简单地听凭我们的愿望就消失。第二天工作时,电脑屏幕又开始诱惑你。但是,在我们阅读的几个小时内,我们必须推开这些强制我们"保持联系"的设备。在数字时代到来的很久之前,亨利·戴维·梭罗就注意到,"我们急忙要从缅因州筑一条磁力电报线到得克萨斯州,可是从缅因州到得克萨斯州,也许没有什么重要的电讯要拍发"。我们必须更深入地了解,而不是满足于网络提供给我们的持续更新。只有这样,才能实现我们与历史,与我们生活于其中的世界的真正联系。过去的世界主要存活在书籍中,而我们了解其他人和其他文化的最佳方式就是阅读相关的书籍。(考虑到生活其他方面的需求,即使我们有足够的时间或金钱,很少有人会愿意旅行到世界的每一国、每一省。)

当我们阅读时,我们是独自一人。阅读召唤我们回到孤独的自我,远离世界的喧嚣吵闹;但是它也给我们提供了与他人深远联结的渠道。在你准备开始阅读时,不妨在头脑中构想这样的场景:你在一个遗世独立的小岛上被迫闲下来。没有世间的风暴能够到达你这里,你是安全的。这个遗世独立的小岛的意象强化了我在前面论述过的观点:阅读在根本上是一种独自的经历。然而,阅读也一直有其社会维度,就像它在我们幼年时所扮演的角色一样:我们最早的阅读行为都是与父母和老师一起实现的,他们站在我们身旁,引导我们。这些心灵导师影响我们如何接触文本;他们给我们提供工具,令我们更接近书页上的文字。当然,阅读还有另外一种社会联系:我们一直含蓄地在与所读之书的作者进行对话。

站在我们身旁、教会我们阅读的老师和父母给我们打开的,不仅是一个神奇的世界,还有一套规则体系。规则似乎会妨碍出于热爱才进行的行为,例如阅读。但是,认为规则不过是给读者戴上枷锁的想法是大错特错了。良好的阅读,和弹奏音乐或者绘画一样,要求一种源自技巧的本领,而技巧往往离不开规则。技巧,以及与之相伴的规则,将会解放你,而不是束缚你。社会学家理查德·森尼特认为"技巧不是机械的、不需要动脑筋的",好的技巧也是好的思考。

森尼特提倡"重复性的、有教益的、亲手实践的学习"。在这一方面,他与潮流背道而驰。他注意到,"现代教育担心重复性的学习会令思维麻木。开明的老师可能会回避固定套路,担心孩子们会厌烦,急于提供各种不同的刺激,却因此剥夺了孩子们研究自己的固定习惯并对之进行内在调整的机会"。对即兴行为的崇拜(对自由的即兴创作的推崇)使得人们遇见烦闷之事便望风而逃。但是事实上,持续的重复性行为正是我们熟练掌握某一过程的方法,我们通过它发现真正令我们感兴趣的事情,获取我们在同一地方重复多次之后才能取得的新发现。森尼特引用了"艾萨克·斯特恩规则":这位小提琴大师宣称(据森尼特所言)"你的技巧越高超,就越能更长时间地练习而不会感觉烦闷"。音乐家一遍又一遍地练习一串音符,对她弹奏的乐曲的某一部分的特性深入思考。她的练习使她不断探索这个作品的深度。同样地,画家会修正自己的作品:重描某些线条,尝试不同的可能性。作家在辛勤工作的过程中几乎会修改自己写出的每个句子,有时会修改好几遍。工作对象中可感知的实体(句子、画布、一段木头或金属、乐器)对于艺术家、作家、音乐家的技艺至关重要。所有的技巧都是具有表现力的。

从技巧的角度来思考我们的阅读体验,这似乎看起来有些怪。但是阅读需要技巧,就像写作需要技巧一样。你的阅读风格和视角是独一无二的,但同时也受惠于你之前的一代代读者。从这个角度来看,正如罗斯金所说的,技巧具有道德意义。它要求你诚实地评估过失之处,并决心以后做得更好。技巧的练习需要你修改作品,而每一次修改都教会你一些事情。在同一地方重复多次(例如,重读一本书的某一特别引人入胜的段落)会产生新的东西:它提供了一种更为深入的洞察力,使你了解这一段的意义。以这样的方式,重复练习让你展望未来,并有新的发现。

我们习惯于认为,情感表达和离不开规则的练习是相对立的,但是练习和规则事实上都是必需的,有了它们我们才能以令人满意的方式自我表达。没有扎实的语感和惯用语基础,你不可能言说或者写作。与之类似,不了解挖掘文本深度所必需的工具,不知道哪些工具可以帮助你发现单词是如何在书页上表达意义的,你就无法阅读。

森尼特声称,在实践中对真理和"对正确性的信仰与追寻孕育了表达力"。对我们的工作对象(在我们这个例子中就是所读之书)的好奇心发展成为一种努力,要弄清它的真相,明白它的真正意义。随着我们弄明白哪些阐释可行而哪些不可行,我们就逐渐地修正了错误。我们学会处理模糊之处,不是贸然处理或者希望它们消失,而是对它们刨根究底,以便更加清楚地理解文本的意义。

每本书都是独一无二的,为了乐享它,你必须品评出它独特的韵味。规则不能自动套用,毫无思想地套用。这么做会毁了每本书的独特性。数字油画[1]并不是真正意义上的绘画,你也同样不可能成功地将一个文学创作强塞进几个预先设定的条条框框里。我们都记得,在有些课堂上老师对待文学就好像它是有待分类的生物一样。在这样的课堂上,我们或许会被告知,例如,我们刚刚读完的这部戏剧是荒诞派戏剧的一个代表,意思是说它满足了以下三条原则:它描绘了一个毫无意义的世界,它展示了行动是无果的,它诱导你自杀。这种对武断分类的无意义追求完全不能令人信服。通过将作品削足适履地嵌入某个预定的模式,我们不能学到关于作品的任何知识,就像我们不可能通过靠拼凑维基词条"写"一篇论文就学会写作一样。如果阅读(或者写作)不能激发你的热情,那是因为你没有投入足够的精力或原创力;你是在依赖现成的概念或定义,而不是靠自己来解决问题。以这种懒惰、错误的方式工作时,你就会遗漏掉有趣之处。我们每个人都能把工作做好,所需要的仅仅是井井有条。不是每个人都能成为职业的书评家或文学批评家,但我们都能学会认真阅读。缓慢而仔细地阅读不需要任何特殊才能;相反,它要求你持续练习,并全身心投入其中。

你正在阅读的那本书,如果是好书,就能对你产生影响,所以你需要决定自己对它的态度。经典之作尤其类似于老一代的人,在你的世界中拥有实质的权威,尽管你有时候不一定意识到这一点。我们经常使用"马基雅维里式的"和"卡夫卡式的"这两个形容词:马基雅维里和卡夫

---

[1] 是通过特殊工艺将画作加工成线条和数字符号,绘制者在标有号码的填色区内填上相应标有号码的颜料。

卡生活在你之前的时代,塑造着你对事物的感觉。和宗教圣典中的任何人物一样,他们可以算得上是你的精神之父,哪怕他们教导的东西经常是黑暗的。父母也会给孩子造成不安和爱恨交织的心理,他们并不总是提供安慰。他们对你而言是谁,而你又对他们意味着什么?模仿(或摒弃)你父母的行为举止并不意味着你真正长大了;弄清楚你与他们有什么样的关系以及你对这个关系有何种看法,这才说明你真正长大了。和成长一样,阅读也要求思考。它意味着评价你阅读的那本书,同时也评价你自己。

一本新书是一个完整的新世界。你必须逐渐了解它:对它打开心扉,试着在里面住一段时间看看感觉如何。当你阅读时,要尝试进入作者创造的那个世界,并在其中待上几个小时或几天。一本新书是一个陌生的国度,有其独特的习俗和传统。读者首先是游客,接着才能成为潜在的居民。如果你下决心成为一个投入的、自愿的游客,你就能享受一段更加美好、更有回报的时光。要想从这个新世界的旅行中获得尽可能多的东西,你需要全身心投入这里的景象与声音,对它的一切令人惊奇之处保持敏感。之后,你可以评价你所看见的一切。如果你爱你所读过的东西,你甚至可以决定在那里住上一阵:一遍又一遍地重读奥斯丁、弥尔顿或者契诃夫。

你去外国旅行时,需要地图、旅行指南和(理想状态下)对该国语言的一些了解。这些工具使得你的旅行更有价值。尽管我们也可以即兴出发去旅行,纯粹是开心就好,但事实上我们还是会搜寻一些目的地的基本资料:它的天气、文化、风景等情况。墨西哥不是挪威,而我们最好在动身前就知道这一点。

旅行似乎看起来比较随意,但它需要准备。阅读也是如此。我们通常并不会意识到阅读是一项练习或技艺,也不会意识到它也需要工具。本书将提供一些策略,帮助读者更积极地阅读:读者要学会如何聚焦以及聚焦在何处,如何培养耐心和辨别力,它们对真正的阅读体验而言都必不可少。阅读需要的技巧完全不同于中学课堂上讲授的阅读理解、大意归纳和改写。在维基百科或谷歌上搜寻到的背景知识，其本身并不能保证读者真正理解并喜爱一本书。信息查找通常只是阅读的一个必要的初级准备，但它与阅读本身还是有所区别的。当我们结束阅读时，我们收获的不仅仅是一系列的知识或对书中"信息"的了解，还有回忆，关于我们旅行所至的那个国度的回忆；以及对该书热情的、有价值的投入，通过学习我们爱上了这本书，这才是真正的收获。当然，并不是每本书都会为你所爱。但我保证，如果你缓慢地、仔细地、愉快地阅读，你会找到大量值得你热爱的书。

传统的书籍，不论是以电子版还是纸质版的形态出现，仍然是阅读的最佳载体。我个人偏爱纸质书，因为我喜欢它的形态和触感，而且当我翻页时，我感觉我正在被书上的文字轻轻触摸，我很喜欢这种感觉，文字证明了作者的存在，是他创造了我拿在手中的这本书。有些人则认为，他们能从 Kindle、iPad 或者 Nook 等电子设备中获得同样的感受。（你可以利用这些新科技的便利之处，如在电子书的空白处随手写下笔记，或以电子文本记录读书日记。）

对于许多读者而言，电子书是一个令人激动的科技进步：现在你旅行时不必再带着一袋子沉甸甸的书了。然而电子书有一个缺点：它引导我们闷头往前读，而不是缓慢地、深思熟虑地阅读。与传统的纸质书相比，电子书很难前后随意翻页。纸质书在设计上有利于辅助慢阅读，你能更方便地回翻到你已经读过的部分。相比之下，当你用电子书阅读时，前面读过的页数就仿佛消失了一样。因而，即使是那些更偏爱电子书的资深读者，他们通常仍然会保留对纸质书的喜爱，这一点也不奇怪。通常，我们会冲动地购买电子书：在你塞得满满的公寓里它并不占地方，你需要它时，它就在你的 iPad 或 Kindle 里，而不需要它时，它简直就是隐形的。纸质书会提醒你它在那里，等着你关注；它具有电子书所不具有的那种存在感。

不论是以电子版还是纸质版的形态呈现,书籍均与网站有着巨大的差异。毫无结构可言的互联网妨碍深度阅读,而书籍则提倡深度阅读。书籍强加给读者一个固定的结构。它能施加压力,而网络不能。只有通过尽力应对一整本书具有一定难度的结构,读者才能变得更有能力、更加自信。

与书籍及其作者的亲密接触并不是毫不费力就能实现的。我提出一套阅读的规则,以帮助读者提高其理解能力,并随之增加愉悦感。我是在多年阅读和教授文学作品的基础上总结的这些规则。我强调的不仅仅是阅读经典作品,而且是任何好书(任何值得你付出努力的书籍)。尽管我举的大部分例子来自名家名著(从荷马到艾丽丝·门罗,跨度足有两千七百多年),这些经验却适用于任何有价值的长篇小说、短篇小说、诗歌或非虚构类作品。我们的生命并非没有止境,因而我们希望阅读的书籍能够对得起我们所花的时间和精力。精研经典之作是有意义的,因为那么多人曾在其中找到了无与伦比的财富。

不论你决定读哪本书,切记要挑战自我。再借用我刚才关于国外旅行的类比:寻找一些陌生且具有教育意义的文学地域,而不是那些离家太近的地方。你将度过一段更美妙的时光。不是从你熟悉的恐怖小说领域里再挑选一本书,而是换个新的类型,在其中找个立足点。正如约翰·弥尔顿在《论出版自由》中所写的,"杂乱地阅读各种书籍的好处"在于我们可能会遭遇一些挑战我们自己的作品,从而前所未有地推翻我们的先入之见。你只有在广泛探索,并且关注其他比你先动身去旅行的读者的推荐时才可能有此际遇,正是他们发现那些经典作品在历经几百年甚至几千年的时光后仍然令人惊诧、促人思考。我的一位知名作家朋友告诉我,他只阅读那些年长于自己的作家的作品。我并没有这么严格,但是我承认我更偏爱年长些的作者,因为他们的国度离我更远,因而能教会我更多的东西。他们的陌生感令我清醒:他们提醒我,我的世界并非唯一存在的世界,我有许多东西需要从其他国度里学习。

尽你所能地多次重读。我经常在许多年后的某个时间,重读我以前喜欢过的书籍。有少数几次,我感到失望;但在更多的时候,我在重读的书籍中发现了新的维度,并意识到我为什么会如此深刻地眷恋它。我对自己,以及这本书又有了新的认知。在《关于重读》中,帕特里夏·斯帕克斯这么评论:"在重读时,我们还与过去的一个或多个版本的自我发生联系。"小说家罗伯逊·戴维斯认为:"一本真正伟大的书应该是在青少年时期读一遍,在成年后再读一遍,在步入老年后再读一遍,就像一座好的建筑物应该分别在晨曦、正午和月光下加以欣赏一样。"戴维斯的话是极好的建议,但请切记这座建筑物的外形可以随着时间流逝发生极大的变化。

"真是奇怪,书无法初读,只能重读。"弗拉基米尔·纳博科夫写道。"喜爱重读的读者是一个好读者、一个成熟的读者、一个积极且有创意的读者,"纳博科夫接着写道,"当我们初次阅读一本书时,我们费劲地将眼睛从左移到右,一行接一行,一页接一页。这个专注于书籍的复杂的体力工作,这个从时空的角度来了解书籍内容的过程本身,妨碍了我们的艺术欣赏。"在重读时,我们才头一次将该书看作一个整体:我们的初期准备工作完成了,现在能够整体理解了。

当我告诉你要重读你最喜欢的书籍时,我是在向你推荐一种宗教社团的一群群读者已经使用了许多个世纪的方法。通过不断地重读,经典宗教文本被熟记于心;作为结果,它们将社团凝聚在一起。但是,不仅仅是《圣经》《古兰经》或者其他的神圣文本,任何书都能成为读者个人的圣典并为其提供精神滋养;对于那些感觉有必要一再阅读该书的读者而言,它是可信赖的精神源泉。只要你愿意,任何书籍都可以成为你个人经典的一部分。这样的书滋养读者的自我个性,哪怕他或她只重读该书中的某几页。(威拉德·施皮格尔曼建议,个人经典文本的定义就是你能在任何地方拿起它并且爱读多长时间就能读多长时间的文本。)我督促读者们积攒最喜欢的书,形成一个"小书架",经常打开并重读(至少部分重读）它们。

重读（不一定重读整本书，读部分即可）是一种必不可少的方式，可以避免对作者盲目下结论，也避免认识不到自己对该书的理解过于仓促。如果读者希望掌握书籍的丰富内涵，他必须衡量自己的反应：他必须弄明白，他的第一印象在哪些方面与第二印象有出入，并找出原因所在。将自己对一本书的前后印象加以比较，目的是为了更好地理解它。这种方法发展了你与书籍的友谊：我们通常需要与某人多次见面才能成为朋友。在研究完《塔木德》中的一篇论文之后，每位读者诵读誓言"我们会再回到你身边"，后面加上该论文的名字，接着再说"你也会再回到我们身边"。（这一程序模仿了《摩西五经》仪式结尾时对上帝说的话：上帝与以色列会再次回到对方的身边。）这个承诺的实质核心是，我们在意的书籍将会持续存在于我们的生命之中。书不仅仅是为我们（那些珍视它的读者）而活，还与我们一起活着。

伊丽莎白·鲍恩是一位优秀的长篇和短篇小说作家。她回忆起"小说带给我们的相互交叠且萦绕不去的生活"，这发生在"每一位……曾经如饥似渴、不计后果、心满意足、如孩子般投入的深度阅读者身上"。在鲍恩一篇令人难忘的论阅读的文章中，她描述了在孩提时代阅读给酷爱读书的她施下的魔咒，这个魔咒使得生活变得无尽迷人，同时也更加难以理解：

> 书籍教会了我欲望和恐惧，并将它们放大。它们将生活再现为一个充满了神秘感和诱惑力的事物，而且带着一种我没有理由去质疑的确定性。在其中，每个物体、每处地方、每张脸孔其本身都充满了希望和欺骗；在其中，没有什么是不可能的。书籍使得我将我所看见的一切事情，要么看作是象征，要么看作是神话中才有的东西——事实上，阅读左右了我在读书的间歇时间里对一切事情的观察。

鲍恩接着说道,阅读令她对人物有所感触,尤其是"那些捉摸不定的人物":"看起来似乎所有重要人物都无法被解释清楚,我对出乎人意料的人物的情感就是这样被培养起来的。"

在这篇文章的结尾,鲍恩谈及书籍如何给人们留下强烈印象。将书籍与生活结合起来:

> 比如说,我或许会看见,一条路蜿蜒上山,一段地平线,一个人慢慢地翻山而来——这个人的靠近意义重大,伴随着恐惧,或狂喜,或狂喜的恐惧,或恐惧的狂喜。但这究竟是谁,怎么会有这样的感受?我如何确定这不是一个来自书中的人物?

在阅读得足够深入的情况下,书的世界也变成了我们的世界,鲍恩坚持这么认为。我们花在书上的时间越多,它就越占据我们的注意力,而且不仅仅是在孩提时才如此。

我们为什么读书?我们想逃离日常生活,去到一个引人入胜的陌生国度,在其中迷失并找到自我。受到好书的吸引,我们会忘却时间。我们发现,一书在手,整天整天的时间都能被愉快地消耗掉,而消耗它们的是约瑟夫·爱泼斯坦所描述的"那个可爱、不合群、自私却极好的习惯,我们称之为阅读"。不过,鲍恩提醒我们,我们阅读不仅仅是为了逃避,而且是要重塑我们的生活,感受我们周边的景色被书籍奇妙地改变。我们读得越慢越仔细,就越能将孩子般的迷恋与成人习得的技巧结合起来,遇到的奇迹就会越多。

准备开始

首先,我会给出一些基本的建议。关闭手提电脑、电视,以及如果有可能的话,甚至要关掉手机。(或者至少在电话铃响时不接。)找一把舒适的椅子和宜人的阅读光线。不要在夜间太晚时阅读,那时你十分疲惫,无法集中精力。忙中偷闲得来的点滴时光是最美好的:下雪天、飞机旅行途中。(伟大的加拿大文学评论家诺思罗普·弗莱坐飞机时总是读沃尔特·司各特的作品,他觉得马车时代的风格很适合来平衡现代生活的快速喷气式飞机。)

什么时间开始读?法国小说家玛格丽特·杜拉斯总在夜里阅读,从来不在白天看书。华莱士·史蒂文斯说清晨最适合读诗,就像它适合祈祷一样。在诗人艾伦·格罗斯曼的想象中,他童年时的阅读总是在早上11点钟开始的。借用哈罗德·布鲁姆的话,良好的阅读永远给我们一种晨光伴身的感觉:哪怕是在午夜,只要我们的阅读足够深刻,足够活跃,我们都会感觉仿佛置身黎明。

每位读者都有自己最喜欢的阅读位置。不论它在哪儿,它都是属于你自己的地方,与众不同。有人在公园的长凳上阅读,有人更喜欢咖啡店或图书馆;还有人,像已故小说家斯坦利·埃尔金,只有在床上阅读才感觉舒服。俯卧的体位有其好处;事实上,这是我个人最喜欢的阅读姿势。你可以尽量伸展,在办公室里你就不能这样:这是个具体的象征,说明我们多么需要阅读,以之作为一种手段来对抗养家糊口的沉闷。埃尔金提到自己有一种模糊但持久的感觉:读者封闭、安全的世界暗示了为死亡所做的准备。他说,或许这解释了他为什么喜欢躺着看书。"它与独处有关,将世界拒之门外,对待书就像对待念珠、圣歌、笛子一样。"他如是写道。但是大多数情况下,我们也躺着做梦和做爱,这些行为中包含的想象和自由的强烈元素标记了它们与阅读的亲近关系。不管怎样,很少有人站着读书。走着读则是另一码事。记得小时候,我刚从图书馆里借了某本特别引人入胜的新书,等不及回家再看,就一边看一边走回家。时不时地,我在大街上会看到一个男孩或女孩在做同样的事情,身旁伴着父亲或者母亲,负责留意红灯。

不论我们在哪里、以什么样的方式阅读,切记要享受这一过程。愉悦要求专注。如果阅读令你感觉乏味,这意味着你还离你的书太远:太不专心,因而不情愿将自己全身心投入到书页中去。请记得,在你阅读时只有你和你的书,别的东西都不存在。书页是一个光明的地方。你需要围着它修筑篱笆,才能进入它的光亮之中。当你这么做到了,你就准备好了,可以接受以下的阅读规则了。

阅读规则

我的这些规则并非禁令,而是指南。它们的目的不是为了禁锢你的想象力,而是给它插上翅膀,助它腾飞。这样你会在挖掘所读之书的同时也发现自己。当你踏进文字放射出的光亮时,你也以全新的方式看见了自己。

在这些规则中,我试图在两件事之间保持平衡:一方面要为一些我最喜欢的作家加油喝彩,另一方面要就如何阅读这些作家给出一些具体的建议。我旗帜鲜明地推崇那些我热爱的书,但同时也强调阅读方法。我的态度扎根于慢阅读的整体原则,但是这些规则是我自创的。它们大部分比较简短,但有两条核心规则——规则三("辨识叙述声音")和规则六("辨识路标")——下分了次级标题,并提供了更多我所推荐的那种阅读训练的例子。

在讲述这些规则的过程中,我讨论的作家跨度很广,他们创作的笔调和方法各不相同,代表了文学创作的整个谱系。我分析的多数作家都是小说家、诗人、随笔作家或剧作家,但是也涉及了少数几位历史学家和社科学者。他们所有人都值得你们仔细阅读。

规则一:要耐心

培养耐心是最重要的规则,有了它才能有其他的规则。请让卡夫卡成为你的向导。

在《曲劳格言集》中,卡夫卡写道:

> 人类有两项基本的罪恶,其他所有罪恶皆由此而来:不耐心和不仔细。不耐心使得人被逐出天堂,不仔细使得人不能重返那里。或者也可以说只有一种基本罪恶:不耐心。不耐心使得人被逐出天堂,不耐心使得人不能重返那里。

卡夫卡的这一段话巧妙地凸显了它自身的主题。他相当匆忙地断言有两种基本罪恶,接着又收回了这一论断。换言之,他有耐心来自我纠正。卡夫卡甚至以引诱性的方式暗示,我们如果有足够的耐心,或许还能找到方法重返伊甸园。毫无疑问这个希望非常渺茫,就像卡夫卡作品中的许多其他希望一样。当他的主人公们耐心坚持时——他们经常这么做——读者知道他们正在实践的并非拯救的艺术,而是一种高贵的挫折。

与卡夫卡的那些宿命已定的人物不同,读者能够通过耐心拯救自己。我这话的意思需要阐释一二。

耐心意味着许多事情。我们必须耐心,才能不被一本书的困难所压垮。我们必须耐心,允许自己感到困惑,才能通过反复摸索去了解如何就某本书问出正确的问题。我们必须耐心,才能投入所需的时间和精力来良好地阅读。

每个值得付出的项目都以困惑开始,阅读也不例外。每位读者都有一个卑微的起点:孩提时学字母的痛苦挣扎。但是最终孩子的挣扎变成了愉快的财富:他拥有了认识书面文字的能力,以及与文字嬉戏,并从中找到意义的能力。在这个过程中,孩子学到了关键一课——不要在书中困难的地方停滞不前。知道什么时候要下功夫,什么时候要放手——这一课我们成年读者也要不断地教育自己。我们必须培养出正确的耐心。

耐心地阅读还意味着激发出一种对细节的渴望,这种渴望是愉悦的,并多少有些强迫性。("在阅读时,读者应该注意并斟酌细节。"弗拉基米尔·纳博科夫说道。)如果我们将我们对书中人物和观点的理解定位在一些细微的、重要的细节上,那么我们的阅读能力会急遽提高。这些细节是散落在散文或诗歌的行进洪流中的一些岛屿,它们给我们的理解提供支撑点。

我们一定不能对所读之书的内涵匆忙得出结论,也不能强求作者以简单易懂的方式来表达其观点。如果我们对作者的晦涩风格,对他拒绝简单地传达一个清晰信息的做法有挫折感,我们一定得记住,如果阅读要想有所收获的话,为理解一本书而进行奋斗正是阅读的全部意义所在。

你的耐心奋斗应该是十分有趣的,不会沉闷。强迫阅读就跟强迫进食一样糟糕。如果你仅仅是因为觉得一本书会对你有用而勉强自己去读它,那么不如换本自己更喜欢的书。学着坚持看一本书和强迫自己阅读某本书,这两件事情是有差别的。即使你没有立即喜欢上一本书,但如果你能学着坚持看下去,这也会给你带来宝贵的一课,并引领你获得一些最棒的阅读体验。但假如你在反复多次尝试之后,仍然觉得该书完全不对胃口,那就没有必要强迫自己阅读它。(但请确保你明白你在哪些方面反感它,以及为什么。不要被你的厌恶情绪所操控,试着从中学到一些有用的东西。)

耐心对于我们发展阅读技巧是十分必要的。在更广泛的意义上,阅读技巧也就是我们的认知和想象能力。我们要将部分的耐心持续地用在阅读所需的技巧上。我们必须要像锻炼肌肉一样锻炼头脑,以便受益于书籍,这就像我们需要保持身材才能享受运动一样。不断思索你的阅读反应,你最终能从书中得到的大量收获将会令你惊喜。

许多次我都发现,你与一位作家的第一次、第二次,甚至第三次的笨拙接触后来会令你深深地、持久地爱上他。带着耐心,我们重读一本被搁置一旁的书。有时候,我们最初的反感只不过是个波折的开头,随后会发展成为人与书的一段美丽友谊。而有的时候,我们需要老师,或者作者的资深爱好者,引着我们进入他的殿堂。还有的时候,我们会一头扎进去,虽然无法完全理解，却深深为之着迷。我记得，我在高中时突然脑热开始阅读乔伊斯的《尤利西斯》。在该小说百科全书般生气勃勃的美丽星球上，我只能完全靠我自己。我的父母从未上过大学，虽然他们对学习有着发自内心的尊敬，却不好读书。他们当然不可能知道乔伊斯是谁，波德莱尔是谁，或者任何一位我正如饥似渴地拜读的其他作家是谁。我现在不太确定，我当时读《尤利西斯》是想干吗，或者这本书我"理解"了多大一部分。但是我很肯定的是，我当时对每一页都无比崇拜，甚至包括那些令我感到如坠云雾的部分。我完全臣服于乔伊斯的魔力，甚至在我自己都没有意识到的情况下，就激发出了对其文字构建的狂野世界的无比耐心。（我当时在公共图书馆里找到了安东尼·伯吉斯所著的《重温乔伊斯》，这本生动的书对我十分有帮助，它至今仍是一本针对普通读者的优秀指南。）

　　永远不要匆忙读完一本书，不要仅仅是为了你能在看完时有点成就感——为了能说"我看完了"。耐心的慢读者不会这样看书。他们思考段落里的起承转合，从中尽可能多地挖掘出意义，哪怕有时甚至需要再读一遍才能实现这一点。在我阐释这些阅读规则时，我会给你们举上几个例子，以说明从一本书的短短几行文字中我们可以收获多少内容。你越理解作者的复杂用词方式和他或她使人物栩栩如生的方法，你就越能从书中受益。你不应该仅仅为了情节而阅读，相反，你应该认真琢磨文字包含的各种层次的意义，正是这些层次使得我们对任何一位好作家的阅读体验具备了价值。你读书时从书页中看到的越多，就会越享受读书时光。

　　在你首次阅读某一段时，你应该问自己几个关键问题：谁在说话？每位叙述者是如何自我展示的？以及最后，这个段落是怎么运作的——哪些意象和措辞是最令人印象深刻的，为什么？想一想那些人物是如何展示自己的，他们是如何证明自己的身份的。我们能从他们的话语中了解哪些关于他们的事情？在你阅读时请保持活跃，并在头脑中记录一些话题,随着你阅读的深入,你可以稍后再回到这些话题上。

我的意思不是说,你一定要立即成为慢阅读的大师才能从书中获得尽可能多的收获。但我的确想向你展示,只要你开始深度阅读,你就能走多远,并且能挖掘到什么样的宝藏。一步一步地来,不要试图一下子理解所有的事。你只有耐心行进,才能自信地开始阅读一个内涵丰富的复杂文本。这是我的第一条建议,我在后面解释其他阅读规则时还会不断地重复这一条。

你不可能在读第一遍时就注意到书中的所有方面。有耐心还意味着,你愿意在读第一遍时错过一些内容,将一些快乐留给第二遍更为细致的阅读。所有的难书都需要重读,当对象是诗歌和哲学时,重读的次数更是要加倍才行。只要你具备了重读一本书的耐心,你就会在书中发现你所寻求的东西,从而使得你的阅读更有回报。

让我们听听亨利·戴维·梭罗在《瓦尔登湖》里如何表达读者在宽容并耐心地搜寻作者表达之意时的感受:

> 很可能,有好些话正是针对我们的境遇而说的,如果我们真正倾听了,懂得了这些话,它们之有利于我们的生活,将胜似黎明或阳春,可能给我们一副新的面目。多少人在读了一本书之后,开始了他生活的新纪元!一本书,能解释我们的奇迹,又能启发新的奇迹,这本书或许就为我们而存在了。[1]

梭罗在等待阅读给予我们的奇迹出现时,他的忧虑是显而易见的,这个奇迹似乎随着时间的推移变得益发不可捉摸:请注意他在措辞上语气渐弱,从"很可能",到"可能",再到最后的"或许"。他有耐心(《瓦尔登湖》是一本极其耐心的作品),但他也有激情。我们珍视梭罗散文中的细节

---

[1] 选自《瓦尔登湖》,徐迟译,上海译文出版社,1982年,略有改动。

之处。当他告诉我们书籍的意义将像黎明一样照亮我们,像阳春一样唤醒我们时,他的文笔真是既有激情,又十分精准。

因此,我给你们的第一条关键建议是要有耐心,它为我将要谈到的其他规则铺平了道路。耐心意味着对你选好了要读并在面前摊开的新书敞开心扉。我们或许会发现,自己读到最后时不同意作者的观点,但是首先我们需要进入这本书的世界,了解在作者为我们营造的独特世界中生活是什么滋味。我们在几百页厚的书中先放低姿态倾听作者的观点,然后在充分了解的前提下与之进行辩论,我们会因此变得更有才华、更具慧眼、更为有趣。通过学会以富有成效的方式与书籍对话,我们提高了自己的知识技能。书的世界里充斥着各种极端不同的声音,每种声音都要求我们聆听并回应。当我们开始关注这些声音时,我们对生活的感觉就会无限拓宽。

我经常在本书中提到其阅读观点的约翰·罗斯金曾写道:"有一群人持续对我们敞开心扉,不论我们职位高低、工作贵贱,只要我们愿意倾听,他们就愿意讲给我们听——以他们所能选用的最好的词语讲给我们听,并且谈论的是他们内心最深处的东西。"他们"可以一整天地待在附近等着我们",等待着我们随时打开书籍,他们就是通过书籍讲给我们听。当他们开始说话时,我们必须耐心地把他们的话听完。

正如罗斯金所建议的,学习如何阅读就和学习如何与人谈话一样。如果你能在谈话过程中对自己和谈话对象有所发现,那么你就是一个好的谈话者。你希望了解对方,同时也希望让他或她对你略知一二。与此相似,阅读也是一个双向过程,是你与书之间的一种关系。你必须揭示自己内心的一些东西,才能获得有趣的回应。你需要给予书籍某些东西,才能获得它们的回馈。

有时候,第三方会加入读者与作者之间的对话:老师、朋友、读书社的其他成员。不论你是独自阅读,还是与其他人共读,你的目标都必须是使你与书籍作者之间的谈话变得尽可能密切且具挑战性。对于书籍的挑战,你必须要积极应对,必须学会接受它们,而不是扭头走开。你可以与书籍开战,但不能将它变成你的敌人。即使你不同意作者的观点,或者发现自己不喜欢该书的风格,也要努力投入阅读过程。

小说家罗伯特·路易斯·史蒂文森以其令人毛骨悚然的小说《化身博士》而著名。他颇为重视那些名声不佳的书籍。他写道:

> 那些人拓展了我们有限的知识领域,唤醒了我们昏昏欲睡的良知,正是他们向我们展示了另一种真相,或者从我们的眼光看来,可能是危险的谎言。看起来前所未有的新观点,以及看似张狂虚假或者十分危险的观点,对读者来说都意味着考验。如果他能理解该书的意义,它背后有什么样的原因,那么他具有天赋,请让他读下去。如果他仅仅是感到受了伤害,或者受了冒犯,或者愤怒地指责作者愚蠢,那么他最好还是看看日报;他永远也成不了读者。

有一次我给大一的新生上尼采的课,有个学生告诉我,如果她再接着读尼采的《论道德的谱系》,她将会质疑一切她曾经相信的东西。她说这话时带着恐慌,同时也有一丝兴奋激动。即使你已经大学毕业,你在读尼采等人的书籍时仍然需要培养出与她一样的活跃思维,这样的书督促你重新思考你的生活,以及你在其中居住的世界。

要想真正享受一段对话,你必须得耐心:乐于聆听,明白你能从谈话对象身上学到东西(哪怕像尼采一样,他正在谈论的是某种或许会颠覆你的世界的东西)。在你缓慢而耐心地培养了你对作者的理解之后,你将会被诱惑着一再重读那个作者。有些人是你更愿意与之谈话的人:你亲近的朋友。同样地,你越多地将自己投入阅读,你就会越愿意重读这些书。它们就像你的亲近朋友一样,不是简单地让你感觉更好,而是像诤友那样,愿意与你辩论,帮你重新认识自己。

不过,书籍和朋友还是有区别的。多年前,我和一位年长些的同事一起教一门课。我从他身上学到了大量关于教学以及阅读的知识。我们当时正准备开始研究柏拉图的《理想国》,一个总共600页的大部头。我的同事以一句话开始了他的讲课:"柏拉图比你们更聪明。"我们并不一定会相信我们的朋友比我们聪明得多;如果我们这么相信,那么我们或许会胆怯,不敢与之对话。但是书籍,如果它们真有价值的话,一定比我们更聪明。我们必须心甘情愿地向它们的作者学习,他们知道的比我们多得多。在我们陈述自己的观点之前,在我们开始反驳之前,我们必须耐心地尝试理解作者的观点。在有些例子(比如说柏拉图的例子)中,要想抓住作者的真实意图似乎是不可能的事情。学者们到今天仍在辩论,柏拉图到底是独裁主义者还是自由思想家,是理想主义者还是实际、世故的哲学家。柏拉图作品的模糊性,抓住其真实意图的困难性,正是其作品财富的一部分。一本书具有的层面越多,它就越能吸引读者。如果难以确定作者的真实意图是什么,那说明该书给你提供了机会,邀请你加入对话。它邀请你以一种令人兴奋的方式来回应作者,与作者争辩。不过,首先你得聆听。

书籍吸引那些将它们捧在手上的读者。它们向那个"现在将我捧在手里"的人说话(惠特曼便是这样描述他的读者,邀请他们一起去探寻一种新的神秘之物:他的诗歌)。书籍试图告诉你一些东西。书越好,它传达的信息就越紧迫,你就需要越耐心地聆听它的信息。

我的主要目标是教会你如何去聆听书籍。在你学会聆听之后,你可能希望反驳它,将你与书籍的对话提升到一个崭新的、更具论辩性的层面。但是首先,你必须掌握你所需要的工具,以便能够开始良好的阅读——能够从你这头支撑起你与书的对话。耐心地聆听是第一步。

规则二:问正确的问题

读书时要把自己想象成一个寻找线索的侦探。一个好侦探需要知道什么是相关线索而什么不是,什么样的线索应该跟进,而什么样的线索起不了作用。侦探是些擅长分析的行家里手,他们知道什么样的问题能将调查向前推进,而什么样的问题不能。

通过问问题,你才能从困惑前进到与书交战。作为一个长期从事教学工作的老师,我有时会有这样的感觉——这种事情不经常发生,但的确发生过——全班学生就是问不出一个关于文本的好问题。那时他们就更加需要我的引导:我不得不给他们举例子,说明什么样的问题能帮助他们努力应对这本书。

有用的问题将书中的一些元素联系在一起:开头与结尾有什么关系?这些人物是如何相互平衡、相互对抗的?某一特别引人瞩目的段落是怎么总结这一整本书的?

让我们从头开始,从你正在读的那本书(或短篇小说、随笔、诗歌)的题目开始。如果你问出了正确的问题,题目本身就能告诉你一些重要的信息,帮助你理解文本的其余部分。我们应该这么提问:题目对这个作品表达了怎样的看法?

弗兰纳里·奥康纳将她最狰狞的一篇短篇小说命名为《好人难寻》。奥康纳的这篇小说讲述了一个名叫"不和谐分子"的连环杀手的故事,内容暴力,令人毛骨悚然。那个杀手残暴地杀害了一个南方家庭,当时那家人正在去度假的路上,一家之主是一位极其惹人厌烦的老太太。这个题目的抢眼之处首先便是它的不协调:它和全文格格不入,就像"不和谐分子"与他所处的那个自鸣得意、动不动就道德说教的社会格格不入一样。"好人难寻"是一个十分空洞的陈述——那种乏味的、陈腐的观察结论,故事中的老太太就酷爱说这样的话。但是奥康纳的题目是一头披着羊皮的狼。它听起来温和无刺激,但内里隐藏了一记重拳。"不和谐分子"十分迷恋耶稣基督,他的谋杀暴行原来是他试探耶稣的一种偏执方式,他借之来试图弄明白耶稣是好人还是坏人。"不和谐分子"是个坏人,因为他做的是杀人,而不是救人的事情,但是他所使用的策略,就和基督徒们所称的"上帝之子"所使用的某些策略一样,一样死命认真,一样死命偏激。

一些著名作品的题目与其正文之间有一种原则性的重要关系:简·奥斯丁的《傲慢与偏见》《理智与情感》《劝导》均属于此种范畴。此类题目迫使我们思考书中的人物,并诱导着我们对这些人物进行评价。伊丽莎白·贝内特在与"傲慢得不可救药"的达西斗争和求爱的过程中,代表的是偏见吗?这两位人物在书中有没有修正他们各自的性格弱点(傲慢与偏见)?有没有哪种傲慢是不带偏见的?一旦我们继续我们的读书之旅,从奥斯丁的题目深入到《傲慢与偏见》令人激动、见解深刻的书页中去,所有这些问题都会带我们前往某处重要地方。

华兹华斯的《坚毅与自立》("Resolution and Independence")又是一例我们可以从问问题中受益的标题,因为它给我们提供了理解诗文的洞察力。坚定决心(resolved)和找到(问题的)解决方案(resolution)是两件相差甚远的事情;但是该诗暗示了这两件事之间其实有着重要的联系。华兹华斯希望,一种源自解决问题的自立会比仅仅是出自本能或年轻人的冲动的不甚坚定的自立更稳固。

在《坚毅与自立》中,华兹华斯刻画了三种注定要失败的自立人物:那位无忧无虑、精力充沛的农民诗人彭斯,那位欣喜若狂的十来岁的诗人查特顿,以及华兹华斯的朋友柯勒律治——他被想象的催眠力量所控制,完全不为自己感到忧虑。尽管这三位都是颇有灵感的诗人,但他们谁也没有生存下去所必需的坚毅。(华兹华斯写作本诗时,柯勒律治仍然在世,不过已经因为吸食鸦片上瘾而垮掉了。)在本诗的中心场景中,诗人在荒凉的旷野上遇见一个捕捉蚂蟥的人。这个人与上述那三位充满想象力却脆弱的诗人形成对比,他是坚毅的:他是一个稳定、坚韧、令人安心的人物形象。但是他太缺乏诗人气质了。华兹华斯需要在这位迟钝的蚂蟥捕捉者身上寻求稳定,但同时他又渴望别的东西:他希望能够捕捉居住在彭斯、查特顿和柯勒律治这三个胆大妄为的灵魂里的火花。他被大胆,甚至鲁莽的幻想所吸引,但这样的幻想又令他恐惧;它可能会导致英年早逝(彭斯和查特顿的命运)或者生活的毁灭(柯勒律治)。所以,华兹华斯渴望一种新型的自立,这种自立从卑微、反诗性的蚂蟥捕捉者之类的人身上汲取灵感,而不是像他的诗人伙伴们一样,从更为脆弱的东西上获得灵感。华兹华斯通过对立的生活方式说明生活该如何过,他像组织演出一样将这一辩论展示出来,这种方式值得我们仔细研究。我将在规则五"注意开头与结尾"中再次谈论《坚毅与自立》,它是英语诗歌中最令人赞叹、最具重要地位的诗歌之一。

有些题目为我们提供了对行动的点评。莎士比亚的《第十二夜》(我将在"阅读戏剧"一章中详细讨论该剧)令读者联想起圣诞假期的最后一夜:它暗示了一场即将结束的狂欢。在莎士比亚的戏剧中,马伏里奥的嘲讽,在令人捧腹的兴奋中开场,慢慢变得令人不愉快,冷静清醒的早晨正在逐渐逼近。(莎士比亚为该剧所取的别名"随心所欲"是文艺复兴时期的一个流行短语,意思类似于"使出你最卑劣的手段吧"或者"你想要就来吧":它既是一个引人发怒的挑战之语,又是一种诱惑性的激将。)《一报还一报》是一个同样具有多重意义的题目,它用了《圣经·马太福音》里山上宝训的典故。在该典故里,耶稣说(依据《詹姆斯国王钦定版圣经》的文字):"因为你们怎样论断人,也必怎样被论断;你们用什么量器量给人,也必用什么量器量给你们。"莎士比亚的这部剧就完全是关于回报的。那些惩罚别人的角色(其中最重要的就是极其令人讨厌的伪君子安哲鲁),后来发现自己也受到了幕后操纵的剧作家相应的严厉的惩罚。然而,该剧的结尾还是皆大欢喜,甚至就连道德败坏的安哲鲁也得到了宽恕。这里,莎士比亚似乎是在模仿《马太福音》里耶稣所宣扬的恩泽,他让他笔下的角色们获得了远超其所配拥有的幸福。

颇具开创精神的社会学家欧文·戈夫曼给他的一本书起名为《污名:受损(spoiled)身份管理札记》。戈夫曼的副标题完全是一首诗。它借用食物的比喻(spoilage,食物的变质)重新想象了一个社会问题,并在这么做的同时给我们提供了一个理解作者观点的关键线索。戈夫曼的视角是冷静的,同时又富含同情心。他愿意欣然接受那些有污名之人:他使用的"管理"一词肯定了这一态度,即使在社会不公平判断的严苛怒视之下,这些人仍然可以处理自己的事情。戈夫曼对标题的运用,就像奥康纳、奥斯丁、莎士比亚一样,将之作为一种承载意义的工具,一条理解正文的重要途径。当你读书时,务必对这样的书名保持警惕,它们大胆地宣告了自身的重要性。

现在,让我们结束对书名的探讨,再去探索其他几个我们应该考虑的问题,以及一些我们不应该考虑的问题。有些问题在首次阅读时就可以被提出来并找到答案,有些问题则可以后来再处理,最后还有一些问题是在书中找不到答案的。我将最后这类问题称为假线索(借用前面提到的侦探工作的比喻)。例如,假如你虚构《哈姆雷特》有一部前传,描述哈姆雷特与其父亲的关系,你就不可能走太远。莎士比亚故意隐藏了这一部分的内容,而他这么做是有原因的:他希望哈姆雷特与其父亲之间的关系保持在无法确定、令人焦虑、引人深思的状态。哈姆雷特毫无道理地仰慕他死去的父亲;而他父亲作为一个鬼魂出现时,却是一个难以捉摸、苦恼忧虑的角色,愤愤不平地悲叹自己曾经犯下的罪行。在哈姆雷特的想象中,他父亲是一个英雄般的、神一样的人物,但他父亲本人并不是这样。将他父亲过去的生活展示出来,从而将之固定下来的想法,其实就是要强行局限哈姆雷特的不受约束、卓越非凡的头脑,而这头脑是根本不可能加以局限的。

而在有些案例中,思考该书故意省略的内容的确带来了益处。在《奥赛罗》中,莎士比亚让奥赛罗以动人的方式叙述了他是如何引诱苔丝狄蒙娜与他成婚的,但是他却没有提到他们第一次做爱的情节——假如他们真做过爱的话!一些评论家声称,如果我们仔细研究该剧的时间表,会发现奥赛罗和苔丝狄蒙娜根本就没有时间圆房。《奥赛罗》提供了一个十分罕见的例子:对于剧中没有描述的某样事情(奥赛罗和苔丝狄蒙娜的性事),我们可能希望确定它到底有没有发生过,因为这个问题对于莎士比亚讲述的这个故事来说太重要了。而且,在这个例子中,哪怕我们对他们两人的性事(假设真的发生过)做出判断,我们也不能得出什么重要收获。"我认为,奥赛罗在与苔丝狄蒙娜做爱时,感到失望,并不为之欣喜若狂":这就像注释《圣经》的《米德拉什》一样,你是在给这部剧增加一幕你自己设计的场景,而不是耐心地弄明白这部剧中有什么。你还可以同样轻易地说,奥赛罗为之欣喜若狂——为什么不呢?如果莎士比亚在剧中所述事情既不支持也不反对你的观点的话,那么你满怀热情投入其中的,不过是你自己构想的剧情。你把莎士比亚忘在了脑后——而这是你的损失。

什么才是要问的好问题、好线索呢?我在下文罗列的规则,以及随后论述不同文类的章节,将会给你提供一些范例。你需要询问书中的重要意象、关键短语、语气语调、首尾联系等。在有些情况下,你需要弄明白作品的历史背景;不是将书降级为历史,而是从历史中获得意义。最后,你还要询问该书与其他书的关系,包括同一作者写的其他书以及该作者的前辈们写作的书籍。

当你阅读一部古希腊或古罗马经典,你需要了解这部作品用到的神话和故事典故。一个带有脚注的好版本可以给你提供这些信息。埃斯库罗斯的《俄瑞斯忒亚》中描述了阿特柔斯家族的悲剧,除非你对剧中所描述事件的上一代人的故事,即阿特柔斯和堤厄斯忒斯两兄弟之间发生的血腥冷酷冲突有所了解,否则你就无法理解这部剧。

如果你所读的故事暗指了历史上真实发生的事情,那么询问该历史背景的问题也提供了一个途径,使你可以了解你所读故事的意义。但是请确保,你不会用历史事实来简单地理解该书的主旨,或者将该书的主旨简化为作者对某一政治观点的表达。创作文学作品的作家极少会对他们所处时代的事件表明立场,即使当他们很密切地讨论这些事件时也是如此;文学不能被诠释为政治立场的表达。甚至在一些政治理论书籍中,作者的目标也几乎从来不是简单地表达一个观点,而是提出一种论点并描述一种思维模式。

对于文学作品的世界而言,历史和政治的细节通常十分重要。我们需要了解法国大革命的一些基本事实、它的余波、它对法国社会的影响,才能理解巴尔扎克和司汤达笔下主人公们的奋斗。假如我们对美国内战之后南方对黑人的残忍压迫一无所知,那么我们就无法理解詹姆斯·韦尔登·约翰逊的《我曾是一个黑人》。(在观看了一场冷酷无情、令人毛骨悚然的私刑之后,约翰逊小说里的那个无名主人公下定决心要冒充白人。)如果不知道查尔斯·斯图尔特·帕内尔和他的陨落,你就很难理解乔伊斯的《都柏林人》或《尤利西斯》。(帕内尔是爱尔兰的民族主义英雄,他因为与一位已婚妇女基蒂·奥谢的婚外情丑闻而身名俱毁。)乔伊斯在作品中经常提及帕内尔,帕内尔神话对于他的作品来说十分重要。但是,记住这一点十分重要:帕内尔对于乔伊斯而言就是一个神话。尽管他经常将帕内尔看作是一个遭到背叛的耶稣类型的人物,但是乔伊斯并不热衷于表达政治立场,而是对考察历史传奇的力量更感兴趣(因为那么多的爱尔兰历史都已经成为传奇)。将乔伊斯局限于某一政治立场是不对的,甚至当他的一些人物激烈地表达他们的观点时,我们也不能这么做。他的视角超越了政治争论;它将不朽与琐碎、卑微与高贵包裹在了一起。

尽管乔伊斯仰慕易卜生,但他并没有像易卜生一样倾向于关注时事,并冲动地就社会问题站队。易卜生是一位罕见的为时事摇旗呐喊的作家,但即使在他这一个案里,假如我们要把他贬降为政治立场的支持者,那么我们就对不起他作品里的伟大力量。易卜生的力量,不是来自他关于女性权益或公共卫生等问题的感受是正确的还是错误的,而是在于他想象了希望拥有操控别人的权力意味着什么,被命运所囚禁意味着什么,被困在一个情色陷阱里却突然发现与你一同被困的人正站在你的对立面,这又意味着什么。(我将在"阅读戏剧"一章里更加详细地讨论易卜生。)

对于一部文学作品,如果你的问题总能把你引回你拿在手中正在阅读的书籍,而不是让你离开书籍进入政治或历史领域,那么你的问题就是正确的问题。而有些书是关于政治或历史的——例如,马基雅维里的《君主论》。在这样的例子中,你需要关注该书的动态变化,它使用概念的方式和展示关键场景的方式,而不是舍弃书本和书本的艺术性,只求取一些有关马基雅维里所处时空的简单信息。每位历史学家、传记作家和政治思想家都有其特色思想要传达,都对世界如何运转有其特殊看法。请尝试辨识出他们的特色思想,并对之感同身受地加以理解,而不是仅仅累积一些有关作者描述之事的历史事实。

在这一规则中,我尝试引导你问出正确的问题。不论这些问题是什么——关于人物,还是关于结构,还是关于语气语调——它们都应该引导着你通往你所读之书的内在精华。

一本书的精华常常是隐蔽的,乍看起来平淡无奇。新闻工作的一个例子可以帮助我们理解。记者们有一个可敬的行业秘密,称为"nut graf",其中 graf 一词是记者称呼照片的行话,而 nut 则指事件的真正核心。每个报纸或杂志故事均会有一张核心照片。核心照片几乎从来不放在第一段,但它会告诉你这个故事**真正**讲的是什么。记者们喜欢把核心照片隐藏起来,以便吊起读者的胃口,吸引他们一直读下去。书籍作者也做同样的事情。在一本书中,核心极少会是某一关键段落;通常,它都会被精细微妙地散布于整本书中。亚当·菲利普斯的《霍迪尼的箱子》乍看起来似乎是对这位伟大的逃生术表演艺术家的职业生涯的记述,间杂着菲利普斯本人在担任心理分析师的执业期间收集的一些逸闻趣事。逐渐地,该书的主旨(核心)才慢慢显露出来:菲利普斯思考了我们给自己设下陷阱的情况。他问,设计各种神秘莫测的捆绑形式,然后从中挣脱出来,这是不是一种表明自我具有维护其神秘性力量(没人能抓住我,甚至我自己也不能;我永远是难以捉摸的)的方法。菲利普斯把霍迪尼当作一种途径,来研究人类性格的一个恒常特点:容易被幻想俘获,但同时又潜在地具有掌控幻想的能力。如果你读完了《霍迪尼的箱子》却没有领悟到这一点,那么你就错过了其核心内容。

你面临的挑战就是要找到你所读之书的核心内容:它的中心思想、关键意象和人物,以及它创造的世界的精华所在。(在规则九"发现作者的基本思想"中,我将就发现书中的核心观点给出进一步的建议。)

规则三:辨识叙述声音

"凡是有财产的单身汉,必定需要娶位太太,这已经成了一条举世公认的真理。"我刚引用的是简·奥斯丁的《傲慢与偏见》中那句著名的开场白。谁说的这句话?这个声音听起来什么感觉?我们可能会忍不住说,这是小说女主人公伊丽莎白·贝内特的声音。在《傲慢与偏见》中,奥斯丁喜欢让人物不开口却发出声音:尽管小说是用第三人称叙述的,但伊丽莎白的说话方式被清晰地传达给了读者。换言之,当奥斯丁描述伊丽莎白的感受时,很多时候你可以将"她"替换为"我",认为伊丽莎白本人是这一段的作者。在这种叙述方式中,在第三人称的面具下面掩盖的其实是某一人物的视角。这种叙述方式被称为"自由间接文体":居斯塔夫·福楼拜在《包法利夫人》中将这一文体发展成为他的写作特色。

《傲慢与偏见》的开场白的确有一丝伊丽莎白的影子。这种陈述句的直白语气唤起了一种既认同又有点警惕的感觉,而这种感觉正与我们在小说的前半部分对奥斯丁的女主人公形成的那种感觉吻合。在此之后,伊丽莎白才认识到她一直错怪了达西,并且她最好改变她看世界的方式:她最好变得更宽容,别那么快就开始谴责。作者想让我们如何看待那句开场白所包含的自以为是——它的傲慢,弄明白这一点就和评价伊丽莎白本人一样困难。随着我们接着读《傲慢与偏见》,我们开始怀疑,那些自信的论断或许缺乏明鉴;很多时候,伊丽莎白说话时越自信,她就越缺乏鉴别力。在读完几章之后，我们再回到那句开场白，我们的眉毛就会挑起来了。

我们读到后文才发现，奥斯丁的开场白原来是一种误解：达西是一个有财产的单身汉，但他并**不**想要娶位太太。这句开场白，以及它对"举世公认的真理"的得意扬扬的宣扬，实际上代表了传统的期待，而不是它所宣称的固若磐石的智慧。它是偏见，而非哲学洞见。在《傲慢与偏见》中，奥斯丁的部分目的就是要嘲弄这些纯粹传统的论断，有时这种嘲弄比较温和，有时则比较严厉。她表明，戏弄传统和取笑那些人的装模作样（对这些人来说，这些装模作样是其严肃的信仰）并不意味着要将这些东西轰炸得体无完肤。奥斯丁的声音（睿智、嘲弄、冷静）与偏狭守旧的传统信条一直有着明显的区别，而她在《傲慢与偏见》的开篇使用的就是那种传统声音，它似乎想扭着我们的胳膊强迫我们同意其观点。奥斯丁强迫我们思考遵循传统的回报和代价。伊丽莎白虽然也维护传统，但她摒弃了传统中愚蠢、僵化的部分，用生动的讽刺性语言攻击它们。奥斯丁是一个精力充沛的讽刺作家，虽然她在讽刺时比较谨慎。大胆但值得尊敬的她，赋予了笔下的女主人公以同样的品质。伊丽莎白证明了自己有足够的胆量来教导自己。

让我们暂时离开奥斯丁，去探讨另一位伟大的叙述声音掌控大师福楼拜。福楼拜在《包法利夫人》中熟练地使用了自由间接文体，由此将作者的声音与角色的声音平衡起来。让我们来看一看以下这段对爱玛的描述，当时她刚刚对她与乡镇医生查理·包法利的婚姻感到厌倦。爱玛已经开始对其他的男人产生遐想了。她幻想着换一个丈夫会怎么样：

> 他想必漂亮、聪明、英俊、夺目，不用说，就像他们一样、她那些修道院的老同学嫁的那些人一样。她们如今在干什么？住在城里，市声喧杂，剧场一片音响，舞会灯火辉煌，她们过着喜笑颜开、心花怒放的生活。可是她呀，生活好似天窗朝北的阁楼那样冷，而烦闷就像默

不作声的蜘蛛,在暗地结网,爬过她的心的每个角落。她想起发奖的日子,她走上讲台,接受她的小花冠。她梳着辫子,身穿白袍,脚上是开口黑毛线鞋,一副可爱模样;回到座位,男宾斜过身子向她致贺;满院车辆,大家在车门口同她话别,音乐教员挟着他的小提琴匣,边走,边打招呼。这一切都多远啊! 多远啊![1]

本段的开头句向我们展示了爱玛的声音,以及其中夹带的受挫的、空洞的渴望。爱玛对这个理想丈夫形象的徒劳刻画其实是十分无趣的陈词滥调:她梦中的这个并不真实存在的男人"漂亮、聪明、英俊、夺目"。福楼拜用这一系列的形容词传达了爱玛受陈词滥调影响的幸福观。她的思想由这些令人厌烦的标准词语表达出来,毫无新意可言,颇令我们沮丧。当她描绘她的老同学们的生活时,她想象着她们必定"过着喜笑颜开、心花怒放的生活"。福楼拜想让我们感觉到,爱玛的梦想,以及她所依赖的那些陈腐比喻(喜笑颜开、心花怒放的生活),索然无味到了几乎令人痛苦的地步。她依靠模糊、传统的词语展开幻想,因为她本人也是一个传统的产物。

不过,接下来的那句话就比较有趣了,那不是爱玛自己能想出来的句子:"可是她呀,生活好似天窗朝北的阁楼那样冷,而烦闷就像默不作声的蜘蛛,在暗地结网,爬过她的心的每个角落。"这句话里有两个非常醒目且具有预兆性质的意象——寒冷如囚笼的阁楼和像默不作声的蜘蛛一样的烦闷,铁了心要将爱玛困在它的网里。我们突然意识到,爱玛是她自己的困惑的欲望的受害者。这句话是福楼拜的主意,而不是爱玛的。他实际上是从高处突然扑向她,入侵了她的内心世界。

不过,就在下一句,福楼拜又回到爱玛的思想中,描绘了她对自己学生时代所获赞赏的可悲眷恋,那时她优雅地上台领奖,给她的成年观

---

[1] 选自《包法利夫人》,李健吾译,人民文学出版社,2015年,有改动。

众留下了深刻印象。我们感觉到,爱玛真的希望回到她的少女世界中去。她倾向于怀旧,因为除此之外她想不出用什么方法可以逃离自己沉闷的生活,她的丈夫、她的社会和她自己的软弱都宣判了她要过那样的生活。

由此可见,福楼拜既将自己置于爱玛的内心,又跳脱出这个人物之外。《包法利夫人》中既有它标题人物的声音,也有作者的声音。这两种声音相互干扰,甚至相互评价。爱玛对少女时代的记忆回应了蜘蛛网的意象:就好像她铁了心要用某种柔软的、更能令人宽慰的事情来对抗作者的冷酷视角一样。

《包法利夫人》采取了双重叙述声音,既有爱玛的,也有福楼拜的。不过,还有一些书只启用了单一的叙述声音,并且取得了很好的效果。我们可以再次用一本社会学的书籍来举例子。社会科学家如果擅长写作,就会重视叙述声音的开发,在这方面他们与小说家和诗人有共同之处。戴维·莫勒的非同凡响的《大骗局:骗子的故事》一书最早于1940年出版。莫勒是一位语言学家,但同时他还是一位在复杂环境下从事研究的老练学者和文笔漂亮的作家。他的著作研究了20世纪早期那些靠偷盗和欺骗在美国文化中立足的骗子。第一章的标题听起来颇为推心置腹——"聊聊骗子的事",莫勒这么开始他的第一章:

> **欺诈**有一种温柔的品质。它通过灵巧的手或机智聪敏,让没有经验的傻瓜遭受损失。在这方面,它有别于所有其他类型的犯罪,尤其是**重型犯罪**。它从不使用暴力来将受害人与其金钱分隔开来。在所有**诈骗犯**中,设骗局行骗的人是贵族。

你已经可以从中感受到,莫勒将让他的读者近距离接触他所描述的骗子,他希望我们欣赏他们狡猾的掠夺手段。读者后来才发现,其中有一种狡猾的反讽存在:随着莫勒的后续展开,骗子们最为依仗的工具之一就是让他的受害人相信自己是与骗子一同行骗的人,这毫无例外地是骗子们诈取受害人钱财的前期铺垫。但是这一认识只有到后来才出现。就目前而言,让我们关注其中一个精选的形容词所带来的美妙感触,这个形容词就是"没有经验的傻瓜"中的那个高深的"没有经验的"一词:你几乎可以看到骗子发现猎物时垂涎三尺的模样。请注意,从事欺骗工作的是"它",而不是"他":欺诈似乎有自己的头脑。"将受害人与其金钱分隔开来"是骗子们喜欢使用的幽默委婉语。莫勒技巧高超地调用行业黑话(grift、sucker、mark、heavy racket,即欺诈、傻瓜、受害人、重型犯罪),目的是希望我们读者能够身临其境。《大骗局》的这个开头用"温柔的品质"、"灵巧的手"和"机智聪敏"等褒奖词语对骗子们的专业手段表达了敬意。而这里涉及的专家其实是罪犯,这一事实给阅读增加了趣味,给我们提供了一种因为非法而令人兴奋的感觉。

在《大骗局》中,莫勒详细叙述了许多高水平的欺诈故事。这些故事讲述了骗子们在酒吧里、在火车上、在赛马场等地取得的辉煌业绩,骗局都经过了精心设计,令读者目瞪口呆、惊讶不已:这些骗局属于过去的时代,是老一代人的杰作。莫勒以艺术爱好者尊敬大师的方式,对骗子们取得的重大成就表示尊敬。作者的声音与他研究的那些骗子的声音如出一辙:颇带贵族风范,洞悉世情,既高明又优雅。

声音和场所感

对地点的描述也是我们需要关注的一种声音。阅读时,你应该关注作者描述地点的方式,以及这些描述中夹带的关于声音的所有暗示。查尔斯·狄更斯就是个中高手,擅长通过描述某一特定地点来表达某种情绪和观点。他在小说中描绘的场景有力地传达出人物的感觉;他笔下的人物经常似乎从其场景中呼之欲出。在他的作品中,地点本身似乎具有一种声音。

我从狄更斯的《远大前程》中选取一个例子,来说明慢阅读对场所感的关注。该书情节紧张,令人高度兴奋刺激,一拿起来就很难放下——你要读狄更斯的话,就准备好熬夜吧。(我记得很久之前,桀骜不驯的评论家莱斯利·菲德勒曾接受过一次采访,其间菲德勒说狄更斯是他洗澡时最爱读的作家;那就准备好洗很长时间的澡吧。)如果你从未读过《远大前程》,或者你只在年少时读过,之后就再未看过它,那么现在正是时候去打开或重新打开狄更斯的这本书了。它是一个扣人心弦的奇迹。以下便是你将在该书的首页(准确地说,第三段)发现的内容:

> 我们的家乡是一片沼泽地。那儿有一条河流。沿河蜿蜒而下,到海不足二十英里。我第一次眺望这四周的景物、在脑海里留下无比鲜明的印象,记得好像是一个难忘的阴冷的下午,傍晚时分。就在那时我才弄清楚,这一片长满荨麻的荒凉之地正是乡村的教堂墓地;本教区的已故居民菲利普·皮利普及他的妻子乔治亚娜都已经去世了,双双埋葬于此;还有亚历山大、巴塞洛缪、亚伯拉罕、托拜厄斯和罗杰,他们的五个婴儿已都死了,埋葬于此。我才明白,在这坟场的前面,一片幽暗平坦的荒凉之地便是沼泽,那里沟渠纵横,小丘起伏,闸门交错,还有散布的零星牲畜,四处寻食;从沼泽地再往前的那一条低低的铅灰色水平线正是河流;而那更远的、像未开化的洞穴并刮起狂风的地方,自然就是大海。我才发现,面对这片景色而越来越感到害怕,并哇的一声哭起来的小不点儿,正是我皮普。
>
> "闭嘴!"突然响起一声令人毛骨悚然的叫喊,同时,有一个人从教堂门廊一边的墓地里蹿了出来。"不许出声,你这个小鬼精;你只要一出声我就掐断你的脖子!"

狄更斯的这一选段再现了一个可怕的、悲惨的起源场景:《远大前程》的叙述者兼主人公皮普告诉我们,他在何时何地接收到他"第一次眺望这四周的景物、在脑海里留下无比鲜明的印象"。皮普发现自己身处一片教堂公墓,他的父亲、母亲和尚在襁褓中的兄弟姐妹都被葬在那里。随着行文向下,狄更斯展示给我们的这个乡间变得愈发阴郁和可怕:小孤儿皮普和他姐姐,以及姐姐的丈夫——和蔼的铁匠乔·盖格瑞,一起生活在肯特郡沼泽,它是"一片幽暗平坦的荒凉之地";泰晤士河是"一条低低的铅灰色水平线";最后,大海是"那更远的、像未开化的洞穴"的地方。最令人难忘的是,狄更斯让皮普用第三人称的口吻提到自己,以此作为他的凄凉描述的最高潮。皮普在小说中的第一个身份是"面对这片景色而越来越感到害怕,并哇的一声哭起来的小不点儿":几乎没把他当人看。他又怕又冷,蜷成一团。他的名字在整段的结尾出现,就像一个无助的尖叫声——而紧紧随之而来的,就是那个逃犯马格维奇幽灵一样的可怕现身,他说他打算掐断皮普的脖子。皮普受惊吓的声音与孕育了他的原始、黑暗的场所相一致。

地点在《远大前程》里十分重要:重要的不仅是阴冷、不祥的沼泽,附近的河流上还停泊着狱船"浩克斯号";还有皮普后来在小说的中段被迁移到的像高大的迷宫一样熙熙攘攘的伦敦街道。在郝薇香小姐的阴森可怖、结满蛛网的房子里,皮普与他深爱的艾丝黛拉坐在一起。他回忆道:"屋内的空气浑浊沉闷,每一个角落里都笼罩着浓重的黑暗,甚至使我也产生了一种恐怖的幻觉,艾丝黛拉和我似乎也开始了缓慢的腐烂过程。"读者必须得深入思考狄更斯的地点描写,才能对这些静态画面有所感觉;狄更斯作品中的人物常常是在物理空间上成长起来的。请不要为了追踪情节的发展而匆匆忙忙略过这些空间描写。相反,请实践慢阅读的原则,停留几分钟的时间来琢磨狄更斯的声音,以及他通常描绘这些阴暗、凄冷的场景的方法。在《远大前程》的开篇第一页中,皮普学会了跳出自身看问题,这个能力将陪伴他终生。在小说开头狄更斯描写的沼泽地的墓地里,皮普发现了自己:一个瑟瑟发抖的小不点儿。后来,皮普成长为在社会阶梯上不断往上爬的行家,但是他一直保留着他的最初印象:一个微小的存在,站在一片可怕景色的边缘,被一个不认识的男人恐吓,那个人的声音粗糙刺耳、杀气腾腾。

相互竞争的声音

有些书将几个声音并置,令它们相互竞争;这些书上演了声音之间的竞争表演。相互竞争的声音在西方文学界最令人难以忘怀的两部作品中起了主要作用:巴尔扎克的《高老头》和莎士比亚的戏剧《亨利四世(上篇)》。巴尔扎克的小说和莎士比亚的戏剧都具有强大的推动力,充满中心人物的能量,而两者的中心人物都是一个试图征服世界的年轻人。而且他们也都实现了梦想:巴尔扎克的欧也纳·拉斯蒂涅和莎士比亚的哈尔亲王均在作品的结尾处胜出。然而,在成功之前,他们受到其他角色的挑战,这些角色发出了十分不一样的声音:巴尔扎克的伏脱冷和高里奥,莎士比亚的福斯塔夫和霍茨波。这两部作品均展现出三重奏的特点:在被作者有力刻画的虚构世界里,三个人物相互竞争主导地位;而在巴尔扎克和莎士比亚的笔下,均只有一个人物胜出。

《高老头》讲述老人高里奥的故事,他住在一个分房出租的公寓房里,为了维持他心爱的两个女儿的贵族生活,他牺牲了所有的财产。直到他生命的最后,高里奥也只关心女儿们的幸福,而不是自己的幸福。住在同一房子里的另一个租户伏脱冷是个大反派,他曾是声名狼藉的罪犯,后来更换了假名字。他试图腐化拉斯蒂涅。拉斯蒂涅是个年轻人,他与高里奥关系友好,并先后追求过高里奥的两个女儿。(这两个女儿均已婚,但是巴尔扎克明确表示,他所描绘的这个世界——19世纪30年代的巴黎,有着讲究享乐、通奸盛行的社会环境。)

于是,巴尔扎克勾画出一个三角:高里奥、拉斯蒂涅和伏脱冷。伏脱冷任性固执、声名狼藉,他向拉斯蒂涅灌输这个世界的法则,他这么告诉那位雄心勃勃的年轻人:

> 跟你情形相仿的四五万青年,此刻都有一个问题要解决:赶快

> 挣一笔财产。你是其中的一个。你想：你们要怎样地拼命，怎样地斗争；势必你吞我，我吞你，像一个瓶里的许多蜘蛛，因为根本没有四五万个好缺份。你知道巴黎的人怎么打天下的？不是靠天才的光芒，就是靠腐蚀的本领。在这个人堆里，不像炮弹一般轰进去，就得像瘟疫一般钻进去。清白老实一无用处。[1]

伏脱冷接二连三地创造了一连串比喻：其中最炫目、最令人毛骨悚然的是那个蜘蛛在瓶子里互相吞食的比喻，但是他建议拉斯蒂涅要么把自己变成瘟疫要么变成炮弹的比喻几乎同样华丽，同样令人难忘。伏脱冷在《高老头》中一路轰轰烈烈，粗鄙但是充满活力，是一股大胆直言的自然力量。随着《高老头》情节的展开，狂躁的伏脱冷发现自己的身份被戳穿：他原来是一个恶棍，有着臭名昭著的犯罪历史。于是，他愤世嫉俗的强烈话语便失去了可信度。他的声音不会被允许来主宰巴尔扎克的小说，尽管我们也能在巴尔扎克的话语中发现一些他的那种无情、冰冷的敏感。

其余两位相互竞争《高老头》主导权的主要人物是高老头本人和拉斯蒂涅。随着小说进入尾声，高老头成为一个极其可悲、完全破产的人，他对女儿们的喜爱又混杂着对她们背叛自己的厌恶。高老头自欺欺人的感伤使得我们难以尊重他；他就是无法看清事情的真相，即使在灾难面前也是如此。拉斯蒂涅一直对高里奥深表同情，但是在小说的结尾处他走上了与高里奥不同的道路。他冷冰冰地用一句话来宣告他的雄心，以此结束了巴尔扎克小说的情节。在高老头的葬礼之后，拉斯蒂涅一个人独自漫步，他审视着巴黎，以及他自己的未来：

> 拉斯蒂涅一个人在公墓内向高处走了几步，远眺巴黎，只见巴黎

---

[1] 选自《高老头》，傅雷译，人民文学出版社，1989年，略有改动，下同。

蜿蜒曲折地躺在塞纳河两岸,慢慢地亮起灯火。他的欲火炎炎的眼睛停在旺多姆广场和安伐里特宫的穹隆之间。那便是他不胜向往的上流社会的区域。面对这个热闹的蜂房,他射了一眼,好像恨不得把其中的甘蜜一口吸尽。同时他气概非凡地说了句:

"现在咱们俩来拼一拼吧!"

然后拉斯蒂涅为了向社会挑战,到特·纽沁根太太家吃饭去了。

至此《高老头》便结束了:死去的老人被放到一边,而拉斯蒂涅铁了心要去征服高里奥的女儿特·纽沁根太太,这是迈向他为自己所构设的胜利前景的第一步。在小说的这最后几行文字中,巴尔扎克的笔下出现了一个突然的转向:他将自己完全交给了拉斯蒂涅的声音,后者已经在渴盼胜利了。虽然小说以《高老头》为书名,但高里奥的悲怆不是全书的重点,哪怕他的死亡场景十分令人痛苦。在《高老头》的最后一页中,去世的高里奥被拉斯蒂涅抢了镜头,后者的自信现在看起来十分强大。旺多姆广场的圆柱是拿破仑为了纪念他在奥斯特里茨战役中的胜利而下令修建的,而这个法国皇帝最终被葬在荣军院。就像司汤达的《红与黑》中的于连·索雷尔一样,巴尔扎克的拉斯蒂涅也忍不住要将自己比作拿破仑。随着巴尔扎克的小说趋近结尾,高里奥苍老、失败的声音,让位给了这个年轻的狂热分子的声音。高里奥的死亡,以一种奇怪的方式,让拉斯蒂涅猛地明白了自己的英雄价值。

莎士比亚《亨利四世(上篇)》中的年轻狂热分子被命名为霍茨波,这个名字恰如其分。[1] 他领导了潘西叛乱,反叛与莎士比亚这部剧同名的国王,也就是焦虑不安的亨利四世。在所有莎士比亚的人物中,霍茨波可能是最勇于自我推动的人物了;他全然就是能量的化身,以至于他简直都跟不上自己的节奏了。以下是霍茨波许多火气旺盛时刻中的一例。在莎

---

[1] "霍茨波"(Hotspur)的原意是"热的马刺",故作者有此语。

士比亚该剧的第二幕第三场,霍茨波在阅读某位贵族写给他的信,而对方不愿意加入他反叛国王的阴谋。霍茨波在念信的间隙不断插入自己的评论,火力十足地鄙视那位拒绝加入潘西叛乱的"傻瓜老爷子":

> "唯阁下此举,未免过于危险——"嘿,那还用说吗?受寒、睡觉、喝酒,哪一件事情不是危险的?可是我告诉你吧,我的傻瓜老爷子,我们要从危险的荆棘里采下完全的花朵。"唯阁下此举,未免过于危险;尊函所称之各友人,大多未可深恃;目前又非适于行动之时机,全盘谋略可以轻率二字尽之,以当实力雄厚之劲敌,窃为阁下不取也。"你这样说吗?你这样说吗?我再对你说吧,你是一个浅薄懦怯的蠢材,你说谎!好一个没有头脑的东西!上帝在上,我们的计策是一个再好没有的计策,我们的朋友是忠心而可靠的;一个好计策,许多好朋友,希望充满着我们的前途;绝妙的计策,很好的朋友。好一个冷血的家伙!嘿,约克大主教也赞成我们的计策,同意我们的行动方针哩。他妈的!要是现在我就在这混蛋的身边,我只要拿起他太太的扇子来,就可以敲破他的脑袋。我的父亲,我的叔父,不是都跟我在一起吗?还有爱德蒙·摩提默伯爵、约克大主教、奥温·葛兰道厄?此外不是还有道格拉斯也在我们这边?他们不是都已经来信约定在下月九日跟我武装相会,有几个不是早已出发了吗?好一个不信神明的恶汉,一个异教徒!嘿!你们看他抱着满心的恐惧,就要到国王面前去告发我们的全部计划了。啊!我恨不得把我的身体一分为二,自己把自己痛打一顿,因为我瞎了眼睛,居然会劝诱这么一个渣滓废物参加我们的壮举。哼!让他去告诉国王吧;我们已经预备好了。我今晚就要出发。[1]

---

[1] 选自《莎士比亚全集》,朱生豪等译,人民文学出版社,2010年,下同。

霍茨波急切的重复显示了一种蓬勃的活力,这种活力自己给自己添火加薪,试图压下紧张的情绪:"一个好计策,许多好朋友,希望充满着我们的前途;绝妙的计策,很好的朋友。"在这段壮勇华丽的演讲中,霍茨波的确真的"把我的身体一分为二,自己把自己痛打一顿"。他同时读着信和回着信,以这种方式与他邀请的贵族展开口头上的论战。霍茨波用海啸一般倾泻而出的文字埋葬了任何犹豫的可能性。他的自信既大胆又不合逻辑:"我们要从危险的荆棘里采下完全的花朵。"当我们阅读或者观看《亨利四世(上篇)》时,假如我们胆敢怀疑霍茨波的决心,就很容易被他激情如火的语言炙烤;但是我们仍然会对他的战略才能保留看法,远不能被他所说服。在我们看来,该剧的结局毫不意外:反叛失败,霍茨波发现自己彻底败给他强大的对手,冷血且工于心计的哈尔亲王(未来的亨利五世)。

在《亨利四世(上篇)》中,哈尔的声音与霍茨波的声音形成竞争。与那位年轻的北部叛军将领比起来,哈尔亲王的魅力差了许多。但是,尽管如此,他的掌控力仍然给我们留下了深刻的印象。在莎士比亚这部剧的前面部分,有一段令人颇为不安的独白。哈尔在这段独白中宣称,他只不过是在与那些我们以为是他的铁哥们的人虚与委蛇,这其中还包括无与伦比的福斯塔夫(哈尔当上国王之后便果断地摒弃了福斯塔夫)。哈尔在独白中面向观众自言自语,让我们窥探到他内心的秘密:他把这些坏行为表演出来,是为了以后能以令人瞩目的方式浪子回头。在这段令人齿寒的独白中,哈尔将他在依斯特溪泊一起玩闹的那些落魄潦倒的朋友("你们",包括绝妙的福斯塔夫)统统描述为毫无用处的无聊鬼混之人:

> 我完全知道你们,现在虽然和你们在一起无聊鬼混,可是我正在效法着太阳,它容忍污浊的浮云遮蔽它的庄严的宝相,然而当它一旦穿破丑恶的雾障,大放光明的时候,人们因为仰望已久,将要格外对它惊奇赞叹。

"遮蔽"一词所包含的残忍无情出乎观众的意料,但是它很能说明一些问题。与霍茨波热情洋溢、难以控制的话语比起来,哈尔的措辞有条不紊:他带着冰冷的精确性持续沿用他关于太阳和乌云的比喻,而霍茨波则鲁莽地抛出了他关于荆棘和花朵的粗心大意的意象。(所有这些意象都令我们坐直身体去专心体会:详见我在规则六"辨识路标"中的讨论。)哈尔太过理性,他的聪明甚至有些令人反感。在《亨利四世(上篇)》中,哈尔极度不讨人喜欢的人生在他斥责他父亲时实现了圆满。当时哈尔刚刚在战斗中救了他的父亲,而他父亲一直以为哈尔是一个从来不干好事的浪荡子。哈尔提醒亨利王,假如他真是亨利一直以为的那个坏儿子的话,他刚才原本可以不救他。

在《亨利四世(上篇)》中还有第三个主导声音,就是那个最终胜出的声音:它当然属于不朽的福斯塔夫,他比莎士比亚的任何其他角色都更令我们愉快。福斯塔夫虽然按年岁来说是位老年人,但他实际上很年轻而且永远年轻。他具有小孩子才有的那种天真的贪婪,以及小孩子才有的爱的能力。而他最爱的就是哈尔,这是福斯塔夫的悲剧。

福斯塔夫并不是霍茨波那样的狂热无情的人,也不是哈尔那样的工于心计的人。他是一个活泼的即兴表演者,愿意为了一个好笑话而牺牲任何利益。正如他在嬉闹中提醒我们的,他是永不停歇的喜剧马达的化身,而且对于他而言,是他开别人玩笑还是别人开他的玩笑,这完全不重要:

> 各式各样的人都把嘲笑我当作一件得意的事情;这一个愚蠢的泥块——人类——虽然长着一颗脑袋,除了我所制造的笑料和在我身上制造的笑料以外,却再也想不出什么别的笑话来;我不但自己聪明,并且还把我的聪明借给别人。

福斯塔夫与大法官的对话可以代表他的信条,大法官在剧中隐约是福斯塔夫的一个配角。福斯塔夫在对话时将自己归为年轻人,大法官提醒他事实上他已经很老了:"您的身上已经写满了老年的字样……您却还要自命为青年吗?啐,啐,啐,约翰爵士!"福斯塔夫则坚持认为他一直是,而且将来也会一直是同一个人:他的真正的、无可替代的——以及,是的,年轻的——自我。他的回答绰绰有余地将他确立为莎士比亚这个剧中真正胜出的精神:

> 大人,我是在下午三点钟左右出世的,一生下来就有一头白发和一个圆圆的肚子。我的喉咙是因为高声嚷叫和歌唱圣诗而嘎哑的。我不愿再用其他的事实证明我的年轻;说句老实话,只有在识见和智力方面,我才是个老成练达的人。

福斯塔夫的声音里有哈尔和霍茨波所缺乏的东西:他令我们倾倒,并且随着他赢得我们的爱,他还增加了我们的力量。和巴尔扎克一样,莎士比亚太狡猾了,不肯完全支持他作品里任何一个人物的声音;他令角色与角色互相平衡。但是《亨利四世(上篇)》和《哈姆雷特》一样,莎士比亚在其中已经前所未有地接近于令某一角色统领全剧。正如那个有前途的年轻人欧也纳·拉斯蒂涅证明了他才是《高老头》中的主导声音一样,永远年轻、永远充满智慧的小丑福斯塔夫也主导了《亨利四世(上篇)》。

规则四:感受风格

作家们的风格总是彼此差异显著。风格指的是他们思考和存在的方式;而且风格总是一个最为个性化的标签,作家会在风格上最深入地暴露有关他的观点和个性的细节。风格与叙述声音(我在前一规则——规则三中已经讨论过声音)有些联系。不过,读者可以从一本书中发现不同的声音,甚至可以将作者的声音与主人公的声音对比研究,但是风格却是始终如一、无处不在的。一本书的风格独一无二，因为作者只能借助风格来传达他或她最内在的自我。

让我们看一看18世纪历史学家爱德华·吉本的温文尔雅、细致繁复的文风。吉本在论罗马帝国衰亡的宏伟巨著中，记述了基督教这一新的宗教派别。吉本在这段引文中强调的是基督教与异教毫不妥协的对立。在这一段的开头，他对比了基督徒对偶像崇拜的憎恶，以及持怀疑论的罗马哲学家更为宽容的实践：

> 那个把多神教系统看作是人类的欺骗和谬误相结合的产物的哲学家，尽可以在一副虔诚的面具之下，隐藏着一种鄙视的微笑，而毫不担心这类嘲弄或顺从将会使他自己遭到任何一种看不见的，或按他的理解，凭空想象的神力的痛恨。但是，异教的建立在原始基督教教徒的眼中却看得更为可厌和可怕。在整个教会和许多异端教派中，普遍存在的一种情绪是，魔鬼是偶像崇拜的创造者和保护者，也是它所崇拜的对象。那些作乱的神灵，虽然已失去天使的地位，被投入了地狱，但他们仍然可以在人世上到处游荡，折磨有罪的人的肉体，迷乱他们的心灵。魔鬼很快就发现人心天然倾向于信仰神灵，便极力加以破坏，他们巧妙地消除人类对他们的创造者的崇拜，篡夺了至高无上的神的地位和荣誉。由于他这一邪恶计谋的成功，他们立即使自己的虚荣和报复之心得到了满足，并得到了他唯一还渴望得到的一种安慰：有希望使人类的各个民族卷入他们的罪恶和苦难之中。人们已公开声明，或至少是据一般设想，魔鬼已在他们自己之间分割了多神教中的一些最主要的角色：一个拥有朱庇特的名字和特点，另一个装扮成埃斯库拉庇乌斯，第三个变成了维纳斯，第四个也许是阿波罗；而且他们凭借长时间的经验和来去如风的气质，完全能够以熟练的技巧和庄严的姿态扮演他们所担任的角色。他们潜伏在神庙中，创立各种节日和祭礼，编造神话，发表神谕，常常还可以表演

一些奇迹。一些由于恶神附体的基督教徒对所有荒唐的现象都能马上做出解释,他们全乐意,甚至极希望能相信异教神话中的最荒唐的故事。但是,一个基督教徒的这类信念却伴随着恐怖,因为对一种民族宗教所表现的极微末的敬意,他也会看成是对魔鬼直接崇拜的表示,并且是一种对上帝的尊严的冒犯。[1]

吉本利用他对喜剧元素的高级品位,创造出了这华丽的一段。吉本的风格就像高空走钢丝的行为:他用精确悬停、完美平衡的句子,给我们展示了一段漂亮的绝活。要想理解吉本笔下的文体戏剧效果,你必须得注意到,在他表面看来一本正经的声明里潜藏着那种顽皮的、假惺惺的、尖刻带刺的评语。吉本是一个庄重的叙述者,但同时他有很强的讽刺性。在刻画基督徒对魔鬼的感受时,他在叙述中添加了作料。在他看来,基督徒对魔鬼的感受颇为荒唐可笑,并且是两面三刀的:他们坚持拒斥魔鬼,但同时又认为是魔鬼完成了各种类型的功绩,从发表神谕到表演奇迹,这些功绩具有令人吃惊的劝诱力。当吉本一丝不苟的正式风格让位给机智之刀的无情攻击,当吉本情不自禁地屈从于内心,说起趣言妙语时,你都可以感受得到:比如,当他说起魔鬼们的"长时间的经验和来去如风的气质"使得他们能够(据基督徒们所说)"以熟练的技巧和庄严的姿态"扮演传统神祇的角色。

吉本的这一段将早期基督徒明目张胆的迷信,以及他们对自己鄙视的魔鬼所怀有的痴迷,与异教哲学家所持有的崇高的、世事练达的立场对立起来。吉本显然认同古代的哲学家,而不是那些轻信、易上当的基督教信徒。在他的历史鸿篇巨制中,吉本对基督教说的漂亮话,和那些哲学家称赞古代神祇的漂亮话如出一辙:他几乎难以隐藏他"在一副虔诚的面具之下,隐藏着一种鄙视的微笑"。吉本的推心置腹、胸襟开阔的风格邀

---

[1] 选自《罗马帝国衰亡史》,黄宜思、黄雨石译,商务印书馆,1997年。

请我们也与他一样,对一切宗教(以及所有的社会和所有的政治纷争)采取一种俯视的视角。吉本指出了像早期基督教徒这样的狂热且急于自我辩护(并因此容易上当受骗,他暗示道)的信仰者所具有的缺点。在他这么做的时候,我们感受到他倾向于以巧妙但强有力的方式表达其观点,我们也因此体会到他的性格。吉本在讨论基督教和异教罗马之间的战争时采取的那种老于世故的中立,其本意在于呼吁我们关注一种自由,就是洞悉世情的人所拥有的那种特权,他们摆脱了忠于传统偏见的枷锁——尤其是,认为基督徒比其他偶像崇拜者更好的那种偏见。

正如我们在吉本的例子中所见的,风格包含了作者与读者的伙伴关系,他们共同发展某一观点。D. H. 劳伦斯重复单词和短语的方式十分咄咄逼人,这种风格传达了他愿意弄明白某个不为人知的真相的决心,并且督促着我们与他一同前去这么做。他和亨利·詹姆斯在风格上有很大差异。詹姆斯的分句巧妙平衡得宛如杂技,并且他的句子似乎总在逃离读者的理解,有时还故弄玄虚地挑逗读者。但是,劳伦斯和詹姆斯都与读者共舞。他们都生动地用语言表达了他们的挫败感,以及他们在讲述故事时感受到的力量;他们在尝试从自己描述的生活中寻找意义的同时,也希望我们能加入他们。劳伦斯和詹姆斯都是技艺精湛的风格大师,而且对他们而言,风格都是思考的一种方式。当你阅读劳伦斯或者詹姆斯时,你需要像舞伴一样,紧紧跟随着作者,而不是挣扎着反抗他的节奏。

让我们来一起欣赏劳伦斯那首伟大的诗歌《灵船》。该诗的咏唱摇摆重复,几乎是天然去雕饰的。"噢,造起你的灵船。哦,造起来!"劳伦斯摆动着他的诗行,像他笔下的小说主人公一样地顽强坚持;他的风格很适合他笔下人物的行为方式。他就像他在短篇小说《萨姆森和德莱拉》中塑造的那位康沃尔的流浪汉一样。那个流浪汉在抛弃女人16年之后又坚定地回到她的生活中,不遮不掩地出现在她面前:他是个坚持不懈的男人,对欲望和归属感有着野兽般的认知。

现在,让我们再转到詹姆斯的短篇小说《中年岁月》的开头,去感受一下另一种引人关注的风格。这部小说描绘了一位有别于詹姆斯本人的年迈小说家。丹科姆是一位疾病缠身的作家,正要动身去英格兰海岸线上的伯恩茅斯度假。他刚收到他最新一本书的校样,这本书的名字也叫《中年岁月》,他希望这本书能成全他的骄傲与雄心,成为他职业生涯的顶点。随着故事开篇,丹科姆向外眺望风景,思量自己的想法,并估算着康复的时间:

> 四月天和煦明亮。可怜的丹科姆,欣喜于重获力量的幻想,站在酒店的花园里,从容慎重地比较着各条闲庭散步路线的引人入胜之处,不过在他的慎重中仍然有一丝倦怠。他喜欢这种南方的感觉,前提是你能在北方找到这种感觉,他喜欢沙土覆盖的悬崖和一簇簇的松树,他甚至喜欢无色透明的海水……他好些了,这是当然,不过究竟好到了什么程度?他再也不能像在过去的一两个好时候那样,好得达到健康状态。生命的无穷活力已经消逝,剩下的剂量只有一小杯,上面由药剂师铭刻着像温度计一样的刻度。

詹姆斯的风格在于句子中带有各种修饰性的限制条件,而这十分符合他主人公的性格(很说明问题的一点是,丹科姆喜欢"南方的感觉",但是只有在他能在北方找到这种南方的感觉时才喜欢)。丹科姆总是在做判断时犹豫不决:他"好些了,这是当然,不过究竟好到了什么程度?"在丹科姆看来,他的健康状况与他艺术的成功状态是融合在一起的。他的自我感觉起伏很大,以至于简直要脱离他的掌握。然而,当他确实掌握住了他生命的意义时(他生命的意义坚定地存在于他写作的书中),他十分严格地审视这一意义,于是詹姆斯给我们提供了一个恰当而精巧的比喻:刻着像温度计一样的刻度的小杯子。

詹姆斯时不时打断自己的平静节奏,在文中插入令人震惊的内容。过了没几页我们就得知,丹科姆感觉"他的职业生涯实际上已经结束——这种剧烈的感觉就像一只粗暴的手掐着他的脖子一样"。当丹科姆感受到相反的感觉——成功的愉悦时,詹姆斯写道:"他直到今天才如此真切地看到,才像被钉子钉入一般清晰地感觉到,只有在这时,在这最后的时刻,他才真有拥有。"掐在脖子上的手、钉在身上的钉子,这些符号都表达了现实的尖锐性,而詹姆斯的风格模仿了他主人公的思想,他风格中委婉曲折的优雅平衡是被设计来抵挡现实的尖锐性的。但是,詹姆斯同时还想打破这种平衡;他想挖掘出令人痛苦的真实感觉,和像钢铁一般冰冷坚硬的事实。

在《中年岁月》中,丹科姆遇到一位极其迷恋他作品的崇拜者——年轻的内科医生休,他受雇于一位有钱的老太太,老太太允诺在遗嘱中留笔遗产给这个年轻人。在丹科姆深思自己的职业生涯时,休医生是位完美的听众,或者至少是一面完美的回音壁。丹科姆的年轻崇拜者待在他的身边陪伴他,即使在意识到他的女恩主因为自己不陪伴她而打算把他从遗嘱中抹掉之后,他仍然这么做。

在《中年岁月》的结尾处,丹科姆躺在床上奄奄一息,休医生专注地坐在他的身旁。在小说的高潮部分,丹科姆宣告了他的信条——他对生活和事业所做的总结:他花了那么多时间创作,艰难费力地创作,就是为了求得临终前这最后一刻的心安,他对自己的工作感到满意;然而这种满意却一直夹杂着自我怀疑,以前如此,现在也是如此。丹科姆低语道:"我们在黑暗中工作——我们尽我们所能——我们给予我们所有。我们的怀疑是我们的激情,而我们的激情就是我们的任务。其余的都是艺术的疯狂。"我们意识到,在丹科姆给休医生讲述这些电报般简短好记的句子时,詹姆斯允许他的小说主人公上升到了一种简洁的高度。这种精简的、单音节的语言,十分适合用来表现他被长篇大论撕扯得四分五裂、危机四伏的骄傲。在丹科姆的最后一条格言中,詹姆斯甚至让这位一贯谨慎的耕耘者出口称赞胆大妄为的"疯狂"。这里詹姆斯的风格突变,偏离了它通常的那种盘旋上升的温文尔雅,变成一种轮廓分明的坚定总结。

这一风格突变对丹科姆的最后时刻表达了敬意,并颂扬了他寻求生命的彻底模式的决心(他的模式不仅针对他的生命,还针对"我们"的生命,所有创作者的生命,以及那些忠诚的、具有自我牺牲精神的读者,例如休医生)。风格与内容相得益彰,时间越来越少,临终宣言起到了作用。至于丹科姆的雄辩是否是自欺欺人,他是否太过专横地将怀疑转变成了满意,每位读者必须做出自己的判断:詹姆斯小说的最后几段给争论的双方均提供了论据。

为了与詹姆斯的深思熟虑、小心敏锐的风格做一个对比,让我们看一看雷蒙德·钱德勒的小说《长眠不醒》的开头,钱德勒是美国硬汉派黑色小说的大师:

> 十月中旬的一天上午,十一点钟左右,太阳没有露头,几座小山丘前的空旷处雨意很浓。我穿着一身浅蓝色的西装,里面是深蓝色的衬衫,系着领结,口袋里露出一角手帕,脚上是厚底黑皮鞋,带深蓝色花纹的黑色毛线短袜。我显得又干净又利落,脸刮得干干净净,一点儿也没有醉意;至于有谁能够知道这一点,那不关我的事。总而言之,凡是一个衣冠整洁的私人侦探应有的外表,我都具备了:因为我正在拜访一位家资四百万的大富翁。
>
> 斯特恩伍德宅邸一进门的大厅有两层楼高。大厅的正门足可以赶进一群印度大象;门上边镶着一块特号的花玻璃,画的是一个身披黑色甲胄的骑士正在搭救一位被捆在树上的女郎。这位女郎身上什么衣服也没穿,但是头发非常长,帮了她不少忙。骑士为了表现得彬彬有礼,已把他头盔的前檐推上去,他正在摆弄把女郎捆在树上的绳结,但解来解去也解不开。我站在那儿想,如果我住在这所房子里,早晚有一天我会爬上去帮帮他的忙。他做这件事似乎并不太认真。[1]

---

[1] 选自《长眠不醒》,傅惟慈译,新星出版社,2008 年。

钱德勒的叙述者也是他的主人公,菲利普·马洛,一个"侦查案子的私人侦探"(他后来这么介绍自己)。钱德勒的声音,或者说马洛的声音,漫不经心且又颇为时髦地张狂。请注意,他是怎么谈论花玻璃上那个被捆在树上的女郎的:她的"头发非常长,帮了她不少忙";还有那个过于宏伟的大厅门,"足可以赶进一群印度大象"。马洛暗示我们,他是来帮助那位"正在摆弄把女郎捆在树上的绳结"的骑士(就像那位"身披黑色甲胄"的骑士一样,他也以深色服装为主调)的。在随后没几页的地方,马洛就遇到了待他拯救的那个少女——卡门·斯特恩伍德。她生活在这个华丽的超级豪宅里,是房主的女继承人,行为夸张,令人迷惑,总想找点乐子。马洛是见过世面的人,他对细节很注意,而且爱讽刺挖苦;他习惯了耍酷。不过,尽管马洛自己不愿意承认,他还是个有原则的侦探,并且在工作时专心投入。

我关于风格的最后一个例子选自一位兼具了朴实与风雅,并且自信十足的作家。约翰·罗斯金是维多利亚时期颇具前瞻性的,伟大的文化和艺术评论家,他的作品以散文为主。和钱德勒的马洛不一样的是,罗斯金没有一丝一毫的自我否定;他直白地著书立说,宣传责任的重要性。罗斯金提倡的并不是菲利普·马洛持有的那种职业道德,而是一种我们所有人都应遵循的高尚道德,因此他的风格也相应是崇高和直接的。

罗斯金的《空气女王》是一部演讲集,致力于歌颂女神雅典娜的力量。罗斯金写道,雅典娜"不是使得男士变得渊博,而是使他们变得审慎和精深:她并不教导他们将工作做得漂亮,而是将其做正确"。正确是罗斯金的主导价值观;紧随它而来的是美,以及其他的一切美德。在《空气女王》的后面部分,罗斯金发现自己在思索一幅有关日内瓦湖及其周边山丘的绘画,该画的作者是 J. M. W. 特纳,罗斯金认为这位艺术家拥有 19 世纪最伟大的头脑。特纳的道德力量,与他作为伟大画家的艺术力量合二为一,浸润了罗斯金的灵魂。他写道:

> 我一生中曾做过大量严重的错事和蠢事,当我审视它们时,它们无一不浮现出来反抗我,拿走我的愉悦,削弱我拥有视觉、拥有理解力的能力。我过去生命中的每一点努力、其中闪烁的每一丝正确或善的微光,现在都与我在一起,帮助我理解这门艺术,以及它的视野。这两者之中的任何一项只要能给我欢乐,或者启迪,我的力量都归功于我内心中的正确之事。我敢说,因为我一生中一直向善,而不是恶;因为我曾对许多人友好,曾经希望对所有人友好,从未刻意地伤害任何人;因为我爱的程度这么深,而且毫不考虑自己;因此,黎明的晨光才会在这些山丘上显现给我,而你们,读者们,可以相信我必须为你们写作的作品中记录的我的思想和言语,而且将来你们会很高兴自己相信了它们。

从这些话语中,你认识了罗斯金:完整且朴实,愿意与你分享他的思想、他的理解、他的美德。他对读者的呼吁真挚、坦诚,而又明白易懂、朴实无华;为了与这样的思想相配,罗斯金用简单并渐长的句子来表达它们。在他看来,道德和艺术的洞见相辅相成;所以我们相信他的视野,也相信他的文章。"语言最能表现一个人,"文艺复兴时期的诗人兼剧作家本·琼森说道,"请说话,以便我能了解你。"罗斯金的风格令我们了解他。当他提及特纳画作中山丘之上的晨光时,被虔诚之心升华了的罗斯金或许正想着《圣经》中最直白、最感人的一个诗篇——《诗篇》第121篇(依据詹姆斯国王钦定版,该诗篇这么开头:"我要向山举目,我的帮助从何而来。")。

《空气女王》的有些部分过于浮华,但是在我上文引述的那段文字中,罗斯金坚定地脚踏实地。他在这里的风格最像一个工匠的风格,他告诉我们他能为我们做什么工作。我又想起了一段《圣经》引文,来自《传道书》(9:10),詹姆斯国王钦定版中的文字如下:"凡你手所当做的事要尽力去做;因为在你所必去的阴间没有工作,没有谋算,没有知识,也没有智慧。"罗斯金知道,他和我们所有人一样,必去阴间;他用他所能聚集的所有力量,歌颂并使用他在这个阳间尚还拥有的光芒。在罗斯金笔下,以及在钱德勒、劳伦斯、詹姆斯、吉本和许许多多其他作家的笔下,风格是与道德有关的;它展示了作家的自我。

规则五:注意开头与结尾

你或许会认为本条规则平淡无奇。我们几乎不可能不注意到一本书在首页上给我们提供的有关场景设置的基本内容。而且,如果这是本好书的话,它的结尾会给我们提供我们想要的东西:一个令人满意的结局。

但是开头与结尾值得我们更仔细地审视。在你读完一本书(或诗歌,或短篇小说,或随笔)之后,你有多少次又回头重看它的开头?你并不常这么做,对不对? 其实,你应该经常这么做。一本书的开头与结尾之间有着十分密切的联系。只要你把头一页和最后一页联系在一起,你永远能发现一些惊喜,并从中受到启发。当你这么做时,你会更清楚地理解,一部作品的中间部分如何从开头段逐渐驶向结尾段。

让我们看看华兹华斯《坚毅与自立》中的第一节,这首诗我已经在规则二"问正确的问题"中提到过。

> 整整一夜,狂风如野兽咆哮;
> 暴雨来势也凶猛,似滚滚洪流;
> 如今,风停了,雨住了,朝阳朗照;
> 远处林子里只听得鸟雀啁啾;
> 野鸽眷恋着自己甜美的歌喉;
> 喜鹊和樫鸟一声声互相应答;
> 空气里充溢着潺潺流水的嬉笑喧哗。[1]

---

[1] 选自《华兹华斯诗选》,杨德豫译,广西师范大学出版社,2009年,下同。

这是个阳光明媚的早上,(我们很快便得知)诗人正在荒原上漫步。前一天夜里的恶劣天气被阳光驱散,如今"朝阳朗照"。华兹华斯的太阳是一个视觉上的象征,但是在该开篇段的主要部分,诗人主要集合了声音的意象:首先,记忆中狂风的咆哮;接着,歌唱的鸟雀;最后,"潺潺流水的嬉笑喧哗"。华兹华斯将他的鸟雀分为两类:"眷恋着自己甜美的歌喉"的野鸽,和与叽叽喳喳的喜鹊一声声互相应答的樫鸟。

《坚毅与自立》的第一诗节有着十分清晰的开头、中间和结尾部分。它开始于记忆中的破坏(夜里的狂风和暴雨),接着行进到太阳和鸟雀的画面。最终,这一节终结于一种令人心旷神怡的听觉印象,早上"潺潺流水的嬉笑喧哗",它回应了前一天晚上的恶劣天气。我们离开了黑暗和混乱,来到静谧、明亮和甜美的和谐状态。

可以说,华兹华斯的第一诗节将混乱的驱散过程戏剧化地呈现了出来。在这方面,它预告了《坚毅与自立》的情节:该诗从华兹华斯对诗友彭斯、查特顿和柯勒律治的悲惨命运的不安回忆,行进到结尾处的一种平静的、不动摇的坚毅。但是在另一意义上,华兹华斯的第一诗节又与他的最后诗节(详见下文引用)形成对比。当目睹风暴之后的早晨时,华兹华斯领悟到新起点的所有能量,创造力所具有的那种令人精神焕发、赋予人生命活力的能量。如果我们熟悉《失乐园》(该诗作者约翰·弥尔顿是华兹华斯的伟大向导),就会在"野鸽眷恋着自己甜美的歌喉"一行诗中辨认出诗人对弥尔顿的怀念之情。弥尔顿这么描述创造力——上帝的精神,他写道,"像鸽子一样孵伏那洪荒/使它怀孕"。(在希伯来语的《创世记》中,神的呼吸,希伯来文写作 ruah,在创世期间像母鸟一样伏于宇宙之上;弥尔顿在这里发现了他的神圣源泉,并从中受到滋养。)华兹华斯的鸽子和弥尔顿的鸽子不同,它滋养了诗人自己的声音。这种愉快的自我中心主义与华兹华斯在《坚毅与自立》中回忆的几位年轻诗人的生活相互呼应。

《坚毅与自立》的最后一个诗节与该诗开头形成了强烈对比。诗人一直在聆听他在荒原上遇见的一位年迈的蚂蟥捕捉者。这位蚂蟥捕捉者描述了他"艰险而又累人的"生活：他在荒原上的沼泽池塘里寻找蚂蟥，拄着拐棍的他看起来几乎没有生气。我们在结尾处看到的是一个严肃的灰暗场景，取代了华兹华斯开头处那种轻松愉悦、生机无限的欢快。蚂蟥捕捉者"又接着说下去"，华兹华斯写道：

> 说着说着，又扯到别的话题；
> 他愉快，亲切，更有庄严的气派；
> 听他说完了，我不禁耻笑我自己，
> 因为我看出：他那把瘦骨残骸
> 藏着一颗心，却如此坚强豪迈。
> "上帝呵！"我说，"扶助我，做我的后盾；
> 让我记挂着荒原上捕捉蚂蟥的老人！"

捕捉蚂蟥的老人是"亲切"的，但更重要的是，他是"庄严的"。他集中体现了坚毅，像岩石一样坚韧。诗歌的叙述者在这位老人身上寻求稳定感，寻求给他带来力量的稳定源泉。我们在此处最大限度地远离了《坚毅与自立》的那个年轻、冲动的开头，远离了像"旷野上欢腾嬉戏"（见华兹华斯的第二诗节）的野兔一样跳跃的那种精神。华兹华斯的结尾没有喜悦。相反，《坚毅与自立》已经成长为一种相当严酷但是又令人难忘的现实主义。鸟雀和野兔让位给了年迈衰老的蚂蟥捕捉者，他被年老的痛苦压得"向前低俯"。华兹华斯将这位蚂蟥捕捉者比作"像一头海兽，爬到平坦岩礁上"：他是第一、二诗节中提到的天真、悦耳的鸟雀和飞奔的野兔的对立面。

华兹华斯是怎么从他的开头（对自然源源不断的活力的热情回应）过渡到他的结尾（几乎超越人性的坚忍）的？因为一些悲伤的事情在他心中留下了伤痕：彭斯和查特顿的死亡，柯勒律治鸦片成瘾。那位捕捉蚂蟥的老人代表了一种超越悲剧的坚忍——一种经历过世事的视野,它拒绝被伤害,哪怕它是最为严酷的负担(痛苦、悲伤、年迈造成的垮掉的身体)。

该诗的结尾,以及它的受过打击但是仍然坚毅的力量,宣告了它比华兹华斯的天真的开头更为高级,但是某些东西已经失去。《坚毅与自立》的开头要远比它的结尾更加吸引读者,而且诗人明白这一点。该诗的开头与结尾之间的裂隙证明了,华兹华斯明白地知道他不能将天真的世界与世故的世界联系起来。当我们把《坚毅与自立》的开头和结尾并置时,我们明明白白地看到了两者之间的距离,而华兹华斯拒绝跨越这个距离。

伊丽莎白·毕肖普的《在渔屋》具有明显的华兹华斯诗歌的特点。它甚至与《坚毅与自立》有一个细节上的相似之处:该诗中有一位加拿大新斯科舍省的年迈渔夫,他在诗中的地位和捕捉蚂蟥的老人在华兹华斯诗中的地位相当。和华兹华斯一样,毕肖普精心地协调安排了她的开头与结尾。通过将她的诗歌头尾并置,我们能从中受益颇多。

毕肖普围绕着怀旧来组织《在渔屋》的结构:该诗的讲述者在码头遇见一位老渔夫。她递给他一支香烟(烟的牌子是"好彩");他们"谈论人口/以及鳕鱼和鲱鱼的减少"[1]。接着,诗人走到水边,与她对话的不再是老人,而是一只她不断在这同一地点见到的海豹。海豹好奇地打量她,"稍稍挪动脑袋"。

下面便是《在渔屋》的开头:

> 虽是寒冷的傍晚,
> 一座渔屋旁
> 一位老人仍坐着织网,
> 网呈深紫褐色

---

[1] 选自《唯有孤独恒常如新》,包慧怡译,湖南文艺出版社,2015年,下同。

> 暮色中几乎看不见，
> 梭子磨旧了，擦得雪亮。

我们看见这个渔夫在从事一项传统的、古老的活动：修理渔网。老人和他简陋的技艺在寒夜的衬托下格外醒目：占据画面中心位置的，是人类的宁静存在。

《在渔屋》一诗的结尾处，海洋的寒冷战胜了人类。毕肖普描绘了一片空旷的海景，有预见性但是令人心生排斥之感。

> 我曾反复看见它，同一片海，同一片
> 悠悠地、漫不经心在卵石上荡着秋千的海
> 在群石之上，冰冷而自由，
> 在群石以及整个世界之上。
> 若你将手浸入其中，
> 手腕会立即生疼，
> 骨骼会立即生疼，你的手会烧起来
> 仿佛水是一场嬗变的火
> 吞噬石头，燃起深灰色火焰。
> 若你品尝，它起先会是苦的，
> 接着是海水的咸味，接着必将灼烧舌头。
> 就像我们想象中知识的样子：
> 幽暗、咸涩、澄明、移涌、纯然自由，
> 从世界凛冽坚硬的口中
> 汲出，永远源自岩石乳房，
> 流淌着汲取着、因为我们的知识
> 基于历史，它便永远流动，转瞬即逝。

在这个颇具惩戒性、预言性的结尾中,毕肖普化用了《圣经》里的一个段落。在《启示录》第10篇的9至10节的那个段落中,叙述者吃下了天使给他的一本书。该书尝起来"甜如蜜",但是叙述者说道:"吃了以后,肚子觉得发苦了。"毕肖普将知识比作黑暗、发咸的海洋,它一点不甜,而是苦的;它没有人性特征的刺痛传达出一种与人性完全无关的自由。这些"岩石乳房"并不提供滋养(它完全不像 W. B. 叶芝在早期诗歌《谁与佛格斯同去》中想象的那片柔软的"朦胧海洋的雪白胸脯")。

在《在渔屋》的行文过程中,毕肖普首先放弃了人类的存在(渔夫),然后放弃了动物的存在(海豹);她以唯一没有生命的东西结尾:它既变幻不停又永远不变,那就是大海。她赞美海水给予的、像耶稣受难一般的冰冷的洗礼,赞美它的无迹可寻、空白一片的深度。

毕肖普在诗歌开头对渔屋进行了缓慢、细致、现实主义的描写;她用来结尾的则是一段强烈的、令人难忘的咏唱,"凛冽、幽暗、深邃且绝对澄澈"。这段咏唱在她的最后一个诗节中出现了两次。它赞美了海洋的灼痛人的清澈,它还代表了一切世事转瞬即逝的无常特性,包括所有的人类交往,所有的世俗知识。毕肖普期待着一种非人类的力量,"世界凛冽坚硬的口";确切说来,她不是为了拥护它,而是为了从一个较为安全的距离思考它。她开头诗行里的那个年迈的、为读者所熟悉的人类——老渔夫,在结尾处让位给了某种更为严酷的元素,某个惩戒人类的东西。毕肖普已经放弃了人类熟悉的、浅显的社会世界("他是我外祖父的老朋友",她这么介绍那位渔夫——新斯科舍省也是毕肖普的半个家乡),转而拥抱时间的冷酷无情,她称其为"历史性的"。因为历史性的知识是"流动、转瞬即逝"的,所以它将我们浸没在一种毁灭性的元素中,并接着擦除我们和我们的亲密关系;它令所有的生命故事都湮没不闻。

和华兹华斯以及毕肖普一样,詹姆斯·乔伊斯在短篇小说《死者》中也将开头和结尾进行对比;他将《死者》的第一页和最后一页放在对立的两极。而且和毕肖普的《在渔屋》一样,乔伊斯从社会的层面发展到非人类的层面。正如休·肯纳在其著作《乔伊斯的声音》中所指出的,《死者》的第一句话提供了一个自由间接文体的例子,在这句话中作者其实并没有直接引用人物的话语,但仍然令你感受到了人物的存在。(福楼拜是使用这种技巧的个中高手,我在前文的规则三"辨识叙述声音"中已经讨论过的那段选自《包法利夫人》的引文便使用了自由间接文体。)

《死者》这么开篇:"看门人的女儿莉莉当真是要跑断腿了。"[1]尽管该句没有直接引述莉莉的话,但是"当真是要跑断腿"是莉莉她本人可能会使用的表述。这一表达法中存在着令人愉快的谬误(你不可能当真跑断腿,你只能在比喻意义上这么做),这一特点显示了它的使用者是一个勇于打破常规英语用法的人,并且是一个喜欢为了好的理由夸大其词的人(乔伊斯,或者他笔下的莉莉所描述的是莫肯姐妹的年度舞会之前喧闹的准备工作)。

乔伊斯的这个开头小小地骗了我们一把;作者把我们引向了一个错误的方向。结果证明《死者》是一个结构平衡、具有仪式性的故事,完全不是杂乱无章的。开头忙乱的调子最终转变为一种缓慢的悲伤:加布里埃尔·康罗伊和他的妻子格雷塔这两个角色被时间和欲望的距离分隔开来。乔伊斯活泼的开头句与题目"死者"形成反差,然而这只是一个假象,随着故事行进至阴郁的结尾,莉莉孩子气的激动将会消失不见。乔伊斯的结尾和开头一样,也使用了自由间接文体。在故事的最后几页,格雷塔向加布里埃尔坦承,她在想着米迦勒·富里——一个以前爱过她并在17岁时死去的男孩。加布里埃尔向窗外望去,"窗玻璃上传来几声轻轻的敲打,他朝窗户转过脸去。又开始下雪了。他困倦地看着雪片,银白而灰暗的雪片,斜斜地落在路灯上。到了他动身西去的时候了"。

我们在这里听到加布里埃尔的声音,孤独却莫名地让人宽慰。格雷

---

[1] 选自《都柏林人》,徐晓雯译,译林出版社,2012年。

塔死去的仰慕者米迦勒来自戈尔韦,那是在爱尔兰的西部。而在乡间的爱尔兰语土话中,"西去"的意思是死亡。加布里埃尔对米迦勒的处境感同身受,并理解他妻子为这位死去的年轻人感到的悲伤,他想象自己也动身西去,前往那个死者的阴暗国度。

《死者》的结尾句呈现出一种蓄意为之的咒语一般的韵律。加布里埃尔仍然在看着雪,乔伊斯写道:"他的灵魂慢慢迷离,他倾听着雪隐隐地从宇宙洪荒中飘落而来,隐隐地飘落,像最后时刻的来临一样,飘落到所有的生者和死者身上。"再没有比这句话离"莉莉当真是要跑断腿了"那个开头句更远的了。这里,两个"隐隐地飘落"相互配合,流畅而柔和。在乔伊斯对雪的缓慢、旋转的飘落的刻画中,有一种优雅的、令人神思恍惚的感觉,一种幽灵般的感觉。(对比一下毕肖普的"流动、转瞬即逝"。)他召唤出那个等待着我们所有人的结局:死亡。当我们把《死者》的开头与结尾并置时,就发现了一个尖锐的对比:为舞会做准备的幸福和匆忙与死亡的平静和安宁形成对比。这个极端的对比说明了乔伊斯艺术的宽度,他能够在活泼与肃穆之间变化。然而,这两个对立点还可以看作是两条平行线。有两种方法把人们联系起来:莫肯姐妹的舞会提供的热闹的社会交往,以及死者的沉默的交流。在《死者》的结尾处,加布里埃尔和格雷塔两个人都想着逝去的米迦勒·富里,他们俩在精神上与米迦勒·富里结合在了一起。这个最终的、被阴影笼罩的共鸣,使乔伊斯的这几个人物之间具有了一种限定性的、终极的关系,而这种关系是早先莫肯姐妹晚会上的社交活动所不能提供的:《死者》从第一页至最后一页的发展暗示了这一点。

无论何时,只要你将一部作品的开头和结尾并置考虑,你就会像我们刚才分析《死者》、《在渔屋》和《坚毅与自立》一样,获得了解作品观点的新洞察力。一部文学作品的结构能向你透露一些你需要知道的内容,一些有关它的思维方式的东西;而开头和结尾是结构的不可替代的支柱。在规则十一"找到各部分"中,我将谈论更多关于文学作品结构的话题;

在下一规则"辨识路标"中,我将提供一些例子,说明作品的不同部分是如何相互对话的。

规则六:辨识路标

一本书的路标告诉你应将注意力集中在哪些方面,以及你在旅行穿越这些书页时如何寻找方向。路标可以是关键词、关键意象、关键句或者关键段落。请试着把阅读想象成一种旅行;路标能帮助你筹划安排你的旅程。作家们利用路标来引导读者:一件引人瞩目的逸事、一个让你正襟危坐专心研读的短语、一段需要获得你赞同的总结性宣言。

一本书中的各种路标会彼此相似、相互对比,甚至发生争论。它们就像航空或铁路运输网络上的繁忙枢纽——或者,让我们换换比喻,就像一片群岛中散落的不同岛屿,几乎延绵不断,并展示出一种家族相近性。

随着你培养起慢阅读的技巧,你会希望在尽可能多的路标地点暂时停靠,以便仔细地理解你所读之书的各个细节。以一种慎而重之的步伐行进,你就能准备好去考虑该书的中心意象。这些意象就像绳结一样,将散落在各个页码的不同线索捆绑在一起。这些线索编织而成的网有时是可怕的梦魇。莎士比亚的《麦克白》一次又一次地回归到那几个不祥的意象——血、婴儿、刀。这些主题意象既有视觉效果,也有听觉效果:在《麦克白》剧情发展的过程中,莎士比亚坚持使用"做"(do)和"行为"(deed)这两个词汇,敲打出一种可怕的音乐节奏。此外,路标的网络有时也能创造出一种宁静、愉悦的效果,就像华兹华斯的《颂诗:忆童年而悟不朽》中关于孩子的重复画面所产生的效果一样,该诗逐渐上升到严峻的成熟,但同时仍然坚守孩提时代的天真。

路标并不仅仅是有用,它们还十分关键。W. B. 叶芝在评论崇高的先驱诗人雪莱的文章中这么写道:"对于每个人而言,都有某种场景、某场冒险、某幅图画,是他秘密生活的核心意象,因为智慧首先是通过意象表达的。"一本书中的某个意象可以成为一把打开你心门的钥匙,能够让你认识自己。它发现你,就像你发现它一样。

关于作为意义枢纽的路标段落,我举的第一个例子来自《希伯来圣经》。《希伯来圣经》中有许多这样的意义枢纽,它们是繁忙的、具有强大表现力的文本中心。尤其在《创世记》中,几乎每一章都是一个枢纽,与其他的枢纽相连,各个叙述部分被十分紧密地捆绑在一起。《创世记》的全篇就是一个网络,它引导着读者将一段段插曲相互对应起来,指引着他们挖掘故事各个部分之间的相似之处和不同之处。

以下例子是对其中一个核心片段的深度阅读,它将一个较早出现的故事和另一个后来出现的故事复杂地联系起来,说明了深度阅读如何有益于我们理解《希伯来圣经》文献。在《创世记》的第 29 章中,雅各——这位奋斗者和旅行者的原型来到舅舅拉班的土地上寻找一位合适的妻子。他路遇一群牧羊人,牧羊人告诉他现在还不是给羊饮水的时间,在井口上还压着一块沉重的大石头。接着,雅各的表妹,即拉班的女儿拉结出现了,产生了令人震惊的效果:

> 雅各看见母舅拉班的女儿拉结和母舅拉班的羊群,就上前把石头转离井口,饮他母舅拉班的羊群。雅各与拉结亲嘴,就放声而哭。雅各告诉拉结,自己是她父亲的外甥,是利百加的儿子,拉结就跑去告诉她父亲。拉班听见外甥雅各的信息,就跑去迎接,抱着他,与他亲嘴,领他到自己的家。雅各将一切的情由告诉拉班。拉班对他说,你实在是我的骨肉。

这是一段颇具刺激性、高度浓缩的叙述(我引用的是詹姆斯国王钦定版的文字),它呼应了较早前的一个事件:亚伯拉罕的仆人是在一个牧羊人的井边发现的利百加,她后来成为以撒的妻子、雅各的母亲。而与引文中的这个求婚场景比起来,那个较早前的求婚场景远不是那么迅猛,那么令人心生排斥之感;它的节奏更为缓慢,有一些精巧的重复部分,不像雅各的求爱业绩来得那么明显。第29章让我们看到雅各的热心品性:他不等牧羊人将羊群全部聚集在井周围,便完全靠自己的力量把石头转离了井口——这个任务要求他像英雄一样具有罕见的力气。雅各的肾上腺素的大爆发显然源自他看见了拉结,他立即就爱上了她。

雅各和拉结之间的亲吻是独一无二的:一个男子亲吻一位不是他妻子的女性、一位他刚刚遇见的女性,这在《希伯来圣经》中是唯一的一例。(他的狂喜呼应了他母亲利百加第一次见到他父亲以撒时的情景:"利百加举目看见以撒,就急忙下了骆驼。"詹姆斯国王钦定版是这么翻译的,不过,"掉下骆驼"很可能更为准确,看见以撒的那一眼令她震惊得掉下了骆驼。)更令人不可思议的是雅各在亲吻的同时还做了什么:他放开声音,哭了起来。雅各的眼泪是一种象征,过度的狂喜转化成了悲伤。这个故事用雅各的眼泪预言了一出悲剧:拉结后来在生孩子时死去。

在第29章中,拉结死亡的灾难还在遥远的未来。随着故事发展的速度加快,拉结跑回家告诉父亲雅各来了,接着拉班跑去迎接雅各并拥抱他。我们应该比较这两个吻:拉班与雅各的亲吻,以及较早前雅各与拉结的亲吻。这两个亲吻便是路标,它们相互指涉,并形成了一个很能说明问题的对照。拉班后来欺骗了雅各:他向雅各承诺要把拉结嫁给他,但事实上,在雅各为拉班干了七年活之后,拉班把自己的另一个女儿利亚嫁给了他。雅各的吻代表了全心全意、头晕目眩的激情,拉班的吻却代表着欺骗。

拉班的评论"你实在是我的骨肉"是另一个路标。这里,拉班明确地呼应了亚当的呼喊:当他看见他用自己的肋骨创造出的女人时,他吃惊且欣喜若狂地喊道:"这是我的骨中骨,肉中肉。"我们应该注意其中的对比:上帝给毫不知情的亚当创造了一个令他完整的人、他的另一半,而亚当在震惊之余也用感激来回应他。拉班的话则点明了他和他的亲戚雅各之间的一个共同点:正如他这句话所正确暗示的,雅各和他一样都是个狡猾的家伙。

当雅各放开声音大哭时,我们看见了又一个路标。雅各的眼泪令我们想起他的孪生哥哥以扫的眼泪。这对双胞胎的母亲利百加极其狡猾,在由她主导策划的那个场景中,雅各骗取了他们垂死的父亲原本打算给以扫的祝福。当以扫发现这一点时,他失声痛哭。雅各和以扫痛哭的这两个平行场景暗示了这两个双胞胎将会互换位置:雅各不总是一个赢家,当他一生的挚爱拉结去世时,他也尝到了失去的滋味。《光明篇》是犹太神秘主义思想的一部纲要性的著作,该书声称,除非以扫的眼泪流尽,否则救世主不会到来:被放逐的以扫的悲伤实在是太过深重了。以扫和雅各后来和好了,双方拥抱并亲吻,这令我们想起《创世记》第 29 章中雅各分别与拉班和拉结拥抱、亲吻的情景。但是,以扫(他后来成了以东人的祖先)仍然被排除在圣约之外,被放逐在以色列的子民之外。《希伯来圣经》中这一段叙述的精致有力之处在于,它平衡地关注了以下事物:上帝的选民(例如雅各)和被遗弃者(例如以扫);狂喜的成功(雅各发现拉结)和痛苦的失去(拉结的死亡);成功的欺骗和失败的欺骗。雅各最终在夜里偷偷离开拉班,并带走了拉班的两个女儿。就这样,雅各成长为手段高明的骗子,成功地完成了他对骗子拉班的报复行为。

通过那些暗示平行事件的路标,第 29 章在《希伯来圣经》的故事中来回指涉,从夏娃的创生,到拉结的死亡;从雅各与以扫的竞争(两人在利百加的子宫里就开始相互竞争,争夺头生子的特权),到雅各与拉班的长期斗争。我们在读《创世记》的短短一章时想得越多,我们就会越缓慢、越耐心地沉思它的含义,它与前后文之间的联系就会显得越深刻。

伊迪丝·华顿的《欢乐之家》写作于《希伯来圣经》的几十个世纪之后,但是华顿与《圣经》文本的作家一样,使用了同样的路标技巧:引人瞩目的措辞、明喻和暗喻(它们简直要跳出来吸引读者的眼球),以及相互呼应的戏剧性事件。华顿的小说在 1905 年出版时一炮而红,大获成功。它讲述的故事发生在 20 世纪初期。华顿笔下的新贵们生活在一个充斥着流言蜚语、造谣中伤的环境中,他们在哈德逊河谷的时髦小镇上过周末,为这个悲剧故事提供了一个脆弱的背景。《欢乐之家》开篇时,莉莉·巴特(华顿笔下那个麻烦缠身又不断制造麻烦的女主人公)在纽约中央车站偶然遇见一位朋友劳伦斯·塞尔登。两人一同走了一会儿,穿越市中心曼哈顿的熙熙攘攘、千变万化的街道。塞尔登偷偷地瞥了眼莉莉精致的脸庞和精巧的发型,暗自深思"她必定是花了不少代价打扮起来的……就好像一层精美的釉彩涂到平庸的黏土上面"[1]。在《欢乐之家》的情节发展过程中,莉莉的确被证明是平庸的黏土。她的兴趣在于物质方面;她寻求的是一种安逸的、用钱铺垫起来的生活,而不是有趣的生活。

在莉莉人工打造起来的美貌外表的遮蔽之下,塞尔登对莉莉真实性格的感知一闪即逝;几页之后,当莉莉去他的公寓做客时,他放任自己对她持有一种更为浪漫、更具神秘色彩的看法。当莉莉在塞尔登公寓的镜子前打量自己并调整面纱时,华顿写道:

> 这种姿势把她身材的漫长曲线显现出来了,使她的线条产生了一种类似原始森林的美,仿佛她就是一位被俘的林中仙女,受到客厅里习俗惯例的压抑。塞尔登想,正是这种森林仙女的自由天性,赋予她如此迷人的风韵。

华顿在这里十分狡猾:她给我们提供的是她的人物塞尔登的错误观点。莉莉一点儿也不像森林仙女;她只贪图安逸和稳定,没有表现出"森林仙女的自由天性"。这是塞尔登在自欺欺人,假想出一个并不存在的莉莉。华顿在这里便创造出一个路标,而且是一个警示性的路标:她给我们敲响了关于塞尔登的警钟,让我们知道,因为他是透过一层浪漫的薄

---

[1] 选自《欢乐之家》,赵兴国、刘景堪译,译林出版社,1993年,略有改动,下同。

纱去看莉莉,他的洞察力已经被这层薄纱蒙蔽了。我们本能地回到几页前塞尔登对莉莉较早的印象:她仅仅是涂了精美釉彩的黏土基材。我们将早先更为准确的评价和新的迷恋之语放在一起研究。这两个意象——平庸的黏土和被俘的森林仙女是相互矛盾的路标,而哪一个更为准确,读者必须得做出判断。在小说的开头,莉莉触发了我们内心的矛盾;而到了《欢乐之家》接近其严酷结尾的时候,我们已经得出结论,认为她就是华顿在书名上用典的那句《传道书》引文中的愚昧人("愚昧人的心在快乐之家")。在华顿小说快要结尾时,死期将至的莉莉对自己的性格和命运做出了明确的判断。这里莉莉又一次与塞尔登谈话,这时的塞尔登已经差不多克服了对她的爱,虽然还可能有些残留:

> 我努力地尝试过,但生活是困难的,我又是个没用的人。我很难算是一个独立的人,只不过是我称作生活的巨大机器上的一个螺丝或齿轮而已。一旦脱离那架机器,换个地方就毫无用处。当一个人发现自己仅仅适合一个洞穴的时候,又能怎样呢?要么,一定回到那个洞里,要么就被扔到垃圾堆上——你不知道垃圾堆上是什么情况!

这段话中的意象简单直白得令人难以忍受——螺丝、齿轮、机器、洞穴、垃圾堆——它们与塞尔登在《欢乐之家》的开篇处把莉莉想象为森林仙女的想法形成了尖锐的对比。赤裸裸的真相终于出来了,用莉莉自己的话表述了出来。在莉莉用来总结自己人生的那些粗糙的、就事论事的意象中存在着路标。它们是华顿小说中对立的两极:美学的鉴赏力和严酷的现实。华顿以娴熟的、撩动人心的方式在不带感情色彩的现实和文雅高尚的伪装之间来回穿行。

跟着路标一步步来

现在是时候向你提供一个彻底的、一步步分析的例子来说明路标是如何运作的了。为了完成这个练习,我们需要缓慢、耐心地阅读。与《创世记》和《欢乐之家》一样,莎士比亚的《仲夏夜之梦》也是通过路标(令人难忘的意象和措辞)来描绘它的主要人物的。《仲夏夜之梦》的开头部分十分精彩、含义丰富,让我们看看一个核心的路标意象——月亮是如何在这个部分运作的。这部莎士比亚早期的活泼的喜剧,以及里面被闹得晕头转向的年轻恋人,还有那一帮子仙人,包括顽皮难驯的迫克,几乎令每一位读者或者观众沉迷。莎士比亚的力量多面立体,取之不竭;你可以年复一年地读莎士比亚,仍能在每一遍阅读中发现一些新的宝藏。而核心的意象(比如《仲夏夜之梦》中的月亮)给你提供了路标,支撑着你行走在我们这位顶级游吟诗人(W. H. 奥登这么称呼莎士比亚)的作品中。

《仲夏夜之梦》开始于一段谈话,谈话的双方是雅典的传奇缔造者忒修斯和他的未婚妻——亚马孙人的女王希波吕忒,她是忒修斯在战场上的俘虏。菲劳斯特莱特也在场,他是一个小角色,是忒修斯的宫臣之一。这就是我们看过正文之前的人物表之后了解到的内容。

现在,让我们看看《仲夏夜之梦》的开头部分。开场时,忒修斯和希波吕忒正在等着他们的婚礼到来:

忒修斯 美丽的希波吕忒,现在我们的婚期已快要临近了,再过四天幸福的日子,新月便将出来;但是唉!这个旧的月亮消逝得多么慢!她耽延了我的希望,像一个老而不死的后母或寡妇,净是消耗着年轻人的财产。

希波吕忒 四个白昼很快地便将成为黑夜,四个黑夜很快地可以在梦中消度过去,那时月亮便将像新弯的银弓一样,在天上临视我们的良宵。

忒修斯 去,菲劳斯特莱特,激起雅典青年们的欢笑的心情,唤醒了活泼泼的快乐精神,把忧愁驱到坟墓里去;那个脸色惨白的家伙,是不应该让他参加在我们的结婚行列中的。[1]

我们应该关注上述引文中的哪些东西呢?让我们慢慢地读,在读的过程中寻找统领全局的路标意象。我们可以先考虑这个事实:莎士比亚将这一对皇家夫妻的"婚期"设置在新月到来的时候。月亮已经在这开头的几行中占据了显著的位置;在余下的剧中,它还将一直占据重要地位,而且我们应该注意到它的显著存在。尽管忒修斯是一位骄傲且强大的统治者——他是雅典公爵、亚马孙人的征服者,他也必须得等到新月到来才能迎娶希波吕忒。他受制于某种凌驾于他自己意愿之上的力量,而且这个力量并不是政治力量,而是来自一个陌生的、朦胧的女神——月亮,她统治着梦的世界。将月亮和巫术以及疯狂联系在一起,是一个悠久而古老的传统;月亮似乎对我们有一种微妙的、幽灵般的影响。在《仲夏夜之梦》的后文中,莎士比亚将月亮与神秘的影响力,以及令他的角色们在不知不觉中受到影响的欲望,联系在一起。与忒修斯的政治权威形成对峙的,是真正支配全剧的东西:爱神厄洛斯的月亮魔法。

尽管忒修斯在开场时宣告婚礼的时间"快要临近"(速度适宜),他随后又在下面的句子中暴露了他的不耐烦:"但是唉!这个旧的月亮消逝得多么慢!"(But O, methinks, how slow/This old moon wanes!)月亮按照其自身的缓慢速度行进,莎士比亚放慢了他诗歌的进程,以表达出月亮柔和、庄严的节奏。"旧的月亮消逝"(old moon wanes)这一词组给我们一连三个重读音节;三个英文单词都是单音节词,它们之前出现的那三个词也是。一连串出现的几个重读音节会减慢诗行的韵律,单音节词也有同样的功效。(本书后面有一章"阅读诗歌"专门解释如何细读诗歌,并判断哪些音节是重读音节而哪些是非重读音节。)想想哈姆雷特的

---

[1] 选自《莎士比亚全集》,朱生豪等译,人民文学出版社,2010年,下同。

"生存还是毁灭"(to be or not to be),单音节词比多音节词更为慎重和稳健,因为多音节词的速度更快。

我们可以再以《麦克白》为例,看看莎士比亚在构建路标意象时是如何使用多音节词和单音节词的。这一次的路标意象不再是月亮,而是海洋。莎士比亚的麦克白在其凶残的一生中有许多自己害怕,也令别人害怕的时刻。在其中的一个这样的时刻,他祈愿海洋能洗去他手上沾染的鲜血。他宣称:

> No; this my hand will rather
> The multitudinous seas incarnadine,
> Making the green one red.

> 不,我这一只手
> 倒会给浩瀚无边的海水染色啊,
> 使碧波变成通红。[1]

引文中的第二行使用了两个新奇的多音节词,将节奏加快:"浩瀚无边的"(multitudinous)和"染色"(incarnadine)。而第三行则将速度降了下来,三个单音节词把它变得令人着迷且致命。就像《仲夏夜之梦》中的"旧的月亮消逝"一样,"碧波变成通红"(green one red)这三个单音节词中的重音有一种致命的节奏。在麦克白极度恐慌的幻想中,海洋的绿色变成了一片红色——这是一种纯粹的、具有难以表达的杀伤力的颜色。它具有令人胆战心惊的催眠效果,将海洋的凶险意象深深地铭刻在麦克白,以及我们的意识中心。

让我们再回到《仲夏夜之梦》,回到那个旧的月亮。月亮经常被看作

---

[1] 选自《莎士比亚悲剧四种》,卞之琳译,人民文学出版社,1988年。

是女性,可能是因为女性通常被认为比男性更富有变化,她们的情绪不断地阴晴圆缺。忒修斯这么说月亮——"她耽延了我的希望"(she lingers my desires),多么引人瞩目的一个短语。通常我们使用"耽延"(linger)一词来形容某样精细微妙的东西,某种几乎完全无法察觉的东西,例如,某种香味、印象或疑虑。莎士比亚将"耽延"(linger)一词用作及物动词,后面加直接宾语,这种用法十分罕见,在现代英语中早就"作古"了。忒修斯原本可以说月亮拒绝变幻得更快些,从而阻挠或妨碍了他对希波吕忒的欲望——这才是专制君主会有的抗议。相反,他低声地抱怨月亮延长了他的欲望,以某种方式和他一起控制他的欲望。他说这话时是处于魔力之下,而不是为了表彰他的权力。耽延意味着保留;在文艺复兴时期的英语中,耽延某事的意思是说延长它的时间,我们查一查《牛津英语词典》(常被简称为 OED)就能明白这一点(参见规则七"使用词典")。

月亮唤醒了忒修斯的欲望,同时又令其受挫,就像一位老妇人,老而不死,"消耗"着年轻人的财产——年轻人等着她死去才能继承她的钱财。月亮爱捉弄人,它一方面引发忒修斯的情欲,一方面又威胁要减少("消耗")他的情欲。作为莎士比亚文本的耐心读者,我们现在已经了解到,忒修斯是一位焦急、迫切的情人,而且他感觉到了月亮是如何影响他的欲望的。

再来谈谈希波吕忒。这位被俘的亚马孙女王以一种十分奇怪的、肉欲的方式来回答她的英勇王子忒修斯:"四个白昼很快地便将成为黑夜,四个黑夜很快地可以在梦中消度过去……"(Four days will quickly steep themselves in night;/Four nights will quickly dream away the time …[1])她是在施下魔咒,编织一张言语的网。看看她用的比喻:浸泡(具有肉欲的浸泡,逐渐地全身没入);做梦(令人联想起该剧的剧名,以及裹挟着莎翁这出美妙喜剧的那种温柔幻想的基调)。

---

[1] 句中的 steep 直译为"浸泡"。

现在可以看出希波吕忒的想象和忒修斯的想象颇为不同。对于她未婚夫使用的比喻——月亮是后母或寡妇，她用了更为文雅、更为抒情的一个意象来与之相配。对她而言，月亮是"新弯的银弓一样"。希波吕忒相当准确地描绘了月亮与弯弓之间的相似之处（而且这个比喻十分适合她的女战士身份！）。在她的话语中，残月的银色弯弓已经含蓄地变为"新"的，预告了婚礼的到来和欲望的满足。月亮如绷紧的银弓，不是准备好了射击，而是准备"临视"这对情侣的"良宵"。希波吕忒用寥寥几个精选的词汇便勾绘出一个场景，弥漫着一种兴高采烈的寂静感。"临视"（behold）不仅仅是去看，更是去亲眼见证：这个词有一种庄重的感觉。"良宵"（solemnities）是一个十分高级的词汇，形容一场婚礼或者其他重要的典礼，而且它被设计来传达希波吕忒赋予月亮的独特的严肃性，以及它对时间和事件享有的权威感。

最后，我们来看看忒修斯如何用一种飞扬跋扈的姿态展示其性格。他吩咐廷臣菲劳斯特莱特去下达快乐的命令——"把忧愁驱到坟墓里去"，就好像他能用命令来更改人们的情绪一样。驱逐所有的悲伤，让乐队开始奏乐，忒修斯这么命令道。他急切地等待着婚礼的到来，想开始欢娱宴酒。他所提到的"那个脸色惨白的家伙"指的是忧郁，它使得人们无精打采、倦怠萎靡。但是这一短语也让我们想起月亮，忒修斯没有办法改变或放逐月亮。作为统治者，他也有力所不逮之处。他能够宣布开始欢庆，但是真正有影响之物隐藏在这场景的背后：月亮及她所代表的一切（爱、魔力、幻觉）。剧中真正的"活泼泼的快乐精神"，不是属于忒修斯统治下的雅典理性的日常世界，而是属于与月亮和夜晚为伍的仙人们。

随着你逐渐深入《仲夏夜之梦》，你将能学会把仙王奥布朗和仙后提泰妮娅的兴高采烈、吵吵闹闹的婚礼，与忒修斯和希波吕忒之间紧张的、寡言少语的关系加以对比。你将能追踪分析月亮、魔法、夜晚，以及幻象和欲望所具有的丰富的象征寓意。你将会注意到，下文提到"丘匹德的火箭在如水的冷洁的月光中熄灭"，并联想到希波吕忒将月亮比作银弓的明喻。莎士比亚的这部伟大戏剧是一个整体,每一场景都有助于读者理解其他的场景,或者人物,或者语言的美丽片段。这部剧通过倚重月亮等路标意象实现了这一点。路标意象指的是具有重要地位的象征性存在物,它们将剧中的行动捆绑在一起,使之成为一个统一的整体,就像占支配地位的主音音调将乐曲统一起来一样。

如果你将自己浸没于《仲夏夜之梦》中,你将会看到越来越多的路标。与任何其他的英语作家相比,莎士比亚更多地在自己的作品中安置了一些重要时刻,它们不仅仅绚丽夺目,还促使我们思考,而这就使得他的文本经得起我们一遍又一遍的细细钻研。每次我们这么做时,都更惊讶于这位顶级诗人的创造力。紧盯着莎士比亚的路标(他的核心意象和词汇),你就能逐渐摸清他的戏剧的运作方式,明白它们是如何对你产生效果的。

抒情诗人大量使用意象当路标:济慈的希腊古瓮和夜莺在以它们命名的颂诗中醒目地存在着,华莱士·史蒂文斯经常提到太阳、海洋,而在《秋天的晨曦》中,他反复提到北极光,将其描绘为一条噬人的蛇、一座天上的剧院,以及后来的"戴着王冠和钻石的卡巴拉"。在诗歌中,意象尤其重要,不过它们在其他文类里也起到重要的作用。弗吉尼亚·伍尔夫的随笔《飞蛾之死》在标题中就描绘了其核心意象。约瑟夫·康拉德的中篇小说《黑暗的心》一遍遍地回到它的标题所暗示的黑暗图景中:库尔兹被腐化的内心。康拉德的叙述者马洛在最深邃、最黑暗的非洲中心地带遭遇到这个黑暗的中心,而且这个黑暗的中心还暴露了一个十分重要的核心问题。康拉德在《黑暗的心》的前面部分用一个相反的意象来平衡他作品中的这个向心引力。马洛暗示他所讲故事的意义将会显现,"就像光芒使得迷雾显现出来一样"。也就是说,马洛的故事所能表达的意义,就跟月光在雾蒙蒙的夜晚所起的作用一样。不过,这个意义是四处渗透、含糊不清的,而不是明晰确凿的。库尔兹的堕落不能证明任何事情;库尔兹的邪恶没有什么秘密的内核,没有什么能解释他的一切。

康拉德使用了"光芒使得迷雾显现出来"这样的意象,来解释他在《黑暗的心》中创造出来的独特气氛:弥漫的,浓厚的,充满了朦胧的、欺骗性的暗示。莎士比亚在《仲夏夜之梦》中倚靠月亮营造了正好与之相反的氛围:清澈的,轻快的,优雅而又有魔力。但是,尽管意象本身不同,康拉德和莎士比亚都倚重他们书中的核心意象。这些意象有助于将作品塑造成形,有助于引导着我们读完这些作品。它们是路标,引领着我们前往这些作品中的核心含义。

规则七:使用词典

"词典就是我的山鲁佐德[1],而且它还能拼出'山鲁佐德'这个词。"小说家汤婷婷如是说道。词典的确是山鲁佐德:它是魅惑的魔女,是擅长讲故事的人。词典被使用得越多,就越迷人。请花点时间,去查一查那些你感觉重要的单词,哪怕你觉得自己已经知道它们的含义了。一本好词典能教给你的东西将会让你大吃一惊,你单靠自己永远不可能弄明白那么大量的意义。体现读者耐心的一个重要方面就是你愿意去依赖词典:选最好的词典——《牛津英语词典》,不然至少也要选一本未删节版的词典,例如《美国传统英语词典》。(确保你的词典是未删节的完整版;这笔花费是完全值得的,因为你在整个阅读生涯中会一遍又一遍地求助于这本厚厚的词典。)《牛津英语词典》(它还推出了电子版本)是一部鸿篇巨制,旨在提供英语单词的所有历时变化的含义,并用丰富、有益的引文阐释了每条释义。(西蒙·温切斯特的《万物之要义——〈牛津英语词典〉编纂记》一书生动活泼地讲述了《牛津英语词典》的非凡故事;他的《教授与疯子》介绍了词典的编撰者之一 W. C. 迈纳声名狼藉的悲惨故事:迈纳参加过美国内战,还是位精神病确诊患者。)

---

[1] Scheherazade,《天方夜谭》中的苏丹新娘。

《牛津英语词典》于1888年开始出版,在随后的40年间不断推出新的卷本,直到以Z字母开头的单词收录完成。随着英语单词的宝库越来越庞大、越来越奢华,《牛津英语词典》直到今天还在不断推出新的增补本。[最新的增补本上收录了"同性恋雷达"(gaydar)、"暴女"(grrrl)和"上网磨洋工"(cyberslacking)等最新词汇。]浏览这部最伟大的词典是一次非同寻常的经历:读者漫步在数个世纪以来的作者中间,近距离地了解英语的变迁,看着它从乔叟和莎士比亚的语言,变为伍尔夫、贝克特的语言,并一路演变下去。

如果在阅读时参考《牛津英语词典》,你的阅读经历将会被大大丰富。你不需要不断地查词典,但是在保证阅读流畅的前提下,应该尽可能频繁地查词典。你大概不超过半个小时就会想查一次词典,但你每次都会获得引人入胜的信息,加深你对面前摊开的这本书的理解。让我们以一本经典的书(埃德蒙·柏克的《法国革命论》)为例,看看《牛津英语词典》如何帮助你理解该书的开头几段。具有英爱血统的柏克是一位极其高超的保守主义思想家,也是一位技巧精湛、风格鲜明的散文家。他在《法国革命论》的一开头便展示出灵活狡猾、深思熟虑的风格。该书是一封回信,写给"巴黎一位很年轻的先生",即夏尔-让-弗朗索瓦·德蓬。德蓬之前给柏克写过一封热情洋溢的来信,大力赞扬了当时正在如火如荼地进行着的法国大革命。《法国革命论》是柏克给德蓬的回信,见解审慎,言辞滔滔,洋洋洒洒长达三百多页。该书写作于1790年,正是法国大革命最为动荡的时期。柏克在书中有时颇为热情洋溢,甚至过于激动:《法国革命论》在他痛苦地回顾玛丽·安托瓦内特(她后来被送上了断头台)的囚禁时达到了高潮。"我以为哪怕是一个对她带有侮辱性的眼光,都必定会有一万支宝剑拔出鞘来复仇的,"柏克哀叹道,"但是骑士的时代已经成为过去了。"[1]这样抢镜头的耸人听闻之语是柏克的个性特色:

---

[1] 选自《法国革命论》,何兆武、彭刚译,商务印书馆,1998年,略有改动,下同。

他的夸张之语是十足真诚的。但是除此之外,他在书中还是表现出了深谋远虑、仔细慎重,该书的第一页就很好地证明了这一点。

以下是《法国革命论》的开头部分。在一篇序文性质的说明之后,柏克这么开始了他给德蓬的回信:

阁下:

您高兴地再度怀着诚挚之情来征询我对法国最近事态的想法。我将不会让您有理由想象,我认为我的看法具有可以希望我自己会因为它们而被征询的价值。它们太无关紧要了,不值得急迫地加以传播或者去制止。正是出于对您、而且仅仅是对您的关切,当您最初想要获知它们的时候,我还犹豫不决。在我有幸写给您并且终于发出了的第一封信中,我并不是为了某一类人也不是站在某一类人的角度而写的;在这封信中,我仍将不是。我的错误,如果有的话,都是我本人的。只有我的名誉对它们负责。

阁下,您在我寄给您的那封长信中看到了,我的确是极其衷心地希望法国会因一种理性的自由精神而增添活力,而且我认为你们有义务以完全公正的政策来提供一种永久的团体,使那种精神得以寓于其中,并提供一种有效的机构,使之得以发挥作用;但是在你们最近的一些事项中,我却不幸对某些意义重大的问题抱有很大的疑问。

请试着理解柏克独特的、相当调皮的说话方式,这一特色使得柏克的写作成为文学。(如果你心痒难熬,恨不得他立即说到点子上,那你就没有抓住他的这一特色。)你能听到这些文字中蕴藏的庄重之意吗?那巨大的张力,那被升华的严肃性。如果你能,那么你就摸着了门道,可以去发掘柏克因为什么而成为最为重要的一位散文文体家。上引的开头两段是一段精细复杂的芭蕾舞,柏克在其中将自己所选的角色发挥到了极致。首先,他表示自己十分谦虚,不愿意发表意见(他的"看法"不具有可以让他希望自己会因为它们而被征询的"价值"),接着他表现得十分骄傲(如果他犯了"错误",只有他的"名誉对它们负责"),然后他又相当狡猾并具有讽刺性("我却不幸……抱有很大的疑问")。讽刺家柏克表面上说一套,实际上表达的是另外一套:他真正的想法是,他幸好,而不是"不幸",对法国大革命抱有疑问。

柏克的这两段话虽然礼貌但颇为锐利,里面装点着不少精准的措辞,这些词可能对我们而言十分陌生,因为我们是21世纪的"上网磨洋工者"。"看法"(sentiments)一词跨越了"思想"(thoughts)和"感情"(feelings)之间的界限;《牛津英语词典》给出的"sentiment"的释义是"某人在面对某事时的感受;(赞成或不赞成等的)思想态度"(定义6a)。柏克的《法国革命论》不仅表达了他的"感情"认为是正确的内容,还表达了他的"思想"认为是正确的内容:他的头脑与心在这个问题上是协同一致的。另一个关键词是"征询"(solicit):"恳求或祈求(某人)以得到某物或做某事;催促,强求;诚恳地或坚持不懈地问"(《牛津英语词典》,定义2a)——不过它还表示"打扰,使不安,麻烦;使焦虑,使担心"(定义1)。那位法国先生不仅仅强烈要求柏克就法国大革命的问题表达观点,他还令柏克心情不平静,而《法国革命论》便表达了这颗不平静的心做出的回应。历史使柏克陷入一场深深的个人危机,而这场危机在柏克焦虑、精彩的写作与思考之中表现了出来。

柏克的第一页上还有一些其他词也令我们纠结不前,因为我们现在把它们用作不同的意思。对于柏克而言,"late"相当于"最近的"(recent);"material"指的是"意义重大的"(consequential)或"重要的"(significant)。只有通过睿智地使用词典,我们才能得知这些含义。如果我们真的想要理解柏克所要表达的意思,光读第一页就可能需要查三到四次词典。

维多利亚时代的学者约翰·罗斯金在论教育的议论文集《芝麻与百合》中声称,词典是任何严肃、有追求的读者的必备工具。罗斯金甚至认为,真正态度认真的读者应该购买一本拉丁语词典、一本希腊语词典和一本英语词典。罗斯金写道,即使你完全不懂拉丁语或希腊语,你仍然能从这些语言的词典中获益,它们能让你追踪一些传到英语中的关键词汇。你可以想想这些词:哲学(philosophy,它来自希腊语 philos 和 sophia,前者意为"朋友或爱人",后者意为"智慧"),伦理学(ethics,它来自希腊语 ethos,意为"品质")和虚荣(vanity,它来自拉丁语 vanus,意为"空虚的")。

罗斯金是正确的:拉丁语和希腊语的词典是有用的,甚至学一点拉丁语或希腊语也十分有用。如果你学习了,你就会了解到大量隐藏在英语单词中的释义。但是,如果你不能完全同意他的建议,那么你至少要有词源学的意识,对这些语言对英语的影响要保持敏感。《美国传统英语词典》便有一个十分引人入胜的词源学附录,收录了许多英语单词的希腊语、拉丁语和日耳曼语词根。

现在让我们举一个例子来说明罗斯金对语言学的敏锐性:他认为词源学是一种挖掘意义的工具。在《芝麻与百合》中,罗斯金评论了用英语创作的最伟大的挽歌——约翰·弥尔顿的《利西达斯》。《利西达斯》是弥尔顿为纪念一位新近去世的老同学爱德华·金而作的挽诗,但它还谈到了诗人自己的事业,以及威胁要灭绝这一事业的凶残的世俗势力。

在《利西达斯》中弥尔顿与之斗争的反诗歌和反人性的种种势力里面,最可怕的大概是英国国教,它被弥尔顿视作欺骗与腐败的温床。弥尔顿打断了诗歌起初温和的田园诗景象(他在其中将自己和爱德华·金描绘为牧羊人),转而以高度预言性的语言来谴责道德败坏的教会高层:

> 眼盲的馋嘴!他们自己几乎不知道
> 如何握住羊钩,也未曾学过其他才能,
> 丝毫不通虔诚牧羊人应备的技艺!
> 他们在乎它干吗?他们缺什么?他们运气好;
> 而当他们欢喜时,他们贫瘠而花哨的曲子

> 令可怜的麦秆笛子吱嘎作响
> 饥饿的羊群抬起头来,没有得到食物……

我们简直可以听到弥尔顿字里行间那种不耐烦的沸腾怒气,他用断裂的短句问出了冷冰冰的、饱含鄙夷之情的问题("他们在乎它干吗?他们缺什么?")。我们还能听到"令可怜的麦秆笛子吱嘎作响"的那种指甲刮擦似的尖锐刺耳的声音(我们在词典中查找"scrannel"一词)。教会中这些披着牧羊人外衣的狼缺乏活力、饱食终日、道德败坏,他们对"虔诚牧羊人应备的技艺"一无所知;他们坐视追随他们的饥饿羊群饿死。教会的高层人士是糟糕的牧羊人——而且,依据"他们贫瘠而花哨的曲子",他们甚至还是糟糕的诗人。

但是,对于读者而言,《利西达斯》上述引文中的头一个短语是真正造成阅读障碍的难题,而罗斯金下功夫解释的便是这个短语:眼盲的馋嘴。"'主教'(bishop)一词的字面含义是'能看见的人'",罗斯金写道,而"'牧师'(pastor)一词的字面含义是'喂养的人'"。"因此一个人能具有的最不符合主教身份的特点便是眼盲。最不符合牧师身份的特点是,不喂养别人,反而被喂养——成为一张馋嘴。"

罗斯金依靠他的拉丁语和希腊语知识,解开了弥尔顿的这个小小的、尖锐的词组所隐藏的逻辑难题。在我们的英语单词"主教"的背后隐藏着希腊语单词 episkopos,意指"一个观察或者督察的人",该词直到后来才被用来指称教会的官员;而在"牧师"一词的背后则隐藏着拉丁语单词 pastor,意为"牧羊人"(来源于动词 pascere,意为"放牧")。弥尔顿想要表达的是,词源学所揭示出来的真相戳穿了教会的谎言。羊群抬起头来,但是主教视而不见,而牧师则忽视了自己喂养羊群的职责。

罗斯金在阅读弥尔顿的时候给我们提供了一个振奋人心的例子,说明了词典能将读者带到哪里去。请使用你的词典,不仅仅用它查询你不认识的单词,也要查一查那些令你感兴趣的单词。请依靠《牛津英语词典》或《美国传统英语词典》,将之作为解决问题的一个途径。你的问题问得越好,你对一个单词的兴趣越具体,词典就能越好地为你服务。

规则八:追踪关键词

在进入本条规则之前,我已经在规则六中考虑过路标的问题,并在规则七中下达了使用词典的强制令。关键词是十分重要的线索,引导你追踪一本书的观点:意义像戏剧一样,从第一页到最后一页逐渐展开,而你可以跟上它展开的步伐。

就像所有的规则都要求的那样,关键词也需要耐心。耐心、缓慢、仔细的阅读将让你完全领略到书中的风景。如果你是位耐心的读者,当你打开一本书,你会准备好发现文中的重要词汇,它们会用出乎意料的意义突转来吸引你的关注。在你攀爬书籍的座座高峰时,耐心是必不可少的品质:你要注意观察其中的重要词汇,并明白作者是如何将这些词汇放置在书籍的核心风景区的。

一些名著,如马基雅维里的《君主论》,会在行文的过程中灵活地改变关键词汇的含义。这样的作者给予读者的任务是艰巨的,但同时也是极其令人振奋的。马基雅维里使得读者自行保持警醒,意识到诸如权力、光荣、命运之类的词多么难以界定。我们被迫积极参与进来。通过这样的参与,我们理解了更多的内容,远比马基雅维里将这些定义固定下来,一成不变地摆放在我们面前时了解的更多。柏拉图的对话提供了另一个例子,说明作者的计划被多么完美地加以实施。他给读者设计了一座十分具有诱惑力的迷宫,在这座迷宫里某些单词具有双重作用,既是让人望而生畏又欲罢不能的障碍,又是我们追寻的目标。柏拉图的读者不得不时刻意识到,苏格拉底和他的谈话对象是如何不断地改变那些关键词的含义的。

我将在下文仔细讲述马基雅维里和柏拉图。但首先,让我们暂时先回到柏克,考察一下他在《法国革命论》(我在规则七"使用词典"中引述并讨论过这本书)中使用的一个关键词:理性的自由。

作者通常都不会立即揭示核心词的含义;你需要等待,并要花力气,才能获取它的含义。我们一开始就是弄不明白柏克在第二段里说了什么。当时他告诉他回信的那位年轻人,以及我们,他"极其衷心地希望法国会因一种理性的自由精神而增添活力"。在"理性的自由"这个短语中,柏克强调的显然是"理性的"一词。理性的自由和不理性的自由有什么区别呢?哪一种自由是柏克推崇的,而哪一种又是他鄙视的,为什么?在他长达 300 多页的书中,柏克将提供大量解释。就目前而言,我们只能暂停一下,仔细关注作者的这一用语,期待着他的核心观点"理性的自由"是如何发展的。与此相似,我们会逐渐了解到柏克认为革命所需要的"永久的团体"和"有效的机构"分别指的是什么。它们是立法的机构,而柏克认为喜气洋洋却充满暴力的新法国正缺少这些立法机构。柏克的耐心读者会从一开始就注意到这两个讨论(理性的自由和革命需要建立的政治机构),并等着作者给出对这两个问题的看法。我们不能指望作者的看法立即就出现;事实上,作者的看法可能会在作品的中途有所改变。

这里,缓慢而耐心的阅读尤其必要,因为读者一开始并不清楚柏克的构想,只有在我们更深入地探究《法国革命论》,并熟悉柏克的坚决却温和有礼的表达方式之后,才能弄清楚他的构想。柏克是一位自信得惊人的雄辩家,他调动了演讲艺术里所有微妙的技巧来解释他反对法国激进分子的立场。当他最终解释"理性的自由"概念时,我们已经为之做了充分的准备,我们一路追踪着该书的曲折转弯,现在已经准备好了。

像柏克一样,马基雅维里围绕着关键词组织他的文本。在《君主论》中,马基雅维里使用的一个核心词汇很难翻译:德性(virtù),它不是英语中的善行(virtue,带有一丝自以为是的懦弱),而更接近于勇气或大胆。另一个核心词是命运(fortuna)。这两个词在《君主论》中相互碰撞,该书便这样驶入了它大胆的航程,其观点是如此大胆直白、惊世骇俗,以至于马基雅维里因此声名狼藉。他因为拥护暴力、欺骗的策略而被视为恶魔般的人物。但他认为,一个人要想拥有和保持权力就必须得使用这些策略。

命运在《君主论》的第一页便出现了,出现在马基雅维里给洛伦佐·德·美第奇的那封上书信中(该书原本题献给另一位美第奇:朱利亚诺·德·美第奇。在朱利亚诺去世之后,马基雅维里决定将自己经国治世的献策上书给洛伦佐)。马基雅维里曾为佛罗伦萨共和国服务过,但在1512年共和国陨落而美第奇家族重返该市执政之后,他便失去了工作。一年之后(1513年),马基雅维里因为意外卷入一场谋叛美第奇家族的阴谋,遭受到逮捕和折磨。同一年,被驱逐出城、流亡乡下的马基雅维里开始写作《君主论》,并拟将其作为礼物献给曾经折磨过他的美第奇家族。他以钢铁般的意志尝试向美第奇家族证明自己的有用价值,并希望因此能够重返政治舞台,而这本书便是这一尝试的结果。

马基雅维里在《君主论》的第一页中用这样的自我描述结束他的上书信:他是一个"受着命运之神的巨大的不断的恶毒折磨"[1]的人。这里的命运是一个委婉语,洛伦佐肯定能看出来,它指的是迫害马基雅维里的美第奇家族成员的残酷手段。在另一个更宽广的层面,命运还指事件难以预料的突然转折。这个意义在马基雅维里这本书的发展过程中逐渐成为君主生涯中最关键的因素。(马基雅维里描述的君主并不是某个具体的个人,而是过去和现在的所有统治者的总称。)

在《君主论》的倒数第二段中,马基雅维里对命运的力量做了两个截然相反的描述。在该章的开头处,他以一个路标意象,将命运比作:

> 我们那些毁灭性的河流之一,当它怒吼的时候,淹没原野,拔树毁屋,

---

[1] 选自《君主论》,潘汉典译,商务印书馆,1985年,下同。

把土地搬家;在洪水面前人人奔逃……事情尽管如此,但是我们不能因此得出结论说:当天气好的时候,人们不能够修筑堤坝与水渠做好防备,使将来水涨的时候,顺河道宣泄,水势不致毫无控制而泛滥成灾。

马基雅维里在这里暗示的是,你可以早做防范,预防命运狂风暴雨般的袭击。的确,如果你是君主,你需要以钢铁般的坚毅性格早做防范:你必须筑好堤坝,抵御命运的狂暴洪水,保障自己的安全。

但在随后的一页中,马基雅维里总结道,命运总会挫败这样的防范努力;命运的根本意义便在于它给我们突然施加未曾预料的改变。我们无法预测未来将会发生什么,因此不论我们做什么,我们都不断处于遭到命运碾压的危险之下。"没有一个人如此谨慎小心地使自己能够适应这种情况,"马基雅维里写道,"这是因为他不能够离开天性驱使他走的路子,还因为他走一条路子亨通已久,他就不能说服自己离开这条路子。"马基雅维里在这一章的结尾处自己改变了立场;在承认命运挫败勇者之后,他又改变了想法,并以一种非凡的视野拥护对命运采取粗暴制服的路线。"但我确实认为是这样",他写道,

> 迅猛胜于小心谨慎,因为命运之神是一个女子,你想要压倒她,就必须打她,冲击她。人们可以看到,她宁愿让那样行动的人们去征服她,胜过那些冷冰冰地进行工作的人们。因此,正如女子一样,命运常常是青年人的朋友,因为他们在小心谨慎方面较差,但是比较凶猛,而且能够更加大胆地制服她。

强硬的人(具有德性的人)可以打倒命运获取胜利,这是马基雅维里在这里用这个浮夸的、歧视女性的明喻所表达的意思。但是他刚刚向我们证明过,命运太过难以捉摸、难以预测,不能用这样的方式强迫它驯服。马

基雅维里自我矛盾了,他是在玩一个复杂的游戏,他在游戏中扮演了双重角色:一方面他是大家耳熟能详的怀疑论者,知道一旦命运发怒,人就得遭殃;但另一方面,他是热衷于使用权力的狂热分子,推荐君主使用最粗暴、最狡猾的策略,因为这样最有可能获胜。命运是一个女子,还是一条凶猛湍急的河流?——这两者均存在被驯化的潜在可能性。又或者,命运是一种难以逃避的力量,甚至不能用比喻加以描述?命运是马基雅维里的女神,德性也是;他狡黠地使用这两个词语,令它们的含义不时改变。这些改变拓宽了命运和德性这两个词的含义。马基雅维里创造出来的这两个词的不同含义令他掌控了笔下动感十足的复杂主题:政治生活中权力和机遇的各种运作方式。

和马基雅维里的《君主论》一样,柏拉图的《理想国》是关于理想的一本书,是对伟大状态的一篇假想文。在这两个文本中,作者赋予他称赞的对象以某种胜利,而且他求诸某些核心词汇来证明这种胜利:真正的君主必须展示出足够的德性,用它来完美地战胜命运;真正的理想国必须具有完美的正义。但这些关键词(马基雅维里的德性和命运,柏拉图的正义)却是难以捉摸的。在《理想国》的第一卷中(该卷慷慨激昂,充满辩论和行动),柏拉图将对"正义"一词的几种不同定义并置,使之相互抗争。正义是否意味着遵循传统所授,装腔作势地谈论一些权威人物的熟悉话语?或者,正相反,它意味着你自己判断什么是正义之行为?或者,它仅仅意味着给予每个人恰如其分的报答,但是谁能最清楚地知道每个人恰如其分的报答是什么?(或许,有些人活该受到不正义的对待。)柏拉图给出了正义的各种不同的、相互矛盾的定义——在传统之事上保持虔诚;保持公平;给人们恰如其分的报答;使人们获得对自身有益之物。这些定义直到今天还十分具有影响力。

在《理想国》的第一卷中,苏格拉底和他年轻的朋友格劳孔及阿德曼托斯试图理清这些复杂的定义,但是他们似乎并没有得出什么结论。在一个充满挫折感的高潮部分,那个饥肠辘辘、狼一样的诡辩家色拉叙马霍斯在一片唇枪舌剑中跳出来，提出了一个令人震惊的想法：正义仅是强者的利益。强大的人，那些掌权的人，做出一些彻头彻尾、毫无同情心的不正义之举；但是他们成功了，因为他们最擅长假装正义。我们要是相信他们的把戏，我们就是愚蠢的傻瓜，色拉叙马霍斯大声嚷道。他说道，我们应该努力使自己成为强者，致力于哄骗别人相信我们的正义性，那样我们才能蒙蔽他们。这就是色拉叙马霍斯定下的调子：表面的正义要优于内在的正义，因为内在的正义意味着要沦为非正义人士（那些当权者）的受害者。

色拉叙马霍斯将正义解读为纯粹的虚假伪装，这种解读充满了对权力的渴望，刻意阻挠了《理想国》的对话进程。苏格拉底明显地感到不安，并着手进行反驳。在《理想国》第一卷的结尾处，苏格拉底开始了一个陡峭的上坡过程：他认为，哪怕这个世界用折磨或杀戮的方式惩罚正义之士，正义都对人有好处。苏格拉底在正义的问题上成为一个叫嚣的绝对主义者。但是，尽管他做了努力，我们到第一卷的结尾时仍然不知道什么是正义。而且哪怕到《理想国》的全书结尾时，我们仍然不知道，至少不能确定，什么是正义。在《理想国》中，柏拉图并不是想要提供一个正义的严格定义，而是想表明，尽管我们围绕着这个钟爱的概念做了各种争辩，为什么我们仍然不能找到一种有说服力的方式来定义它，一种大家都能接受的定义。大家唯一达成共识的是，我们都希望找到那样的定义。

柏拉图在与"正义"一词的角力中产生了挫败感，但这对读者而言有着高昂的回报。紧跟柏拉图的步调，你就会逐渐开始用崭新的目光来看世界。就像正义一样，你也难以用一句话概述柏拉图的其他关键词语——真理、美、爱欲。相反，柏拉图处理这些词汇的方式将会在你的内心延展，并且随着你更加仔细地琢磨他的话，进而影响你的思维方式。

当你阅读柏拉图、马基雅维里、柏克之类的作家时，因为他们高度依赖模棱两可且经常重复的词汇，所以你首要必备的品质是耐心：你必须追踪这些作家使用的关键词汇，观察它们不断变化的表象。你将获得丰富的回报:你会从全新的角度生动地感受到这些重要词汇能够表达的意义,以及作者是如何使用这些词汇来实现他们的核心工作——为读者打开新的思考角度的。

规则九:发现作者的基本思想

你要督促自己去发现激励作者创作的基本问题。这或许是所有规则中最具挑战性的一个。通常,它要求你对这位作者的作品有长期接触。你不能立即就实现这一点,但是,随着时间的投入,你将越来越接近作者创作时的鲜活内核(他作品背后的基本思想)。

请想象有个人这么问你:"你正读的那本书是讲什么的?"接着,请尝试解决这个问题,找到那个最深入、最能给你带来收获的答案。你需要思考这一问题背后隐藏的各种可能性。乔叟的《坎特伯雷故事集》讲的并不是一群前去朝拜圣托马斯的朝圣者的故事,这只是它最微不足道的意义。相反,它讲的是我们如何一面欣赏人的个性,一面又嘲讽地注意到他们太过典型的人性弱点,这样做的结果就是共鸣和讽刺共存,互为注解。共鸣来自乔叟笔下那些富于同情心的朝圣者兼叙述者;讽刺则来自作者,他站在他笔下的叙述者的背后,安静地指出该叙述者的短视之处。

一位作者通常可以被挖掘出多个基本思想。当你尝试界定作家的基本思想时,你并不需要找到唯一正确的答案,而是要找到你能发现的关于一本书及其作者的最根本的真理。你可以把莎士比亚的作品解读为一种对英雄、好战的价值观的抨击;或者解读为一部长长的男性反抗史,他们试图摆脱对女性的依赖,这种反抗直到莎士比亚的晚期罗曼史中才逐渐让位给和解。评论家各执一词:前一种解读得到了马克·埃德蒙森的支持;第二种解读则有 C. L. 巴伯和理查德·惠勒的拥护。两种解读谁也不能完全否定对方。

我们最伟大的思想家之一柏拉图曾集中关注了希腊悲剧的基本思

想,他对悲剧的这种艺术形式表示出极度的怀疑。柏拉图质疑悲剧的动机:它的目的是什么?它为什么受欢迎?以及它试图说服我们相信什么样的世界观?这看起来似乎是一种奇怪的思考艺术的方式——把艺术看作是一种途径,用来说服我们相信某一特定的世界观是正确的世界观——但这就是柏拉图的方式。

据柏拉图的分析,悲剧是最佳的民主艺术,因为它宣扬的思想是最为多数人接受的思想:最强大的生活是最好的生活。"让一切事情服从自己灵魂意愿的要求而发生":在这个摘自《法律篇》的句子中,斯蒂芬·萨尔克弗看到了理解柏拉图的悲剧运作概念的关键所在。悲剧中英雄的牺牲,以一种矛盾的方式满足了这种对个人权力的幻想。每当我们阅读悲剧剧本或观看它的舞台演出时,即使英雄被彻底击败了,他的命运仍然增强了我们对强有力的统治的欲望。我们希望克吕泰涅斯特拉杀死她的丈夫阿伽门农,并令他的血如雨倾泻而下;我们希望俄狄浦斯自戳双眼,脸上流着鲜血仰天长啸。我们对这些残忍的情景享有支配权;我们感到满意。

我们从柏拉图的话中得到的暗示是,荷马和其他的悲剧诗人是蛊惑民心的政客:他们教导读者的是,最大的善就是按照自己喜欢的方式活着,权力和掌控就意味着幸福。用复杂的辩论在语言上击垮你的对手,由此获得的喜悦是巨大的,就像在战场上杀死他一样,而这正是荷马的史诗英雄们为之欢呼雀跃的胜利高潮。当我们观看或者阅读悲剧时,我们感受到一种恶意的满足,而不论其中的英雄是被摧毁了(像索福克勒斯的俄狄浦斯),还是胜利了(像埃斯库罗斯《俄瑞斯忒亚》中的俄瑞斯忒斯)。索福克勒斯的《厄勒克特拉》颂扬了女主人公对自己邪恶的母亲克吕泰涅斯特拉的复仇,由此充分煽动起了观众灵魂深处的复仇思想。这就是悲剧常用的手段,这种颇具说服力且激情洋溢的震颤令柏拉图非常反感,他认为这种手段十分讨厌,也十分危险。

至少在《厄勒克特拉》中,索福克勒斯自己似乎承认了柏拉图的批评观点。索福克勒斯的合唱团过度表扬了厄勒克特拉的胜利,将之看作是一种睿智的行为,而不仅仅是一种对敌人的惊悚复仇。索福克勒斯揭示了,在对悲剧合理性的论证和对悲剧的真实体验之间存在差距。索福克勒斯暗示,悲剧宣泄的情感十分强烈,具有破坏性,而这种情感和我们为了论证它的合理性而提供的辩护有着重要的区别。辩护之词只能排在第二位,它提供了一个乏善可陈的借口,使得悲剧的观众可以放心地沉溺于对权力的情感宣泄之中(这是第一位的)。当厄勒克特拉得意于她母亲的死亡时(当时她弟弟俄瑞斯忒斯正在实施血淋淋的杀戮),她并不睿智,而是语带嘲弄、心中狂喜:她击败了迫害她的克吕泰涅斯特拉,心中充满了从扭转乾坤中得到的神一般的满足。索福克勒斯的《俄狄浦斯王》中也存在这种分裂,观众的真实感受和论证这种感受的合理性解释并不一致。我们从俄狄浦斯的痛苦中获得享受,并不是因为我们认为他错了,而是因为我们强烈地感受到他的弱势地位。俄狄浦斯的弱势(他被难以解释的残酷命运摧毁的事实)给我们的灵魂提供了食粮。这种感觉永远无法用俄狄浦斯受到神惩罚的原因来解释,因为他的受罚压根就没有原因。索福克勒斯知道在真实感受和合理性解释之间存在撕裂——这是隐藏于《俄狄浦斯王》和《厄勒克特拉》背后的基本思想。

如果我们将耶稣看作一个文学叙述者,那么他的激情和希腊悲剧英雄的情感之间的区别就在于,基督教的故事中不存在希腊悲剧故事中的那种真实情感与理性判断之间的割裂。当我们阅读有关耶稣殉道的故事时,我们感受到的情感和对他至高无上的重要性的领悟是一致的。在预兆耶稣受难的客西马尼园场景中,路加这么描述耶稣:"耶稣极其伤痛,祷告更加恳切。汗珠如大血点,滴在地上。"(《路加福音》22:43—44,詹姆斯国王钦定版)面对即将到来的悲剧命运,耶稣的回应是祈祷,向天父祷告;而且,文本暗示,我们也应该回应这位英雄的痛苦。我们要理解这个故事真正的、神圣的意义;而耶稣的激情深化了这一重要性。《圣经》故事的情感与解释之间并不像索福克勒斯的剧中那样存在断层。灾难性的场景和包罗万象的意义两者连贯一致,人类通过神之子的死亡而获得救赎,这就是基督教福音的基本思想。

荷马《伊利亚特》的基本思想则完全迥异于四福音书的思想,以及索福克勒斯的思想。荷马暗示,我们需要诗歌艺术本身来改造纯粹自然的人类命运。我们难逃宿命,终有一死,但是我们有机会获得荣光,而这个机会只有荷马的诗歌技艺能够给予我们。不过,荷马补充道,艺术并不能否认死亡这一不可驯服的事实;他的诗歌承认,自然以其残酷的力量胜过艺术。

自然隐现于荷马笔下的战场,它致命的意味显而易见。我们在《伊利亚特》的开篇第一页就见到了自然,当时荷马用残忍的讽刺语气把笔下死亡战士的尸体描绘为"野狗和飞鸟的战利品"。"战利品"一词(希腊语是 helôria)在这里是一个残忍的玩笑话。《伊利亚特》中的典型战利品是死去英雄的盔甲,他的敌人获胜之后将盔甲从他的尸体上剥下来:对征服者而言,死去战士的盔甲证明了他的荣誉。《伊利亚特》的第一页提醒我们,秃鹫不吃青铜。野狗和飞鸟直接扑向尸体,急切地想要吞食它。它们对所谓的文化象征毫不在意,比如被征服者的闪闪发亮的盔甲,而获胜的战士却会将它举得高高的,以获得同伴的仰慕。如果你是荷马笔下的一位战士,不论你是站在希腊一方还是特洛伊一方,你的职业生涯的意义全在于战场上勇敢的杀戮,以便一战成名,威震四方,哪怕年纪轻轻便战死沙场也不足惜。自然会将你分解为一堆逐渐腐烂的骨架,和任何其他正在腐烂的尸体完全一样,没有丝毫不同。这就是为什么,荷马这位保留英雄名望的艺术大师,需要将死亡转变为诗歌艺术的原因。然而,请注意这则警告:荷马一直知道,并且含蓄地告诉我们,死亡与艺术没有丝毫的关系;当死亡以其自己的方式(这种方式当然是一锤定音、无可更改的)实现时,死亡总会胜出。

荷马的《伊利亚特》依赖于反讽,作者以这种方式了解并告诉我们死亡与艺术之间不可逾越的距离。一个例子是赫克托尔的战车御者克布里奥涅斯的死亡,杀死他的是帕特罗克洛斯——阿基琉斯的好战且极具杀伤力的挚友。在帕特罗克洛斯死亡时,阿基琉斯以一种极端的、否定生命的伤感来哀悼他。帕特罗克洛斯顶替不愿意上战场的阿基琉斯来到战场,在被杀之前充分展示了他引以为荣的武力。作为阿基琉斯的替身,他在战场上充分展示出阿基琉斯风格的无与伦比的暴力,而且还像诸神一样,喜欢用恶意来增加胜利的快感。帕特罗克洛斯用一块尖锐的石头击中了克布里奥涅斯,砸碎了他的头骨,把他的眼球都挤了出来。克布里奥涅斯"当即翻出精制的战车,/活像一个潜水员"[1],荷马这么告诉我们;而且帕特罗克洛斯这么嘲笑他:

> 看这人多灵巧,多会翻跃!
> 他如果有机会去到游鱼丰富的海上,
> 准会让许多人吃个够,从船上潜进海里
> 摸来牡蛎,也不管大海如何咆哮,
> 灵巧得就像刚才从战车跳到地上。

这一段野蛮的话还不够。下一刻,荷马告诉我们,帕特罗克洛斯像一头受伤的、疯狂的狮子一样扑向了克布里奥涅斯的尸体。

在其简短的话语中,帕特罗克洛斯的讽刺是扬扬得意的。他对着克布里奥涅斯的尸体宣称,远离战争的克布里奥涅斯或许会成为一个擅长摸牡蛎的潜水员:这是一个卑贱、安全的职业,需要很高的技巧。帕特罗克洛斯迅速且毫不留情地杀死了克布里奥涅斯,但他现在却告诉这名御者:你死得很有技巧。

当帕特罗克洛斯评论克布里奥涅斯死得优雅时,他是在开一个傲慢的玩笑。克布里奥涅斯并没有打算用灵敏的燕式跳水动作给杀死自己的

---

[1] 选自《伊利亚特》,罗念生、王焕生译,人民文学出版社,1994年,下同。

敌人留下深刻印象,他的俯冲纯粹是个意外。帕特罗克洛斯给他带来了死亡,在死亡冰冷的面孔面前,艺术性的行为是他头脑中最不可能考虑的事情。荷马对这一幕的杰出处理展现了他在反讽艺术方面高超的才能。对于这位有史以来最伟大的史诗诗人而言,反讽是他能被最快辨认出来的标志性特色。当帕特罗克洛斯扑过去争抢克布里奥涅斯的盔甲时,他被比喻为一头狮子。狮子是所有掠食者中最冷酷无情的:野性、狂暴、毫无艺术性可言——与牡蛎潜水员形成绝对的反差。帕特罗克洛斯对克布里奥涅斯的胜利,表明了荷马的基本思想:艺术性是诗人的信条,但是在死亡的力量面前,它的立场十分脆弱。死亡这头贪婪而饥饿的狮子,才是真正的主宰者;它消解了艺术的一切宝贵设计。此外还有一个悲剧性的转折:在大约一页的篇幅之后,赫克托尔将被比作狮子,他杀死了曾经取得短暂胜利的帕特罗克洛斯,而赫克托尔的行为随即将招来阿基琉斯的凶残报复。

现在让我们转到一个更为现代的例子,看一看现代作者的基本思想。W. B. 叶芝的作品紧紧围绕着爱与英雄主义的两极而展开。叶芝在一生中至少挖掘了两个基本思想,而且这两者均带有极大的反讽意味。第一个思想:借用叶芝的原话,性爱的悲剧是"灵魂的永远贞洁"。我们期待着被爱改变,但是我们始终是最初的自己:青涩的、贞洁的。叶芝对茅德·冈爱慕一生——他在23岁时遇到她,叶芝写道,"我一生的麻烦开始了"——最终却没有实质内容,因为茅德和叶芝谁也不能打破僵局,打破那个保持贞洁的理想主义。叶芝不能凭着他对茅德的爱情上升到更高的真理,就像但丁凭着他对比阿特丽丝的爱所做的那样。

叶芝的第二个基本思想与第一个有关,不过涉及的是英雄而不是情人。叶芝相信,英雄可以呈现真理,但他并不知道真理。这对叶芝而言是格外惨痛的反讽,因为他始终坚定不移地追求自我认知,但事实上从未能够实现它。你必须得扮演一个角色,为自己制作一副面具或者一种人格。你用来加入争吵的面具总有一些英雄的色彩,因为它通过行为展示你的内心。但是,因为你是你自己生命中自我塑造的英雄,不可能知道生命的终极真理——你只是在扮演它——所以你一直受制于一种反讽,它既产生赞美,也产生挫折。对叶芝而言,英雄的角色扮演总是以一种意气风发的形式自我愚弄,所以不论多么高贵的行为,最终注定要以失望告终。但是假如没有这种失望,我们将只有激情的循环重复:一场不真实的、无休止的梦幻。失败令我们得到净化;我们需要这一私人的炼狱。叶芝认为,人类的欲望、人类的激情必须得在单纯的自我爱护、自我珍惜之外从事某些其他行为:我们必须遭遇真相的坚硬岩石。不过,真相一直是我们无法完全理解的东西;我们仍然是在扮演一个角色,并因而被幻象所包围。让梦想牢固可靠,使之成为某种坚定的信念,这是叶芝的目标;但是令他在幻想中不断折戟的反讽之事又使得我们折返回梦想本身。

对叶芝产生全面影响的威廉·布莱克,是又一个围绕着某一中心思想建构自己作品的作家。如果你有孩子,你会倾向于相信布莱克(他本人并没有孩子)是最重要的作家。这不是因为他有一种孩子气的幽默,尽管他有时确实如孩子般傻里傻气并引以为豪。相反,布莱克淋漓尽致地表现了一种坚毅、闪耀的智慧,因为这个原因他有时表现得多少有些不近人情。他经常流露出恶意,而不是同情。但尽管如此,他强有力地表达出我们的童年感受及其影响。我们不断地渴望将天真和经验区分开来,布莱克对此表示担忧。他明白这种区分在哪些方面使我们痛苦,并从中看出征兆,说明这种区分不甚妥当。布莱克的《天真与经验之歌》经常被误读。人们以为这些诗歌旨在颂扬这两种状态之间的区分:幸福的孩子和冷酷悲观的成年人。但是,布莱克是在抨击这一区分,而不是颂扬它。他使用了一种反讽的模式来实现他的抨击:在《天真与经验之歌》中,作者并不同意笔下诗歌叙述者的观点。在布莱克的诗歌中,说话的是一些被困的人物,他们的意识被困在自己制造的囚笼里。有些囚笼是天真的,而有些则建造在经验的严酷地带上。但它们都失之偏颇,因而布莱克拒绝接受它们。

布莱克率领我们超越他所称的劈裂的谎言,也即认为生命永远分裂为孩子的天真、新鲜、脆弱的世界和成年人的不断受挫、充满恐惧和罪恶的世界。万一这种二分法的思想本身就是一种奴役我们的手段怎么办,在布莱克看来,它告诉我们的信息是圈套,是冷酷无情的虚假信息:它认为自由和创造力只属于童年时代,而且最终会屈从于现实的悲伤王国;它还认为这个悲伤王国,这个成年人的灰色世界,是唯一可以想象的现实。布莱克提出了一种更高等级的创造力,它的存在超越了天真与经验的二元区分。他希望我们解放自己,冲破被规则束缚的二分法的制约,我们正是由于缺乏想象力才将这种二分法强加于我们的生活。他声称,这样的创造力能够拯救世界,"因为活着的一切都是神圣的"。

布莱克和叶芝一样,也和荷马一样,将他所有的精力聚焦于一个或几个基本思想,这是一个关乎想象力之生死的问题。等你足够了解一位作者,你会日益被他或她的基本思想所吸引。它是燃烧的火焰,照亮了这位作者书写的每一部作品,并赋予它们生命。

规则十:保持质疑

当你对书中角色做出判断时,你应该保持质疑态度。太多情况下,你还没有读多久就已经做出判断:哪些角色你喜欢,哪些角色你不喜欢;谁是坏人,谁是好人。这样的简单判断会妨碍你达到足够的阅读深度。你最好抵制这样的简单判断,因为所有的好作家都希望挫败你对简单意义的渴望。《李尔王》中的埃德加似乎是个高贵清白的角色,而他的弟弟埃德蒙似乎是个无情的恶棍。但是,埃德加没有向他的父亲格洛斯特表明自己的身份,负上了以怨报怨的罪行;而埃德蒙在全剧的最后有向善的转变,令他自己和我们都颇感意外。李尔王的两个女儿戈纳瑞和里甘在该剧的第二幕中是女魔头的形象,但是在第一幕中戈纳瑞抱怨李尔王的那些喧闹骑士的话语相当合情合理。李尔王本人可以被看作是一个近乎神圣的被迫害者,或是一个专制的、完全不近情理的父亲。不论我们想怎么评价《李尔王》中的角色,这部剧都让我们意识到还有其他相反的阐释可能性。在阅读莎士比亚戏剧的过程中,我们必须对自己挑选喜好的倾向保持质疑。

为了证明我们有必要在阅读时保持质疑,我拟举荷马的《奥德赛》为核心案例。荷马和《圣经》构成了西方文学传统最主要的两个源头。尽管荷马的风格开放,如阳光照射般清澈,但他也为读者设下了一些陷阱。他强迫你对自己的阐释欲望保持警惕。在这里,我将集中讨论荷马最辉煌的创造:奥德修斯。这位传奇漫游者和坚韧不拔的奋斗者是《奥德赛》的中心人物。荷马用奥德修斯的一生,警告我们不要太过简单地看待问题。《奥德赛》要求我们怀疑自己的仓促判断,我们不能仅凭本能就去表扬或批评角色,不能简单地将其视为明确且一成不变的角色。

作为一个读者,你能从《奥德赛》中获得最令人满足的阅读体验。它拥有一切要素:冒险、战争、爱情和婚姻、令人炫目的讲故事技巧。荷马的奥德修斯占据了故事的中心位置,但是在我的评论中,我还会考虑那些向裴奈罗珮求婚的人,那些在奥德修斯在海上漂泊的20年间占据他房子的聒噪闹腾的求婚者。在求婚者这个例子中,就像在奥德修斯的例子中一样,荷马让读者保持警惕。他强迫我们沉思并改变对他创造的人物做出的判断。换言之,我们本能地以片面、轻率的方式来阅读,倾向于把角色划分到简单的范畴里,并给予他们我们认为他们理应得到的待遇,但是荷马令我们质疑这种阅读欲望。

在本书对《奥德赛》的分析中,我将涉及几个希腊语词汇。我的本意不是令不懂希腊语的读者感到自卑——荷马的《奥德赛》不论用什么语言来读都是绝妙的体验,而且已经有数以百万计的人虽然丝毫不懂希腊语但也喜欢并理解了这本书——我的目的是让读者感受一下荷马的遣字用词是多么微妙和精确。

在奥德修斯的性格问题上,《奥德赛》本身就有争论,争论的内容集中在他的主导性格上：他的聪明。（许多读者都知道,该诗开头的祷文给奥德修斯冠上了一个形容词 polutropos,意为机敏的人。）荷马督促我们逆向阅读,去反击《奥德赛》中频繁出现的对奥德修斯无与伦比的聪明所做的强调,并发展出一个相反的感受：聪明有的时候或许会被证明是无用的。诗人邀请我们加入争论,讨论他最复杂的英雄奥德修斯,也讨论史诗里的其他人物。《奥德赛》里道德的复杂动态变化,鼓励我们要避开对其中人物做非黑即白的简单判断。善与恶和聪明一样,在荷马笔下是复杂的事情。

在《奥德赛》的头几页中,雅典娜在宙斯面前替奥德修斯求情,宙斯欣然接受：奥德修斯的聪明在凡人中无人可及；而且他还总是敬祭最好的祭品。在我教授《奥德赛》时,大多数学生都迅速接受了宙斯和雅典娜的观点,认为奥德修斯值得特别对待,他狡猾的心智使他配得上这一待遇。奥德修斯肯定比他的手下人都更聪明狡猾,在《奥德赛》的开篇祷文中,他的手下人被称作笨蛋,诗人谴责他们吞食日神的牧牛（这是奥德修斯遭遇的众多不幸事件中的一件,正是这些事件延误了他从特洛伊返家的旅程）。奥德修斯还远远胜过在劫难逃的埃吉索斯,后者因为阿伽门农的故事而闻名。埃吉索斯在《奥德赛》里并没有出场,但是在这部史诗的第二页上他被认为是个傻瓜,因为他违背诸神的警告,仍然侵占了阿伽门农的妻子和王国。在《奥德赛》中,愚蠢和聪明成为明显的支配性概念,而奥德修斯本人则似乎是最聪明的人。不过,我在下文将会解释,荷马的打算是要令聪明和愚蠢的对立成为一个复杂的问题,而不是一种明晰的区分。

随着《奥德赛》临近结尾,奥德修斯最终乔装成乞丐回到位于伊萨卡的家中,这一部分格外地突出了奥德修斯熟练的操控手段和其他人的笨拙行为之间的强烈对比。当然了,最笨的人非裴奈罗佩的求婚者莫属了。我们知道奥德修斯一定会赢,因为他极其聪明,而那些求婚者一定会输,因为他们(看起来似乎)都是纯粹的傻瓜。头脑灵活,再加上对诸神表示了恰当的敬畏（表现在丰富的祭品上），这就意味着奥德修斯掌控了情节：他天生是赢家。此外，还有一个含义更模糊的例子：在《奥德赛》中，聪明本身就值得嘉奖，哪怕它除了自我展示之外不会带来任何实际利益。一个关键性的例子出现在第八卷，瘸腿的铁匠之神赫法伊斯托斯用一张精打密编的罗网诱捕了妻子阿芙罗底忒及其情人阿瑞斯，并将他俩扭动呼喊的样子展示给众神看。他期待着众神的表扬，但是众神却嘲笑他，而不是嘲笑那两位被困住的恋人。因为这是属于奥德修斯的史诗，而他与铁匠之神赫法伊斯托斯都是狡猾的策划者，因而我们会本能地倾向于认为聪明的神会击败愚笨的神——然而与赫法伊斯托斯同列仙班的众神却取笑他，认为他不幸被戴了绿帽子，而不是嘲弄通奸的、愚笨的爱神阿芙罗底忒和战神阿瑞斯。

在《奥德赛》中，聪明不仅仅意味着擅长游戏，还意味着能遵守游戏规则。如果你聪明，你会遵守道德传统：善待客人、尊重诸神。那么，在表面上荷马似乎支持聪明，将之与敬畏交织在一起，并颂扬这两者的有效结合。作为一名长期教授荷马的教师，我发现关于《奥德赛》最常见的两类学生论文是：（1）奥德修斯获胜是因为他既聪明又在道德上站得住脚——不像那些求婚者，或者野蛮的食人独眼巨人波鲁菲摩斯，他们自身无知，还嘲弄恰当的 xeinia（敬客之道），因而既不聪明在道德上也站不住脚；（2）奥德修斯胜出是因为他很狡猾，而他在伦理上的缺点并不重要。（有时候规则必须被打破；不道德可以成为好策略。）第二类论文挖掘出《奥德赛》的不一致，但是还没有挖掘到底。我认为这个故事里还有更多的不一致可以挖掘。《奥德赛》敦促我们去质疑，奥德修斯是不是有时也是傻瓜，而那些求婚者有时也相当精明——而这就是**这部史诗**的聪明之处。这些品性的背离并不是单纯的失误；相反，它们暗示了愚蠢有时是不可避免的，而且为了生存下去，你需要的远不止聪明这一项。更有甚者，聪明还有可能令你陷入麻烦。比方说，你还需要偶然的好运气，也即诸神的支持。

换言之，荷马使我们怀疑，聪明和愚蠢是否真的具有我们希望它们具有的那种阐释力。或许与之相反，诸神愿意以他们的方式肆意妄为，不论我们的策略多么完备，在有些场合下它就是无法起作用。可能这一切看似道理浅显，而事实的确如此。但是，它之所以有趣，是因为它反驳了荷马最明确的强调，反驳了他为之做了无数铺垫的安排。诗人一遍又一遍地告诉我们，那些求婚者那么笨而奥德修斯那么聪明，所以后者就是一定会赢。然而，如我一直所说的，荷马还安插了许多线索，暗示这一切并不那么简单：他教导我们，要对他诗歌中最显而易见的声明保持质疑态度。

我后面还会再谈到那些求婚者，但首先我想分析一下《奥德赛》第三卷中的一个插曲：我发现这是个极其适合班级讨论的片段，也适合读者独自反复思考，因为我们通常会对它呈现的问题视而不见（在《奥德赛》中还存在许多这样的片段）。在第三卷中，荷马质疑了奥德修斯的聪明，并质疑了聪明的整体价值。在那一卷中，年迈睿智的奈斯托耳（他是荷马笔下最年迈、最啰唆的人物）在普洛斯跟忒勒马科斯说话，后者前来寻找他的父亲奥德修斯。奈斯托耳给我们，以及奥德修斯之子，讲述了希腊军队撤离遭洗劫的特洛伊的细节。他告诉忒勒马科斯，他与奥德修斯从来心心相印，只除了一件事情。就在特洛伊被洗劫之后，奈斯托耳说："宙斯想出一个计划，在他心中，使痛苦伴随阿耳吉维人的回归，只因战勇中有人办事欠谨，不顾既定的仪规。"[1]希腊人的错误（我们可以假定在所有战争中这些错误都十分普遍）导致雅典娜在希腊远征军的两个领袖之间撒下不和的种子，于是阿伽门农和墨奈劳斯兄弟俩召集了会议。就在这里，我们进入了奈斯托耳描述中的引人入胜的部分。他说墨奈劳斯希望希腊军队立即出海航行，而阿伽门农却

> 打算留住队伍，举办神圣隆重的牲祭，舒缓雅典娜的心怀，可怕

---

[1] 选自《奥德赛》，陈中梅译，译林出版社，2003年，下同。

的暴怒——这个笨蛋,心中全然不知女神不会听闻他的祈愿。

有一半的人追随着墨奈劳斯、奈斯托耳和奥德修斯出发了,奈斯托耳认为他们所有人都比愚蠢的阿伽门农更聪明。这支出发的队伍随即停靠在忒奈多斯,进行献祭,但是宙斯"谋策了另一场争端"。奈斯托耳接着说道:

> 其后,一些人,那些跟随奥德修斯的兵勇,一位足智多谋的王者[Odusea anakta daiphrona poikilomêtên],掉过弯翘的海船,启程回行,给阿伽门农,阿特柔斯之子带去欢悦。然而,我,带领云聚的船队,继续逃返,心知神明[daimôn]已在谋划致送我们的愁灾。图丢斯嗜战的儿子亦驱船回跑,催励着他的伙伴;其后,棕发的墨奈劳斯赶上我们的船队,和我们聚会。

(我在引文中注出了荷马对 daimôn 一词的使用,它定义模糊地指称操纵自我的统治精灵,或者神明。)对于奈斯托耳和图丢斯之子狄俄墨得斯而言,一切顺利,他们在神明的帮助下迅速返回家中。墨奈劳斯虽被大风吹偏了航道,却发现了令人难以置信的财富,并最终到达斯巴达,生活在那里,继续享受(如果这个词合适的话)他与海伦一度被打断的婚姻生活。

让我们试着来直接分析奈斯托耳的故事。他说,阿伽门农试图靠献祭来平息神的怒火,他就是个笨蛋;最好的办法是继续航行。但是读者肯定会反驳,阿伽门农的决定,其愚蠢之处只是在后来回视时才变得清晰起来,那时奈斯托耳和狄俄墨得斯已经顺利返家。《奥德赛》中有一条规则:给神明献祭是明智的,不献祭才是愚蠢的。而这个例子是一个令人费解的例外。奈斯托耳宣称他知道"神明已在谋划致送我们的愁灾",但这一说法当时在阿伽门农和奥德修斯看来是不可信的,奈斯托耳也只是事后诸葛亮。但是即使有后见之明的帮助,奈斯托耳的这个看法又说明了什么呢?诸神不想要献祭,反而回报那些拒绝献祭并尽快离开的人?

这个道理完全说不通。难道他们像生气的父母那样,在孩子们得罪自己之后,宁愿他们从眼前消失一会儿,也不愿意接受他们精心策划的道歉,因为后者或许在父母看来完全是出于自私自利的目的?

奈斯托耳在这里用一种奇怪的措辞来描绘奥德修斯:他是 poikilomêtês,一个头脑灵活多变的人。但这种变化多端导致他做出了错误的决定;他折返回去,而不是继续航行。奈斯托耳在费劲力气批评奥德修斯的同时还得向他的儿子赞美他,因此他的外交辞令产生了一个逻辑上的缺口。成为一个 poikilomêtês 的人是件好事(mêtis 是智慧,而 poikilos 是指某样复杂、微妙、不断变化并包含多种色彩的东西),只不过,这会导致你太过频繁地改变主意(就像奥德修斯在这里做的那样),使你在没有可靠的征兆指导时采取错误的行动。奈斯托耳没有像评价阿伽门农那样,称奥德修斯为"笨蛋"(这个老人几乎不可能这么做,他是在跟奥德修斯的儿子讲话!),但他的确不情愿地暗示了,智慧也能将你引向错误的方向,而且你是否知道自己在做什么,以及你是聪明还是愚蠢,这完全取决于后来发生的事情。所以,聪明只不过是一个标签,不论什么行为,只要最后成功了便会被贴上这个标签。聪明与否,取决于它的结果,它不是一个可以单独进行定义或衡量的品质。然而,据柏拉图记载,苏格拉底对荷马笔下机会主义盛行的世界以及变幻无常的诸神十分愤怒,他坚持认为聪明是可以被单独定义及衡量的。

《奥德赛》的第三卷从一个方面质疑了聪明和愚蠢的区分:有时,你身上的这些特点是不是仅仅是你自我奉承或者自我伤害的一种方式,你试图用以解释某一结果,但事实上它们并不真的具有阐释力。假如你是荷马笔下的希腊人(因为现在的读者都爱参与游戏),你会倾向于说"我真聪明",或者更少说"我真是个傻瓜"——但有可能你两者均不是。荷马知道这一点。

荷马还给我们提供线索,帮助我们认识到另一种类型的对聪明和愚蠢的质疑:在某一具体的人身上,这两种特性会不会比我们想象的更掺杂融合在一起？如果你这一刻聪明，下一刻又愚蠢，那么这些词就失去了区分力，不能像我们以为的那样提供足够的信息或者可靠的支撑点。荷马在《奥德赛》的结尾处利用了这一可能性，而且他处理得极其巧妙细腻。他再一次把质疑的艺术教给了我们。

所以，为了理解质疑是如何运作的，我们先回头谈谈那些求婚者，他们是我们容易憎恨的喧闹作乐者（这个故事堪称现代好莱坞复仇电影的原始版本）。在第十七卷中，雅典娜想要考验那些求婚者：让我们看看哪些求婚者对前来乞讨的乞丐（他当然是由奥德修斯乔装的）表现出善意，而哪些没有。诗人提醒我们，雅典娜不打算饶恕任何一个求婚者，甚至包括那些好的求婚者，但是尽管如此，她还是要考验他们。相当令人吃惊的是，除了那个卑鄙恶毒的求婚者领袖安提努斯，所有的求婚者都通过了考验：他们"个个拿出食物，用肉和面包填满他的兜袋"。

假如荷马想让我们相信，这些求婚者都是彻头彻尾的坏蛋，都活该被处死，他完全可以这么做。但是正相反，诗人强调了女神的不公平之处，并为求婚者说了好话。他十分巧妙地将质疑塞入我们的脑中：或许这些求婚者并不是那么坏（就像李尔王的骑士也不是那么坏一样，虽然戈纳瑞说他们很坏）。几乎每一位首次阅读《奥德赛》的读者在被问到这一幕时，都会错误地认为这些求婚者全体采取了同安提努斯一样的行为，也即，他们全都拒绝给予奥德修斯食物并且还羞辱他。真相并非如此！我们上了叙述者的当，他知道我们希望求婚者一直都是坏人，这种心情如此迫切，以至于我们会忽视故事中一些真实发生的细节。只有他们自始至终都是坏人（无情无义、卑鄙下作的狂妄自大者），他们受到的惩罚才会令我们完全满意。

我们期望我们看到的道德伦理从头到尾都是连贯一致的，但荷马希望我们质疑自己的这一冲动。这些求婚者并不是彻头彻尾的坏人，而且即使是我们珍爱的英雄奥德修斯，他也有缺点：他有时过于大胆和短视。在离开特洛伊之后，他以一种随心所欲、毫不容情的方式大肆屠杀：他洗劫了他到达的第一座城市(位于客科涅斯人的领地),杀死男人,奴役女人。而且奥德修斯在刺瞎独眼巨人之后还出言辱骂他,并公布了自己的名字,这才使得波塞冬(他是独眼巨人的父亲)得以追着他不放并进行报复。还有,奈斯托耳在第三卷里曾隐约提到希腊军队在特洛伊办了坏事,他们既不谨慎也不公正,这里面包括奥德修斯吗?我们喜欢将奥德修斯看作是出淤泥而不染的好人(不负责任的愚笨船员以及寄生虫一般的求婚者则都是淤泥)。但是在独眼巨人的那个故事中,却是奥德修斯的好奇心和莽撞将他的手下引向了死亡:做出决定要去探索巨人巢穴的正是奥德修斯本人。有关特洛伊战争和奥德修斯的返家旅程,荷马给我们呈现了难以理解的道德动态变化,而这正是荷马这一伟大史诗中最美的部分。这个困难增加了(而不是减少了)这部史诗的魅力。在阅读荷马以及许多其他作家时,读者应适当保持质疑,这种态度能增加他对书籍丰富的复杂性的理解,并能令他意识到书籍不仅考验它的人物角色,还考验它的读者。

规则十一:找到各部分

找到一本书(或者故事、诗歌、随笔)的各个部分将帮助你了解它的结构和它在论证过程中的重要转折。(即使一首诗也有论点,我将在规则十三"探索不同的道路"中用罗伯特·弗罗斯特的诗《圈套》进一步解释这一点。)读者必须理解一本书是如何组织的,哪怕他目前只读了仅仅几页。和好的侦探一样,读者需要保持警惕,追踪线索,发现作品的整体意图。我在前面已经数次提及的马基雅维里的《君主论》就是一本十分难懂的书。如果你感觉在一大堆令人困惑的历史逸事中迷失了方向,或者发现难以在不熟悉的人名、战役、政治阴谋、建议等的狂轰滥炸中理清头绪,那么让我来消除你的疑虑。我完全明白你的感受。解决的办法在于绘制一张包含全书各部分的整体地图,以便理解它是如何从一个阶段行进到下一个阶段的,以及为什么会这样。

  在本规则中,我将展示一部作品的结构是怎样的。一旦读者学会慢阅读和关注细节,他就能发现作品的结构。发现作品中的重要变化十分关键:它可以是主题的改变,或者(在长篇或短篇小说中)时间和空间的改变,或者(在诗歌中)氛围的突变。读者应该有能力挑选出宣告此类变化的关键句子,或者宣告该书(或者诗歌、短篇小说、随笔)新部分开始的关键句子。我将集中精力只讨论一个例子,但是我在讨论时使用的分析方法适用于各种各样的其他作品。

  《醋栗》是安东·契诃夫最受读者欢迎的短篇小说之一。在本节随后的篇幅中,我们将把这个故事拆解开来,看看它是如何运作的。契诃夫的这个故事依赖叙述的枢轴点,即转折的关键时刻。作为一个短篇故事高手,契诃夫令读者微妙地感知到《醋栗》的结构——它老练、精美的架构。契诃夫的方法或许看起来比较随意,但实际上其故事的结构整齐有序,甚至精巧对称。我们将会看到这一切是如何运作的。你需要留意关键的主题、词汇和意象,作者用它们来吸引你的注意力,并令你注意到你已经进入故事的一个新阶段。契诃夫拉你衣袖的手或轻或重,但你总能感觉到。

  像契诃夫的大部分作品一样,《醋栗》是一个奇怪的混合物,同时包含了积极健康的和忧伤的内容:它刺激我们不断思考,但也促使我们去接受这个世界的行为方式。对事物的既定方式是心怀不满,还是欣然接受,这两种态度对契诃夫都有吸引力。他的短篇小说和戏剧的力量很难界定,但是这股力量会渗透每位读者,成为他们的一部分。在其作品中,契诃夫创造出一个属于他自己的国度,有着苦乐参半的气候,和变化多端、令人意想不到的欢乐的风景。

  在《醋栗》中,两个人物——兽医伊万·伊万内奇和他的朋友布尔金(他是位教师)一起在乡间散步,散了很久。接着开始下雨,他们去富裕地主阿廖欣的家里避雨。伊万·伊万内奇(下文将简称为伊万)讲述了一个有关他弟弟尼古拉的故事。尼古拉多年来都在城里的办公室工作,却一直梦想着退休后回到乡下。伊万描述了尼古拉最终如何过上了他梦想的田园生活,以及这种新生活如何改变了他。在《醋栗》中有四个主要人物:乡间漫步者伊万和布尔金,招待他们的主人阿廖欣,以及伊万的弟弟尼古拉——他只出现在伊万讲述的故事中。这四个人物相互平衡。契诃夫让焦躁不安的伊万和比他更心满意足的布尔金相抗衡。他还让两位地主——阿廖欣和尼古拉相抗衡:尼古拉声称,他对自己的生活感到很满足,但真正满足的其实是阿廖欣。

以上便是《醋栗》极简的情节概要和它的主要人物。不过,为了真正理解契诃夫的这个故事,我们需要找到它的结构。既然《醋栗》的篇幅只有几页长,我们很容易将其加以概括叙述,以便展示契诃夫是如何讲述这个故事的。以下是我对这部短篇小说各个部分相当详细的重述。(我以理查德·佩维尔和拉里莎·沃罗洪斯基的译本为我重述的基础。)

一、《醋栗》以天气描写开篇。伊万和布尔金知道大雨将至,但是他们太兴奋了,不想就此停止这次的乡间旅行。两人既疲惫又幸福,均感觉"内心里充溢着对这片土地的爱,两人都在想,这方水土是多么辽阔、多么美丽啊!"。

二、伊万准备开始讲他弟弟的故事,但是雨落下来了,所以两个人必须先找地方避雨。(这个弟弟,或者说伊万对他的感觉,占据了四至七部分的中心位置,是《醋栗》的高潮部分。)伊万和布尔金来到阿廖欣的庄园里避雨,庄园里有一座磨坊、一片池塘和一间浴棚。阿廖欣看起来像位教授或者艺术家,而不像有钱的地主。他穿着肮脏的白衬衫和沾满了泥的靴子,满头满脸都是灰尘。他生活得很节俭,并且很少上楼动用他待客用的那些漂亮房间。

三、伊万和布尔金进了阿廖欣的家,并受到阿廖欣家女仆的招待。女仆又年轻又貌美,令两个人都大吃一惊。女仆拿来毛巾和肥皂,三个男人都进了浴棚(在那里,邋遢的阿廖欣承认他已经很久没有进来洗过澡了)。尽管下着雨,伊万仍然在池塘里游了个痛快,又和岸上的几个农民交谈了一阵子,他感到如此惬意幸福,以至于他在阿廖欣和布尔金的催促之下才返回房子里。

四、现在三个男人上了楼,来到阿廖欣很少来的客厅。他们都洗过澡,穿着干净衣服,舒舒服服地坐下,漂亮的女仆给他们端来茶水。现在伊万终于开始讲他弟弟的故事了。他说他和弟弟在乡下度过了无忧无虑的童年,家里有一小份田产,后来在他们的父亲去世之后,这份田产不得不被卖掉以清偿债务。弟弟尼古拉被一份办公室工作拴住,却拼命地攒钱,从未停止幻想他有朝一日能在乡间买下田产,以及田产上仆人的下房、菜园……和醋栗。(醋栗和葡萄有点像,不过比葡萄更酸;醋栗在高加索地区长得格外好。)尼古拉怀着这份退休计划娶了一个"年老而难看的寡妇",强迫她和自己一起清贫度日。在她去世之后,尼古拉用她的钱和自己的钱在乡间买下了300英亩的土地。他在那里定居下来,雇用仆人,并种植了醋栗树丛。

五、伊万讲述的有关弟弟尼古拉的故事,在讲到自己一年前去弟弟的庄园拜访时达到了高潮。他发现尼古拉坐在床上,"苍老了,发胖了,皮肉松弛"。两兄弟相互拥抱,喜极而泣,同时又满怀忧伤,因为他们想到了他们曾经多么年轻,现在又多么苍老,将"不久于人世"。

六、伊万不以为然地描述了他弟弟作为乡间地主的行为。尼古拉遇到农民不向他表示尊敬时就会生气,而且他为他们做好事"不是实心实意,而是装模作样":治疗他们的病痛,并且在他自己的命名日(圣尼古拉节)给农民们每人半桶伏特加酒。伊万认为他弟弟是俄国农村典型的"胖地主"——一贯剥削和处罚自己的农民,但是偶尔也会给他们一些小恩小惠,以便赢得他们的奴性忠诚。对伊万而言,尼古拉是一个破碎的社会体系的象征。尼古拉把自己想象成一个贵族,但是伊万抱怨说:"我们的祖父是个庄稼汉,父亲当过兵。"

七、伊万的故事到了高潮部分,在他拜访弟弟期间发生了一个关键事件:从尼古拉的菜园里采摘的满满一盘醋栗被端了上来。尼古拉极其感动,泪汪汪地凝望着那盘醋栗,吃的时候带着小孩子的兴奋劲。伊万告诉我们"果子又硬又酸",但是对尼古拉而言,它们是珍馐美味。这样的幻觉做到了真相所不能做到的事情:伊万意识到,尼古拉是个心满意足、完全幸福的人,因为他被幻想彻底欺骗了。这一发现令伊万"内心充满了近乎绝望的沉重感觉"。那天晚上,伊万在入睡前听到弟弟时不时去拿醋栗吃。现在,在阿廖欣的客厅里,伊万描述了他躺在弟弟家的床上辗转难眠时的想法:心满意足的人那么多,但是在这些场景的背后隐藏着贫穷、压迫、虚荣等惨状。幸福的人之所以感到幸福,只是因为不幸的人们在默默地背负着自己的重担。伊万想到,应该有人站在幸福者的门前,不断地拿小锤子轻敲,经常提醒他灾难迟早也会降临到他的头上。这样就能打破他的自满情绪!但是没有人拿着小锤子轻敲。日常生活的"小小烦恼"仅仅十分"轻微地"触动幸福的人,"就像微风吹拂杨树一样,一切都幸福圆满"。

八、伊万总结道,自从在弟弟的庄园里度过那晚之后,他对普通人在自由和教育方面缺乏改善感到愤怒。(契诃夫并没有明言,但是我们应该知道,尽管沙皇亚历山大二世于1861年解放了俄国的农奴,但他们的生活状况仍然十分凄苦,而俄国的知识分子高度关注如何改善农民命运的问题。)伊万坦承,城市的生活对他而言是个折磨;他无法忍受看见幸福家庭的场景。"我已经老了,已经不适宜当一名斗士,"他哀叹道,"要是我还年轻该多好啊!"阿廖欣还很年轻,伊万走到阿廖欣的面前,鼓励他不要让自己"麻木不仁",不要满足于自己的幸福。他告诉阿廖欣:"做好事吧。"伊万说这些话时"是带着可怜的、央求的笑容说的,仿佛他是为自己央求他的"。

九、伊万结束了他的故事以及随后的反思。契诃夫现在将我们带回那个豪华客厅的场景,三个男人在其中坐着——这时,阿廖欣实际上已经昏昏欲睡。契诃夫把他们的想法告诉了我们:阿廖欣和教师布尔金均对伊万的故事感到不满,他们觉得这个故事太乏味,不适合在这个漂亮的客厅里讲,客厅的墙上挂着"将军们和太太们"的肖像画,他们都曾经在这里坐着喝过茶。两个人均认为,这个房间本身,以及侍候他们的美丽女仆,比任何故事都更美妙动人。

十、两位客人(伊万和布尔金)来到他们的卧室,屋里有令人难忘的雕花木床、干净的亚麻被褥和象牙制的耶稣受难像。伊万说了一句"主啊,饶恕我们这些罪人吧!"——然后就盖上被褥蒙头睡了。布尔金躺着没睡着,试图弄清楚屋里一股强烈的味道是什么。原来是伊万的烟斗,他把它放在了桌子上。《醋栗》以这一句结尾:"雨通宵敲打着窗子。"

现在,我们十分精要地概括一下契诃夫这篇小说的轮廓:

- 伊万和布尔金一起在田野里散步；下雨
- 阿廖欣的庄园；洗澡
- 伊万关于弟弟尼古拉的故事；醋栗
- 伊万对生活的评论；客厅
- 伊万和布尔金在卧室；烟斗和雨

请注意，在关于《醋栗》的第二张凝练的图表中囊括了几个关键的路标（详见规则六"辨识路标"）。每个路标均提供了关于某一场景的鲜明特征。大雨结束了这个故事的第一个场景（伊万和布尔金在田野里散步）；伊万的烟斗和大雨结束了最后一个场景（伊万和布尔金在阿廖欣家上床休息）；描述三个男人洗澡的部分结束了对阿廖欣及其庄园的介绍；客厅及醒目的肖像画开启了伊万对社会的针砭。最重要的是，在伊万讲述尼古拉贪婪地吃着醋栗时，契诃夫总结了伊万对其弟弟的感情。契诃夫将他的故事分成若干部分，将这些具有特殊意义的路标安置在故事中的关键时刻。

你对这个故事的概括极有可能更接近我的第二个概述，而不是第一个。这是件好事情：第一个概述给出了全部的总结性描述，但是第二个概述实际上更有用，因为它向你展示了《醋栗》是怎么运作的——契诃夫是怎么给故事情节的每次推进配上一个重要的路标意象的。

这个故事的标题给我们提供了线索，帮助我们理解契诃夫最著名的意象——醋栗。尽管它们不名贵，但它们在尼古拉的田园生活梦想中占据了重要位置。醋栗或许很酸，但尼古拉在吃醋栗时只品尝到了愉快。吃醋栗的动作发生在故事的核心部分，在伊万讲述自己拜访弟弟庄园的故事中。这中间涉及的自欺欺人（酸果子之所以好吃是因为思想起了作用）点出了更大意义上的自欺欺人：尼古拉在他的农民面前假装贵族。尼古拉以为他的乡间生活是幸福的，但实际上它只是腐败的社会体系的一部分。

于是，醋栗成为契诃夫的核心主题。这篇故事中的其他幸福很有可能也都和尼古拉的醋栗一样，它们或许都需要依靠自欺欺人的想象力才能将令人不愉快的因素转变为愉悦。伊万在阿廖欣的池塘边与几个农民愉快地交谈：契诃夫并没有告诉我们他们谈话的内容，我们只有暗自好奇，伊万会不会也和他的弟弟一样，怀有对乡村生活的憧憬，幻想着被普通农民簇拥——这些农民只起到纯粹的装饰作用，是乡村生活的附属配置。（服侍他们三人的可爱女仆只是漂亮的摆设，而不是自身权益得到尊重的个人。）伊万在以下表象上和他弟弟十分相似：他由衷地喜欢乡间，也享受乡绅地主阿廖欣的热情款待。所以，或许伊万对有钱人之虚伪的抱怨也适用于他自己。他在小说的结尾处很戏剧性地突然陷入不满足的状态，这与其说是一种精神觉醒，倒不如说是片刻的良心发现，相当于一种减压阀，让他在批判的同时仍然还能享受自己的生活。他是读者熟悉的一种人物类型：享受好生活的左翼叛逆者。毕竟，伊万在《醋栗》的大部分内容里都是幸福的，一直到他在客厅里批评他弟弟时他才变得不幸福。醋栗隐藏酸味（某些不愉快的事实）并带来幸福，醋栗的意象辐射了契诃夫的整篇故事，而且它同样适用于他们兄弟俩，而不仅仅是尼古拉。

在我们开始讨论契诃夫灌注在关键意象（雨、洗澡、醋栗、客厅和烟斗）上的目的之前，我们可以先问一些关于故事结构的基本问题。想一想作者面临的各种可选项。契诃夫本可以让伊万在故事开头（他和布尔金在田野里散步时）便讲述他弟弟的故事，或者是他在池塘游泳、享受乡间乐趣时。但是，他一直等到伊万和布尔金在阿廖欣的漂亮客厅里坐下喝茶时才让他讲这个故事。对尼古拉的描写，需要用对阿廖欣的描写（这个满身灰尘、辛苦劳作的乡绅地主，以及他给客人们提供的舒适）来衬托。伊万对典型俄国地主的罪恶的批判，以及他认为需要唤醒民众，改正社会弊病的评论，一直到故事的结尾处才出现，那个时候阿廖欣已经昏昏欲睡，三个男人也快要上床休息了——换言之，那时，伊万面对的是不感兴趣、无动于衷的听众。

为什么契诃夫要这样安排《醋栗》的结构？伊万的故事一定要在阿廖欣在场时讲述，是因为契诃夫想要强调阿廖欣和伊万的弟弟尼古拉之间的对比关系，这个对比关系是这篇故事的主题。他们两个人都是乡间地主，管理着繁忙的庄园。但是阿廖欣亲自劳动，而尼古拉十分懒惰（伊万发现他弟弟坐在床上，过度肥胖，无所事事）。尼古拉滔滔不绝地讲述他对普通人的看法，而且十分重视他为自己发明的身份角色：他是一个慷慨而严厉的贵族、是手下农民的父亲。阿廖欣则似乎对这样的角色扮演没有什么兴趣；他不像尼古拉那样如此沉溺于幻想出来的自我满足。但是，阿廖欣同样对深深激怒了伊万的社会弊病无动于衷：在伊万大声谴责社会虚伪时，他睡着了。很重要的是，契诃夫对客厅的详尽描写令伊万的谈话黯然失色。令伊万痛苦的社会弊病或许并不那么令人难忘，还不如这个房间本身，不如房间里将军和太太的精美肖像画营造出的艺术感，不如他们生前在这个客厅里享受的高雅生活。

阿廖欣和布尔金懒洋洋地坐着，喝着茶，半心半意地听着伊万热情洋溢地讲述他那杂乱不清的故事。我们觉得契诃夫是站在他们一边呢，还是站在伊万一边？我们也能体会到他俩那种昏昏欲睡的满足感，还是相反支持头脑发热的伊万？每位读者必须自己决定答案，而且契诃夫尽其所能地让我们难以做出决定。假如我们简单地不理会伊万的愤怒，那我们就有点铁石心肠了，因为他讲的事情大部分是真的。不过，伊万仍然没能爽快承认他自己的品位：他也享受阿廖欣庄园的乐趣。了解社会的弊端，这是不是就意味着要远离自然给予人的感官慰藉，以及阿廖欣漂亮精致的客厅？

《醋栗》结束在每位疲倦的旅人都梦寐以求的卧室。我们几乎能感觉到自己躺在舒适的床上，盖着洁净清新的亚麻被褥。伊万刚刚呼唤大家要清醒过来，不要麻木不仁、昏昏欲睡，但他没法告诉他们如何才能展示他们的清醒——他们如何才能纠正社会弊病。契诃夫本可以在结尾处令读者再次联想起伊万的批评,但是他没有这么做。相反,通过聚焦于温暖舒适地躺着打盹的布尔金,他又将我们带回了我们都乐享其中的物质幸福。与布尔金和阿廖欣一样,关于伊万对生活背后的谎言所做的哈姆雷特式的谴责,我们也变得无动于衷。我们也变得昏昏欲睡,疲惫却幸福。

在契诃夫的安排下,他的故事被分解成一系列的部分,这种方式使得伊万的猛烈抨击(它高调地占据了故事的中心部分)在结尾处悄然褪色。《醋栗》的开头充满对乡村热血沸腾的爱意。它的结尾描述了同样令人难忘的精神慰藉。尽管结尾处还残留着对伊万那个心怀不满的故事的些许回忆,但是卧室里真实可感的温馨舒适战胜了这种不满。开头和结尾都聚焦于肉体感官,冲淡了伊万在中间部分发出的知识分子的激烈抨击。(详见规则五"注意开头与结尾")契诃夫以这种方式来安排《醋栗》的结构,目的是强迫我们做出判断:伊万的谴责是如何,以及在多大程度上具有重要性。

为什么故事要这样结束呢?布尔金失眠了,闻着伊万烟斗的味道,听着下雨的声音。我们需要在这里探究一下。一方面,布尔金的失眠显然回溯了伊万在弟弟庄园里的失眠。这两个人都因为微小的事情而难以入眠:伊万烟斗的味道和尼古拉在厨房吃醋栗发出的声音。布尔金最后思考的不是伊万谈论的内容,而是一个感官上的细节——烟斗的难闻气味,它远比伊万的话语逗留的时间长。伊万因为象征他弟弟自欺欺人的乡间生活的醋栗失眠,因此他躺在床上愤怒地抨击时弊,而布尔金则是因为一件简单的、令其好奇心作祟的事情而失眠:比伊万的简短演讲更持久的烟草味道。对布尔金而言,物质的世界比针砭时事的辩论更加有趣。而且雨又回来了,不论人们讨论和争辩了什么,雨都照常回来。天气和风景更为根本和持久,远甚于人类实现梦想的雄心(像尼古拉的那样)以及改变自己和国家生活的雄心(像伊万的那样)。雨在户外下着,带着一种温柔的声音。故事中的人物有着奢华的庇护所,不像令伊万焦虑不安的穷苦大众:那些受苦的人经历着风吹雨打,完全暴露在严酷的生活之中。

伊万渴望唤醒世界的意愿被挫败,他一直受挫的事实暗示了他激进的演讲来自一个痛苦的灵魂。他似乎并不确定,他是对自己的生存状态更为不安,还是对他谴责的富裕地主的生存状态更为不安。阿廖欣和布尔金兴致索然,完全无意剖析伊万,或者他弟弟尼古拉。相反,他们喜爱生活中令人感到安慰的现实存在:洗澡,在火炉旁喝茶,有个温暖的床铺,等等。随着我们看完这部短篇小说,我们的同情心被这两个阵营撕裂:制造麻烦的伊万,以及平静的现实主义者——布尔金和阿廖欣。如果说后面两者过于麻木不仁,那么伊万则似乎倾向于自我挫败,是个不安定的灵魂。

如果我们对契诃夫的生平有一些了解,就能对《醋栗》有更深刻的见解。契诃夫于1892年为他的家庭在莫斯科南部的梅利霍沃购买了一处乡下庄园。珍妮特·马尔科姆在杰作《解读契诃夫》中指出:"购买梅利霍沃的田产是契诃夫文学成就的终极呈现——它也体现了以下幻想(包括契诃夫在内的俄国的作家格外热爱讥讽这一幻想):乡间生活是解决生存问题的一个办法。"契诃夫清楚,认为乡间生活具有拯救力量的想法纯属幻想,然而他还是抱有这一幻想。《醋栗》是在契诃夫购买乡间庄园的大约三年前写作的。想必他一直在将自己比作尼古拉——那个被生活禁锢的弟弟,希望在乡下找到一种解放自我的生活。此外还有一个更大的转折:契诃夫自己的弟弟就叫尼古拉,他在契诃夫写作《醋栗》之前已经去世。契诃夫曾给这个弟弟写过一封信,在这封著名的信中,他控诉弟弟的一些粗鄙习惯(对别人颐指气使、乱发脾气等),并告诫他要改变自己的生活。所以,契诃夫显然也对《醋栗》中的伊万有所认同,他在自己弟弟的身上看到了一种愚蠢的自尊自大,并加以谴责。然而,正如我们上文分析过的,伊万远不是契诃夫这篇故事的主人公。读者对伊万的力量心存疑虑,通过这么塑造伊万,契诃夫质疑了自己在写给弟弟的信中对他的说教。

对这些生平背景的了解丰富了我们对《醋栗》的解读。而且如果我们接着读契诃夫写的另外两篇有关伊万和布尔金的短篇小说（《套中人》和《关于爱情》），我们对《醋栗》的理解会进一步深入。不过，在没有其他故事辅助的情况下，我们仍然十分深入地探讨了这篇故事；而且哪怕我们不知道我刚才提供的契诃夫的生平，也一样能读这个故事。比这些背景知识更重要的是，你要有主动去探索契诃夫是如何将他的故事分成几个部分的意识：他是如何令结尾呼应开头；如何用两个巧思（洗澡的场景，伊万的长篇大论）来圈出他故事的核心；如何将醋栗摆在故事的中心位置，将之当作一种象征物，来象征尼古拉对享受的虚幻却极其强烈的追求。我在上文中相当详细地分析了《醋栗》，不是为了暗示你应当对每部文学作品的结构都做如此细微的分析，而是向你展示你可以详细分析到什么程度，以及你在思考作品的各部分如何合力起作用之后能够获得的裨益。你越理解作者如何精心策划一本书（或者短篇故事、诗歌），如何将各个部分置于最合适的位置，如何令场景和意象相互应答，你就越能从阅读中获得更多的愉悦感。

规则十二：写下来

在你实践慢阅读的艺术时，在书页的空白处或者笔记本上（或者电子书的笔记功能提供的电子便笺上）写下你的点滴心得，这会十分有用。在这里，你可以通过多种方式直接回应你所阅读的内容：你可以总结它的要点，也可以说明这本书引导你想到了什么，它给予你的头脑什么样的启示。但是你必须留心作者的立场和风格。作者与读者之间的来回互动是双向的。这个对话虽然只发生在头脑中，但也至关重要。在这个对话中，读者有责任使作者始终保持兴趣。你需要提炼你的理解力，使自己成为一个优秀的诠释者。你应当尝试正确理解一本书，而不是匆匆将之变为你自己以为的某样东西。你这么做时所花的时间越多，你就越能成为一个优秀的诠释者。书籍本身有其内容要讲述,你必须先仔细聆听,才能与之展开对话。

少写点笔记也比一点儿不写强。我以下所举的是个极其详细的有关做笔记的例子,但是这并不意味着你非得成为一个痴迷的注释家才能展开深入阅读。

你的笔记是你与自己的一种对话,能在一定程度上替代其他书友,和你一起研习这本书。如果你能在班里或者读书小组里和其他人讨论你所阅读的书,你就享有一种优势。学校里的学生可以依仗老师或者其他同学的评论来自我肯定,并提高自己的洞察力。而当你独自阅读,而不是和班里或小组的其他成员一起阅读时,你需要一种不同的方式来发展你对书籍的理解:你与自己对话,评价自己对书籍的反应,以便使之变得更为丰富和复杂。

如果你将自己早期和晚期对同一本书的评价记录下来并加以比较,你会发现,起初的困惑不解已经被有趣的评论所代替,而那些不知所谓的问题也已经被更具实质意义的问题所代替。在随后几页中,我以阿尔弗雷德·丁尼生勋爵的诗歌《海怪》为例,举一个(纯粹假想的)"阅读日记"的例子,而且我会说明这位读者是如何以及为什么取得了进步。

在你成为一个热心的记笔记者之后,你就会拥有许多令人敬畏的同伴。英国浪漫主义诗人塞缪尔·泰勒·柯勒律治(他是《忽必烈汗》和《古舟子咏》的作者)毫无疑问是文学史上最令人难忘的书边批注者。他的书边批注已经结集出版,并且厚达数千页:这是一座珍宝库,里面满是精彩的批注评论,有时显得乖戾,有时不乏赞赏,有时表现出迷惑,充满了奇迹。查尔斯·兰姆(迷人的随笔作家、柯勒律治的密友)这么评论:"把你的书借出去;不过要借给像柯勒律治这样的人——他会以高昂的利息……归还这些书,用批注使之丰富,将它的价值提高三倍。"柯勒律治的另一位朋友罗伯特·骚塞(他是一位名气相对较小的诗人)用墨水笔重描了柯勒律治用铅笔所写的页边批注,以防止它们消失。

柯勒律治仅是善于做笔记的著名作家中的一例。约瑟夫·康拉德，这位波兰裔水手和后来的小说家，在19世纪90年代的一次航海过程中，因为无聊而又如往常一样开始独自阅读。他开始在福楼拜的《包法利夫人》的书页边角处填满评论，这些随手写下的评论最终逐渐演变成他的第一部小说《阿尔迈耶的愚蠢》。威廉·布莱克（他是最狂野、最具神启深度的浪漫主义诗人）是又一位擅长在书页的边角批注的著名作家。他的批注大部分是批判性的。当布莱克质疑正统思想最古板的支持者时，他的评论一针见血：他的页边批注硝烟味极浓，直接指向由18世纪的大师（例如乔舒亚·雷诺兹[1]，布莱克嘲笑他为"这个傻瓜们的院长"）树立的那些标准典范。

在关于书边批注的特殊历史上，一个引起恐慌的特别人物是詹姆斯·格兰杰牧师。他在1769年发表了《英格兰传记历史》，并盗用了其他书中的14 000多幅版画放在书中做插图。在这本书后来的版本中，格兰杰首创了空白页，邀请他的读者做同样的事情：从图书馆的其他藏书中偷取插图，并把它们贴到自己这本书的空白页上。这种破坏其他书来装点自己的书的做法成为一种潮流流行开来，被称作"格兰杰主义"（Grangerism）。在有些读者的手中，偷来的插图可以是对原文的一种怪诞的回应，也可以是对原文的一种延伸。格兰杰主义实际上是一种以视觉形式呈现的书边批注。值得庆幸的是，格兰杰倡导的这股劫掠习性虽然一度成为图书馆和私人藏书室的劫难，但最终逐渐消退，不再流行。

弗吉尼亚·伍尔夫则鄙视书边批注，她用的是笔记本。在一篇未发表的文章中（该文刻画了书边批注者的罪恶嘴脸），伍尔夫这么发挥她的想象（转引自H. J. 杰克逊的著作《书边批注》）："易怒的上校在书页的'被冒犯的空白处'发泄他的怒火；怯懦的神父引经据典地写上与书中内容相似的话语；多愁善感的女士在有关早逝的诗歌旁添上'粗粗的几行

---

[1] 雷诺兹于1768年创建英国皇家美术学院并出任第一任院长。

引人潸然泪下的文字',并把花朵夹在书页中间;迂腐的老学究则纠正印刷上的错误。"伍尔夫是不同寻常的少数派;大多数作者就和大多数读者一样,热衷于在书页空白处写下批注。纳博科夫在他阅读的福楼拜、乔伊斯和卡夫卡的书中做了大量批注,并将这些批注用于他在康奈尔大学的文学课程(后来这些文学讲稿还成书出版)。他在卡夫卡的书中批注说,这位捷克作家并非昆虫学家,他在描述《变形记》中格里高尔·萨姆沙变形而成的那只甲虫时犯了错误:它实际上是有翅膀的,所以可怜的格里高尔本可以飞走,逃离他那令人反感的家庭。

可能最引人入胜的要算约翰·济慈对弥尔顿的《失乐园》所做的批注了(学者贝思·劳曾以此为主题写了一整本书)。济慈的批注显示,灵感充沛、想象力丰富的头脑正在运转,不过这些批注同样也能引导我们这些普通人。在《失乐园》的第九卷中,当撒旦进入蛇的体内时,弥尔顿加了一句,"却不扰乱他的睡眠"(190—191行)。济慈十分擅长见微知著,他提醒我们关注这个细节。此时,他聚焦于撒旦的悲怆,做了如下评论:"对于这种窒息、这种囚禁——这种不情愿的静止状态——这种'等待终结',他的精神不痛苦吗?"济慈提醒我们关注撒旦此刻阴沉、愤恨但同时也十分痛苦的精神状态,他选择了一个凡身动物作为肉身,但同时还被迫保持安静以免惊醒他所寄居的这条爬虫。

济慈在阅读《失乐园》的开篇时联想起另外两部名著(但丁的《神曲·地狱篇》和莎士比亚的《哈姆雷特》)的头几页。为什么是这两本书呢?我们或许会问。和弥尔顿一样,但丁让他神圣的诗歌开始于地狱,而不是天堂;而《哈姆雷特》的故事开始于艾尔西诺城堡的可怕战墙上,并且还有哈姆雷特父亲的鬼魂在游荡。《失乐园》对但丁的参考是显而易见的,《哈姆雷特》与《失乐园》的关系却不是那么明显。但是接着,我们开始思考,或许弥尔顿的撒旦与哈姆雷特的父亲有相似之处:受刑罚之火的炙烤,并一定要复述自己的罪行。老哈姆雷特祈求他的儿子(那位阴郁的、魅力非凡的王子)为他复仇;撒旦在《失乐园》中集老哈姆雷特和小哈姆雷特于一身,既是要求复仇的父亲,也是实施复仇的儿子。撒旦孤身一人,还受到神谴,并且永远失去了弥尔顿笔下美好却沉闷、腻味的天堂。他宣称要书写自己的历史;他成了一个复仇者,而他的行为对他太过诡计多端的头脑产生了作用。在《失乐园》的头两卷中,撒旦和堕落天使们花费了大量精力讨论如何最有效地向上帝复仇。年轻的哈姆雷特在剧中也把大量的时间花在类似的思考上,他尝试发明出一种合适的复仇途径。他本可以杀死他的叔叔克劳狄斯,但相反,他一再耽搁,以便设计一场拥有配得上他想象力的那种令人眩晕的、不可思议的高度的密谋。

济慈可能是在暗示,哈姆雷特的空想和撒旦的一样,是魔鬼特有的。哈姆雷特是一位思维敏捷的思想家,喜欢沉思,反应像闪电般迅捷。他的讽刺不仅极其有趣而尖锐,他还对暴力有着强烈的嗜好。他扬扬自得地宣布:"现在我可痛饮热血。"他一剑刺死波洛尼厄斯且毫不后悔。和撒旦一样,哈姆雷特的怨恨即使在全剧的结尾处仍然未能得到平息。不过,和撒旦不一样的是,随着剧情的发展哈姆雷特并未被贬低,而是得到了进一步的颂扬。

济慈在其书边批注中并没有谈到我上文所述内容。他仅仅提到可以将《失乐园》和《哈姆雷特》的开头进行比较。但是,这种比较的隐含性力量使之成为源源不绝的兴趣源泉,允许我对济慈的注解做进一步解释。你的书边批注或许不如济慈的那么引人入胜,但是它们对你而言十分有用,而这就是意义所在。

让我们用《海怪》一诗来作文本,阐释如何做笔记。这首诗是伟大的丁尼生最早的经典诗歌之一,诗人写作它时仅 21 岁。你只要读过《海怪》,就会记住它;它是这位诗人最令人震撼、最易读的作品之一。这首诗的主角是丁尼生在挪威神话中发现的一个奇怪的海中生物,丁尼生围绕着它庞大的存在创造出一种不祥的、压抑的气氛。首先,这首诗全文如下:

阅读规则

Below the thunders of the upper deep;
Far, far beneath in the abysmal sea,
His ancient, dreamless, uninvaded sleep
The Kraken sleepeth: faintest sunlights flee
About his shadowy sides: above him swell
Huge sponges of millennial growth and height;
And far away into the sickly light,
From many a wondrous grot and secret cell
Unnumbered and enormous polypi
Winnow with giant arms the slumbering green.
There hath he lain for ages and will lie
Battening upon huge sea-worms in his sleep,
Until the latter fire shall heat the deep;
Then once by man and angels to be seen,
In roaring he shall rise and on the surface die.

在浅层海洋的万钧雷霆之下,
在海底沟壑最深最深的地方,
这海中怪兽千古无梦地睡着,
睡得不受侵扰。幽微的阳光
从它影影绰绰的身躯边逃逸,
在它上方巍然是千年大海绵;
而在极其悠远的虚弱光线中,
从许多奇特岩穴和隐蔽洞窟,
无数硕大无朋的章鱼往外涌,
来用巨腕扇这酣睡的绿绒毯。
它已睡了多少世纪,但它还要

边睡边拿大海虫把自己养胖,
直到末日的烈火烧烫了海洋;
这时它咆哮着升到水面死亡:
就这么一次被人和天使看到。[1]

接下来,让我们看看一系列的笔记,请假设这是一位冷静地阅读这首诗的读者写的日记。在使用词典或者认真琢磨丁尼生的措辞之前,这位读者对这首诗的第一印象可以是这样的。(海伦·文德勒在《诗,诗人,诗意》中提供了几个例子来说明类似的记笔记方式,这本书让人受益匪浅。)

Below the thunders of the upper deep;
[为什么用"upper"一词修饰"deep"?那是哪里?它下面是什么?"万钧雷霆"是什么?]
Far, far beneath in the abysmal sea,
["abysmal"一词是什么意思?它不可能表示它通常的意思……]
His ancient, dreamless, uninvaded sleep
[为什么"不受侵扰"?谁可能会侵扰它?]
The Kraken sleepeth: faintest sunlights flee
[海怪是什么?为什么"阳光"一词用的是复数而不是单数?奇怪的想法:阳光逃逸……]
About his shadowy sides: above him swell
["影影绰绰"用词精确——它使我很难弄明白海怪究竟长什么样……]
Huge sponges of millennial growth and height;

---

[1] 选自《丁尼生诗选》,黄杲炘译,上海译文出版社,1995年,略有改动。

["millennial"到底有多大?]

And far away into the sickly light,

From many a wondrous grot and secret cell

[grot 肯定指的是 grotto(洞穴),对否?]

Unnumbered and enormous polypi

Winnow with giant arms the slumbering green.

["winnow"一词什么意思?"酣睡"使我想起沉睡的海怪……]

There hath he lain for ages and will lie

Battening upon huge sea-worms in his sleep,

["Battening"? 它还睡着呢……这个怪兽从来都不醒吗?]

Until the latter fire shall heat the deep;

["latter fire"? 是什么?]

Then once by man and angels to be seen,

[不仅是人,还有天使? 为什么丁尼生加上了天使?]

In roaring he shall rise and on the surface die.

[这个怪兽的一生可不怎么样:刚醒来就死了。抑或,它醒过吗?]

好了,让我们再尝试一下。在参考了一本好词典(最好是《牛津英语词典》)并进行了严肃思考之后(详见规则七"使用词典"),我们的读者再次回到该诗,缓慢地、大声地、反复地再次阅读这首诗。正如我在规则一中建议的,耐心是慢阅读所必需的。这个读者的第一印象并不算错,但认识需要发展。他的笔记现在可能会成为这样:

Below the thunders of the upper deep;

[丁尼生在诗歌开头描述了一个地点,但他把这个地点呈现得模糊不清……我的词典告诉我"deep"一词指的是海洋,所以"万钧

雷霆"或许是船只发出的噪声？]

　　Far, far beneath in the abysmal sea,

　　[这首诗的地点愈发向下迁移了：不仅仅是第一诗行中的浅层海洋，而是远远地在它下方。"abysmal"一词来自"abyss"（深渊）：海洋的深度似乎是无穷无尽的。]

　　His ancient, dreamless, uninvaded sleep

　　[此句一连串三个形容词（所谓的"三段渐强"），其中最重要的词总是第三个，也就是最后一个形容词。我们还未接触到句子的主语，丁尼生将它推迟到下一句（诗歌的中心部分）。不过，我们知道它很老，而且"无梦"：它到底有没有头脑呢？本诗行在三个形容词中最奇怪的那个词上达到高潮——"不受侵扰"。这个生物的睡眠是被封闭起来的，就好像要保护它免受侵扰一样。]

　　The Kraken sleepeth: faintest sunlights flee

　　[海怪一定是某种传说中的怪兽……丁尼生说它"睡着"它的"睡眠"，这种词汇重复似乎在暗示，假如睡眠能被称作一种行为的话，睡眠就是它的核心行为。"阳光"一词用了复数，因为这是些极其幽微、破碎的光线痕迹，从海洋的表面折射而来……而且它们"逃逸"远离海怪，仿佛它具备某种超凡的能力可以吓跑一切靠近它的东西，包括幽微的光线。]

　　About his shadowy sides: above him swell

　　[这一诗行里有两个诗句，中间有一个冒号——有经验的诗歌读者知道这是停顿。本诗行的两部分分别以"about"和"above"开头——像本诗的头两行一样，频繁地使用地点标志词。"shadowy sides"用词模糊——影影绰绰——目的是暗示，我们很难发现海怪与其周围环境的差别。]

　　Huge sponges of millennial growth and height;

　　[海绵看起来简直是海怪的一部分——它的肢体在它周围，而

海绵在它上方。]

And far away into the sickly light,

["far away"含义模糊,几乎使人联想起发生在遥远国度的童话故事。"sickly"听起来又严肃又陌生——这个形容词和"light"搭配使用,多怪啊!]

From many a wondrous grot and secret cell

["wondrous"和"secret"两个词创造了一种魔幻气氛……我似乎想起济慈的《无情的妖女》中也有"grot"一词——"She took me to her elfin grot."(她带我到了她的妖女山洞。)。]

Unnumbered and enormous polypi

[和"不受侵扰"一词一样,"unnumbered"(无数的)一词也是一个描述海怪的否定词;这里,诗人暗示我们不可能看出章鱼的真实数量——它们的数量实在是太多了。"enormous"意为"巨大的",但是有多巨大呢?海怪仍然影影绰绰,无法辨清。]

Winnow with giant arms the slumbering green.

["winnow"(用簸箕扬,筛选)指农夫在收获时所做的动作,他们借之将麦粒与谷壳分离开来,将宝贵之物与无用之物区分开来。"绿色"在此不是指田野,而是指海洋藻类。它也"酣睡",就和海怪一样:这个怪兽似乎产生出一种催眠的力场。章鱼现在看起来像胳膊。]

There hath he lain for ages and will lie

Battening upon huge sea-worms in his sleep,

[又是"睡"……对"巨大"也有了更多的强调("大海虫")。"battening"的意思是喂养,长胖。]

Until the latter fire shall heat the deep;

[似乎是对世界末日的指涉,末日到来时大火会焚毁整个世界。"heat"(加热)一词用得有趣:丁尼生本可以用"boil"(煮沸)或者

"scorch"（烤焦），但相反，他用了更温和的一个词语。它与"deep"一词在中间的元音上押韵，产生了一种催眠效果。]

Then once by man and angels to be seen,

[天使：这一定是世界末日了，《启示录》上是这么说的。我们终于得以看见这只海怪了，仅此一次，在世界末日的时候——这与它在深海中看似无穷无尽的存在正好相反。]

In roaring he shall rise and on the surface die.

[最后一行有两个动词"rise"和"die"（它们差一点就押韵！），而且它们是并列的：对这只怪兽而言，升起就意味着死亡。本行的最后半句令读者颇为吃惊：我们原本可能指望海怪会在醒来后作为末日怪物成就一番灿烂事业。但是它似乎压根没有醒过来；它仅仅是对这个壮观的、最后的时刻做出反应。"咆哮"暗示这个生物很痛苦，但也说明了它现在仍然很可怕：狮子咆哮是为了震慑它的猎物。本诗的最后一个词是"死亡"：这个海怪真的曾经存活过吗？它似乎永远没有意识；只有一件事情对它产生了影响，而这件事情还杀死了它。它对发生的事情是不是甚至不知情呢？]

你或许不认同这位读者突击学会的有关文学形式的知识（停顿、三段渐强）和他提供的前期文本（济慈、《启示录》）。但是，如果你花费了足够多的时间在丁尼生的《海怪》上，如果你已经培养出耐心（详见规则一），你就会对这首诗的本质发展出和他差不多的敏感性。你就能做出一些详细的、有洞察力的评论，就像我刚才记录的那些一样。同样重要的是，你会开始理解这首诗的氛围，以及占据其中心位置的那个生物。海怪的世界迟钝懒散，被剥夺了实际的存在体验。对这只呆板的怪兽而言，我们很熟悉的海面世界它几乎无法清晰看见，看到的只是影影绰绰的阴影。当真相最终触动它时，它爆发出一声致命的咆哮，然后断了气。

《海怪》缺少戏剧性，但这是丁尼生诗歌的特色。丁尼生的诗歌常常显得无精打采。静止状态令诗人着迷,也令他的读者着迷:一种梦幻般的极其浓厚的气氛让《海怪》的读者为之沉醉。你对丁尼生这首令人难以忘怀的小诗研究得越深入,就越感觉自己受到那个影影绰绰的海底世界的吸引。而你在阅读过程中所做的笔记将会令你愈发坚信自己对这首诗的感觉。你会明白你是在以怎样的方式阅读这首诗,你在其中看见了什么,以及为什么。这同样适用于任何你在阅读过程中记笔记的文本。

关于记笔记,我最后再提一个建议。如果你读的那本书是属于你自己的,你可能会想用铅笔而不是钢笔写批注(我总是用铅笔);不然的话,你就会感觉你是在与作者竞争,而不是试图理解作者的意图。

现在我要给你一个严肃的警告:不要在图书馆的藏书上写批注。弗拉基米尔·纳博科夫在其热情洋溢的小说《普宁》中描述了一位不幸的流亡教授,铁莫菲·普宁。在这本书中,温代尔学院迎来了新学期(温代尔学院的原型是卫斯理学院和康奈尔大学,纳博科夫曾经在那里教过学),普宁发现"认真读书的一年级新生又在图书馆书籍页边空白处写下了'自然描写'或者'反讽'这类有益的评注;而一位特别有才能的训诂学者已经用紫墨水在一本马拉美的漂亮诗集中给难懂的词汇'oiseaux'画了下划线,并在其上方潦草地写上'鸟'"。

这些边角注释者有时聪明过了头——这是个很好的理由,说明为什么我们不应在公共书籍上批注。弗兰克·克莫德记得他曾经发现,"在一个大学的图书馆中,有一本华兹华斯的长诗《前奏曲》,其中编者在前言中罕见地灵感闪现,评论说他在华兹华斯诗歌的血管中发现了'神的血液'(ichor,指希腊神话中流淌于神的血管中的液体)在流淌。有一位读者(用墨水笔)将这一短语涂改为'神的唱诗班'(celestial choir)"。再没有比这更糟糕的啦:你期待着在书中找到慰藉,却发现书中已经被某人用黄色的记号笔画出长长的线条或者粗糙的下划线,或者写上会被纳博科夫和克莫德都嘲讽的评语。我在20世纪80年代读研究生的时候也注意到,耶鲁大学十字校区图书馆收藏的许多英国文学方面的书籍,尤其是评论18世纪英国文学的书籍,都被一位愤愤不平的读者损毁了。这个人想必是位同辈的研究生,他喜欢在书页边缘用墨水笔写下一些恶声恶气的评论,他写的字母通常都是竖直的,像蜘蛛腿那么细长。这些"自作聪明的",自以为高人一等的评论,是一种十分粗鲁的,硬挤进书里抢作者风头的方式。

在阅读一位作者作品的过程中,请不要乱涂乱勾,相反,请谨慎地把书边批注当作追踪你对书籍的回应过程的方法,并借此来更近距离地理解书籍。你要成为书籍的伙伴,而不是给它添加上战斗的瘢痕。记笔记的意义不在于击败这本书,而在于理解它。你要深入思考作者的写作方式,而不是故意破坏作品。

规则十三:探索不同的道路

修改是作者最基本的工具,对于读者而言,它同样具有重要性。想象一下作者还能以怎样的不同方式来开头或者结尾,或者在情节的某一关键时刻做出不同的选择,这种做法总是一种有益的锻炼。通过这种实验性的锻炼,你可以对作者做出的决定有所感悟:假如没有某一关键人物,你正在读的这部作品将会变成什么样?假如这本书里没有这一幕或者那一幕场景,会产生什么差别?你会对作者的工作方式,以及他所做出的选择,有一个全新的认识。书籍并非生而完美,它的每个特点也不是从一开始便一成不变的。它们都经过一再的加工和重新安排,带有创造者再三思考留下的痕迹。即使对如塞万提斯或陀思妥耶夫斯基这类以即兴写作风格见长的作家而言,这一点仍然正确。据艾伦·安森的记录,W. H. 奥登在一次演讲中这么评论:"当我们读陀思妥耶夫斯基时,我们感觉,是的,这真棒,这真了不起,我要现在回家去把它重写一遍。然而,假如他真这么做了,他很可能仍然无法取得同样的效果。"陀思妥耶夫斯基凌乱的故事叙述风格事实上是一种精心设计的效果,而不是一蹴而就的冲动产物。

　　对于一本书可以在哪些方面做出变动,我们常常会有初步的、未加培养的感受。这些感受只是模糊的愿望,而非经过充分发展的成熟的想象。例如,我们可能会希望契诃夫没有在《海鸥》的结尾处杀死那个爱沉思的年轻主人公科斯佳,或者希望德莱塞能在《嘉莉妹妹》中免去赫斯渥经历的那一段漫长而缓慢的堕落过程。这样的反应是在回避书中的内容,而不是正视它。与之相比,另一种方法会更好。如果读者运用想象力去构思一个不同的结尾(例如,科斯佳成为一名成功的剧作家,赫斯渥与嘉莉破镜重圆)并探究作者为什么最终放弃了这样的结尾,那么,读者就会开始理解为什么契诃夫和德莱塞以他们的那种方式写作。德莱塞的嘉莉是一个与爱玛·包法利相反的人物。和爱玛不同,嘉莉的幻想成功了,因为她刻意地学会了一个女演员所必需的"灵魂的迟钝状态";赫斯渥也是一个浪漫的梦想家,与嘉莉相比,他是反戏剧性的。他拒绝角色扮演,相反地,他变得越来越阴暗和狭隘,流露出他最糟糕的自我部分。嘉莉和赫斯渥实际上是对立的两极,而他们俩对比极其强烈的命运凸显了这一差异。要是令他们破镜重圆,就等于撒谎,就等于对德莱塞作品中所包含的极端不同的选择视而不见。

　　一些作家(例如,塞缪尔·贝克特和托马斯·哈代)似乎与其读者保持着一种近乎虐待与被虐待的关系:他们因为我们心怀希望而惩罚我们。如果我们不喜欢这一点,我们就只能对作者的基本思想表示抗议(详见规则九"发现作者的基本思想")。我们要在贝克特和哈代的书中寻找幸福结局,那只有死路一条。相反,我们必须理解他们的悲观主义视野所具有的毫不妥协的灿烂光彩。我们在想象中对作家作品的重写必须要遵循作家自己的情感,而不是试图将它变得更符合自己的口味。

　　思考作家自己所做的修改,并询问他决定修改哪些内容以及为什么,这么做总是十分有益的。有些著名的作品存在多个不同的版本。以华兹华斯的《前奏曲》为例,你需要比较全部三个版本——1798年的《三分之二前奏曲》和后来1805年、1850年的版本。华兹华斯的每一处思想转变都具有启发性;你不得不询问自己,你到底喜欢哪一版以及为什么。《三分之二前奏曲》是一部高度凝练的作品,具有令人震撼的力量;然而后来的两个加长版跨越了更宽广的范围,向我们充分展示了华兹华斯令人赞叹的想象力。如果你喜爱惠特曼的《横过布鲁克林渡口》,那么读一读这首诗的最早版本——收录于《草叶集》第二版(1856)中的《日落之诗》,你就能从全新的角度来理解这首诗。研究作者所做的修改,我们就能对作品是如何被写作出来的略知一二,这是对作者工作的一种幕后视角。

欧内斯特·海明威在1956年接受《巴黎评论》的采访时说道,他将小说《永别了,武器》的最后一页重写了39次才最终满意。弗拉基米尔·纳博科夫曾经说过:"我发表的每一个字我都重写过,有时重写好几遍。我铅笔上的橡皮比铅笔用得快。"(纳博科夫总是用铅笔在索引卡片上写作,之后再重新排序以最终完成文本。)居斯塔夫·福楼拜对重写的信仰达到了苦行僧一般的程度,他宣称:"我热爱我的工作,我的爱狂热而不正常,就像苦行僧热爱刮擦腹部的刚毛衬衫一样。"无休无止的改进成就了作家的艺术。奥斯卡·王尔德在宴会桌上向客人们描述他一天的工作时,曾经诙谐地取笑自己修改的过程:"在午餐之前,我删掉了一个逗号。在午餐之后,我又把那个逗号加上了。"和所有优秀的作家一样,王尔德是一个完美主义者,是个对单词狂热着迷的人。

在以下两个发人深省的例子中,作家都以一种戏剧性的、彻底的方式修改他的作品:F. 司各特·菲茨杰拉德的《了不起的盖茨比》和罗伯特·弗罗斯特的《圈套》。在这两个例子中,考虑作者可能面临的多种选择之后,你会更加强烈地敬佩作者的视野。这么做还能使你明白,写作就和阅读一样是一个主动的过程。一本书看起来似乎是浑然天成的石雕,但实际上它是一凿子一凿子雕刻和重新雕刻出来的作品。作者临时性的开头和后来的重新考虑,使得我们有机会了解这本书是如何运作的,以及它的各部分之间如何相辅相成。所有的书,尤其是所有伟大的书,在成就最终版本之前都面临着各种选择。

菲茨杰拉德对《了不起的盖茨比》所做的彻头彻尾的改写是一个十分著名的例子，而且颇具教育意义。在下引的段落中，盖茨比爱慕的对象黛西在与叙述者尼克·卡拉韦谈话，讲述她嫁给粗野的汤姆·布坎南之后的一个令人震惊的生活片段。以下是菲茨杰拉德的早期版本：

"听着，尼克，"她突然爆发，"你听说过我刚生孩子时说过什么吗？"

"没呢，黛西。"

"嗯，她出生还不到一个小时，汤姆就不知跑到哪里去了。麻醉药消退后，我醒了过来，有一种被彻底遗弃的感觉，就好像我刚被一个连的士兵轮奸过，然后被扔在田野里等死。"

菲茨杰拉德后来修改了黛西的台词，将之变成这样：

"嗯，她出生还不到一个小时，汤姆就不知跑到哪里去了。麻醉药消退后，我醒了过来，有一种被彻底遗弃的感觉……我说：'我希望她将来成为一个傻瓜——这个世界上女孩子最好的出路就是这了，一个漂亮的小傻瓜。'"

菲茨杰拉德的改动完善了小说。黛西先前的表达充满了暴力却毫无目的（被士兵们轮奸），但在后一版本中，她以更脆弱、更哀婉动人的方式描述了她遭受的遗弃，并悄声表达出一个充满讽刺意味的希望：希望她的女儿将来也像她一样，成为一个"漂亮的小傻瓜"（她在与汤姆的婚姻中就是这样的角色）。新台词是地道的黛西式用语，老的台词严酷而粗糙，虽然够疯狂，但是不符合黛西软弱且好幻想的性格。修改后的句子大大增加了痛苦的程度，因为菲茨杰拉德在其中暴露了黛西的自我评价。

弗罗斯特的十四行诗《圈套》提供了关于修改的另一个有趣的例子。以下是弗罗斯特早期版本的《圈套》,他将之命名为《白衣客》:

> 一只凹陷的蜘蛛,浑身雪白,
> 在一朵白色的万灵草上,捉住了一只
> 似一片无生命的素缎子布料的白飞蛾——
> 好奇的眼睛可曾见过如此奇怪的景象?——
> 小小的预兆,死亡和摧残糅合在一起
> 如同一个巫女的肉汤配料?——
> 这只亮珠一样的蜘蛛,这朵泡沫般的花,
> 飞蛾,似摇摇欲坠的风筝。
>
> 哦,为什么那朵花会是白色的,
> 蓝色夏枯草令每个孩子喜爱。
> 究竟是什么让蜘蛛爬上那株草?
> (我们且不论飞蛾的摧残。)
> 除了黑暗和夜色的圈套还能是什么?
> 圈套,圈套!我这个词用对了否?

再来对比一下弗罗斯特的《圈套》一诗的最终版本(收录于他的诗集《又一片牧场》中):

> 我看见一只丑肥的蜘蛛,浑身白亮,
> 在一朵白色的万灵草上,捉住了一只
> 似一片素缎子布料的白飞蛾——
> 被糅合在一起的死亡和摧残的气息
> 交叉混同,等待迎接黎明,

如同一个巫女的肉汤配料——
一只雪白的蜘蛛,一朵泡沫般的花,
死寂的双翅,似摇摇欲坠的风筝。

哦,为什么那朵花会是白色的,
而路边的万灵草却绽放着淡淡的蓝?
究竟是什么让蜘蛛爬上那株草,
再趁着黑漆漆的夜色把白飞蛾招来?
难道这黎明前的圈套不让人恐惧?
无处不在的圈套连一条小命都不放过。[1]

弗罗斯特在重写这首诗时做了一些改动,使得诗歌更为利落。他舍弃了括号里关于"飞蛾"的那个转移注意力的句子,以及提到说话者的"好奇的眼睛"的那行诗。但是他最重要的改动是在《圈套》一诗的开头和结尾上。他改写了原来的第一行,将"一只凹陷的蜘蛛,浑身雪白"改为"我看见一只丑肥的蜘蛛,浑身白亮"。弗罗斯特的改动将"我"加入了这首诗中(这是该诗全部14行中唯一出现的一次"我"),除此之外,他的改动还使得蜘蛛变得更加怪异。中性词"dented"(凹陷的)被换成了"dimpled"(丑肥的,也作有酒窝的),让人联想起长着酒窝的孩子气的脸——这个不协调的画面十分可怕,触发了人的想象。这只蜘蛛现在变得"又肥又白",而不是原来的"雪白"(弗罗斯特将这个词后移,用到该诗新版本后面的诗行中)。

弗罗斯特下定决心,在他重新修改过的十四行诗中,从第一诗行起便令读者倒尽胃口:他刻画了一个微型的怪物,既肥胖又苍白。随着诗歌的发展,开头部分令人反感的基调延续下来,接着出现了一个新的意象:

---

[1] 选自《弗罗斯特诗精选》,徐淳刚译,《不是》出版基金,2011年。

巫女的肉汤。弗罗斯特混合出了一锅令人反感的汤药,汤里有那只令人恶心的蜘蛛、它的受害者飞蛾,以及万灵草(这种花通常都是蓝色的,但在罕见的情况下——如在这首诗中,也有白色的)。这只蜘蛛是苍白的,看起来像死了一样的蟹蛛,它通常隐藏在白色的背景中。(在谷歌上简单搜索一下,你就会发现此种蜘蛛的可怕;它真的是令人反胃,有些小小的凹坑。)

那么,在修改版中,弗罗斯特突出强调了他描述场景的颓废而可怕的性质。他还突显了这首诗议论的中心问题:圈套(上帝的主导意图)在宇宙中是否占据支配性的位置(新的标题暗示了这一点)?如果你熟悉威廉·布莱克的诗作《老虎》,你就会明白弗罗斯特在《圈套》中讨论的中心问题背后的渊源。上帝是善的创造者,但布莱克质疑:他会不会有可能喜欢在创造物中增加一些崇高的恶,就像那个完美的猎杀机器——可怕的老虎?("他是否微笑着欣赏他的作品?/他创造了你,也创造了羔羊?"[1])善与恶如何能够共处?上帝究竟是怎样的,才会两者都要?布莱克的问题又可追溯到《约伯记》的那个强烈的、令人胆战心惊的结论,以及《以赛亚书》的第44章(该章认为上帝既创造了善,也创造了恶)。

上述是一些伟大的先例。弗罗斯特和它们不同,他把这一问题应用在一件微小的具体事情上:白蜘蛛设下一个圈套来捕食白飞蛾。作为该诗题目的"design"一词,既指一个设计好的东西或模型,也指一种掌控全局的主导意图。在今天,那些不顾一切反对达尔文进化论,支持"智能设计"学说的人们将"design"用作后一个意义,来指称高级权能者在自然界中显露蛛丝马迹的运作。达尔文也看到了"设计"的存在,但是他完全剔除了其中的"意图"成分,不论这种意图是善意还是恶意。我们或许像布莱克的老虎或者约伯的鳄鱼,受制于隐约闪现的残暴,但是这一事实并不说明宇宙便有阴谋,或者宇宙是堕落腐败的。达尔文声称,上帝并不把痛

---

[1] 选自《沫若译诗集》,郭沫若译,人民文学出版社,1955年。

苦或祝福强加在我们身上,生物学有其自身的秩序,与道德无关。在是否存在支配一切的意图这个问题上(一个可怕的场景是否能够证明宇宙背后隐藏有恶意的企图),弗罗斯特态度暧昧。有人认为此类可怕场景是精心设计的结果,这种想法具有强烈的诱惑性。但是完全让自己沉溺于这种想法之中,就会是病态的、荒诞的。毕竟,这只是一只蜘蛛和一只飞蛾。

弗罗斯特的《圈套》以一个尖锐的问题将这首诗推向高潮:究竟是什么让蜘蛛爬上那株草?是什么引导着它去吞食那只飞蛾,毕竟猎物在颜色和种类上都与它十分接近?作者用更多的问题回答了这一问题,但是这个回答在两个版本中有明显的不同之处。弗罗斯特在原始版本中这么写道:"除了黑暗和夜色的圈套还能是什么?/圈套,圈套!我这个词用对了否?"这个早期版本的结尾重复了三遍"圈套",看起来颇为做作。而且它还在最后一个问题上失了水准,这个问题听起来十分突兀,缺乏它应有的预兆性。最终的版本则以一种适宜的庄重感将这种不祥之兆表达出来:"难道这黎明前的圈套不让人恐惧?/无处不在的圈套连一条小命都不放过。"

弗罗斯特在这里又回到场景的"渺小",它或许印证了人们一种阴暗的想法:黑暗将一直延伸到自然界中最美好的细微之处。他还巧妙地添加了"恐惧"(appall)一词,它在词源学上与"苍白"(pale)一词有关,而且也与恐惧导致的脸色苍白有关联。梅尔维尔在《白鲸》中提到,白色最令人迷惑,也是最终级的邪恶色彩,是黑暗的悖论性化身。就像弗罗斯特和白蜘蛛一样,梅尔维尔和白鲸也令人联想到麦克白:麦克白在谋杀了国王邓肯之后脸上沾满鲜血。"究竟是怎么一回事,一点点的声音都会吓(appall)得我心惊肉跳?"麦克白问道。

或许弗罗斯特最吓人的想法是,世间压根就没有圈套,宇宙根本就是无序混乱的,蜘蛛的工作是宏大混乱的微缩版。弗罗斯特一直在设想这一点,不太认真地考虑这种可能性。在结尾处,他将这一问题留在那里,没有提供确切的答案。我们想接受哪种观点：是认为这是一个由上帝策划的恶意圈套，还是认为宇宙甚至更糟糕可怕，是于黑暗中自我成形的？后一种观点就像达尔文的进化论那样，并不天真，却比较激进，倾向于认为存在一种邪恶，它无情地延伸到这个神创世界的最微小的角落。

不是所有的修改都像弗罗斯特对《圈套》的修改那样精彩绝伦。尽管比较少见，但有些作者的作品甚至在修改之后变得更糟。有时，编辑是罪魁祸首。雷蒙德·卡佛的编辑戈登·利什将卡佛的短篇小说删改精简，但这种改动大大降低了卡佛小说的绚烂效果。W. H. 奥登孜孜不倦地修改自己的诗歌，但有时他的决定令人颇有疑问。在他的挽诗《纪念W. B. 叶芝》中，奥登原本写道："噢，所有的仪器都显示/他去世的那天黑暗又寒冷。"后来他修改了第一行，将之变为"我们拥有的所有仪器都显示"。这种修改给这一陈述增加了限制条件，并且使之散文化，从而在语气上变得冷静、干巴。在修改之前，它是脱口而出的喊叫；而在修改之后，它变为了冷静的衡量。

修改既发生在作者的头脑中，也发生在读者的头脑中。在阅读时，我们会想象作者可能走哪些不同的道路，或者我们希望作者走哪条道路。有时候，我们会感到失望，甚至失望到轻易摒弃这一整本书。

当读者希望某本书与其现有的状态不一样时，会发生什么事情？历史上有许多著名的读者强烈反对一本书的结尾的案例，比如，塞缪尔·约翰逊博士读《李尔王》。在读到科迪利娅无限痛苦地死亡时，约翰逊爆发了。他拂袖而去，在随后的许多年里都拒绝读莎士比亚这出戏剧的结尾。约翰逊那个时代的舞台传统也不接受《李尔王》的结尾：内厄姆·泰特修改了莎士比亚的原剧，让科迪利娅活了下来（并嫁给了埃德加！），这个版本在长达一百多年的时间里都占据着演出舞台，长盛不衰。

那么，假如我们和约翰逊一样，发现自己难以忍受作者的某一决定时,我们能做些什么呢？我们应该避免像约翰逊那样抵制自己不喜欢的内容。我们越能够对作者的选择表达同情,就越接近作者,也越接近书中表达的观点。但是,我们也需要发出我们作为读者的声音：简单地模仿作者的词汇和思想并不能让我们与作者对话。读者能够发展自己的观点,而矛盾的是,他越理解作者的观点,就越能"成就自我"。这样的理解不是屈从作者,而是在敬佩、尊敬的基础上与作者斗争。一个作者可能会有充分的理由与我们对立,甚至还会像莎士比亚在《李尔王》中所做的那样,强迫我们经历某些地狱般的体验。我们应该直面作者的选择,而不是逃离它,用我们自己某种更温和、更易于接受的观点来代替它。

规则十四：再找一本书

作者与读者之间的对话是什么样的？这个问题笼罩了我目前已经给出的所有规则。我已经强调了,读者需要耐心(规则一)和细心,才能聆听作者想说的话,并且与之展开对话。除此之外,我们还能更进一步：我们可以考虑书籍之间的相互对话,将之理解为书籍作者之间的相互对话。

书籍相互对话；这种对话在它们相互影响时最为明显,但不仅限于此。我们把毫不相关的书籍放在一起,让它们相互对话,这也会拓宽作者和读者之间的对话。一本抒情诗集可能会在一本哲学著作中得到回应,一本欧洲历史书也有可能得到卡夫卡小说的回应。书籍相互对话,跨越文类、时代、国籍和文化的界线。通常情况下,它们的谈话显示出它们的极端不一致。柏拉图曾谈到过"哲学与诗歌之间亘古的争吵"。一些常见的人生经历,例如成长、恋爱、面对死亡,在不同类型的书籍中会呈现出令人惊诧的不同方面。哲学家、诗人、生物学家、神学家都会表达他们对爱情的观点,而且这些观点互不相同,这种差异与他们在各自书中创建起来的截然不同的世界有很大关系。不过,这些世界永远不能简单用"非我族类"来形容。书籍之间相互依存,哪怕它们存在差异。每位诗人都知道,他在写诗时就远离了另一种与诗歌迥然有异的思考世界的方式,例如政治性演讲或者现实主义小说的思考方式。

关于书籍之间的对话,有一些更明显、更易于讨论的例子。例如,诗人通过用典或者致敬,来与较早的另一位诗人对话。以下我们先举一个有关已故诗人塞缪尔·梅纳什的短小的例子,他所有的诗歌都很短小。克里斯托弗·里克斯写道,梅纳什在诗歌中"一遍又一遍地用轻浮来逗弄庄重"。"逗弄"一词用得恰如其分:梅纳什对一些最为严肃的事情,会轻柔地,有时颇为孩子气地加以取笑,不过与此同时他仍会充分展示严肃事情的重要性。在以下引文中,他以莎士比亚的一个著名段落为背景,来表达他对死亡的看法:

五寻深处

每个新的死亡都要刨开
IE的坟墓,并将我的坟墓
挖得更深
一波接着一波的死者
解脱束缚,从记忆中升起
我潜水寻找明珠
那曾是他的双眼
却摸到岩床——
而不是我前来凭吊——
我父亲长眠的珊瑚

梅纳什将我们带回到莎士比亚《暴风雨》中爱丽儿唱来嘲弄弗迪南德的那首歌中,弗迪南德当时以为他的父亲已经溺水身亡(但在该剧的后来,父子奇迹般地重聚了):

> 五寻的水深处躺着你的父亲,
> 他的骨骼已化成珊瑚;
> 他眼睛是耀眼的明珠;
> 他消失的全身没有一处不曾
> 受到海水神奇的变幻,
> 化成瑰宝,富丽而珍怪。[1]

在梅纳什节奏明快的短诗中,父亲不是神话,而是事实,是纯粹的"岩床"。他将莎士比亚在《暴风雨》中用华丽辞藻刻画的神奇幻象,置换为一首没有魔力、凝练、岩石一般的诗歌。"come to grief"作为一个惯用短语,指的是"以失败告终",例如我们可以说"我们的计划以失败告终"。但是在这里,这个短语指的是"前来凭吊",去找到合适的情感来感受死亡对万物(和人)的安排。不过,梅纳什仍然轻微地触及了这一短语惯用的意思。

在梅纳什的诗中,死者在记忆中"一波接着一波"地升起来;而活着的人却下沉,被迫联想起自己即将迎来的死亡。这个看似铅一样沉重的话题,却被梅纳什赋予了恒久的敏捷和轻快的节奏。他以这种方式提升自己的诗歌,实现了对悲痛平静、清醒的认知。这首诗颇具逗弄的意味,而且精雕细琢,与莎士比亚幽灵般的催眠诗行形成对比。梅纳什驱散了莎士比亚诗行中的魔力,以便表达自己的想法。

诗歌与其先行者进行对话的又一实例是罗伯特·弗罗斯特的十四行诗《鸟儿的歌声从此不同》,它回应了《圣经》和弥尔顿的《失乐园》。弗罗斯特的诗回应了亚当与夏娃堕落后被驱逐出伊甸园的文学传统:最著名的就是《创世记》和《失乐园》的开头几章。但是,在弗罗斯特的这首诗中并没有人类的堕落,亚当与夏娃之间的关系与上述的早期叙述有着显著

---

[1] 选自《莎士比亚全集》,朱生豪译,译林出版社,2016年。

的不同:在弗罗斯特的诗中,亚当欣赏"夏娃每天的声音",她的声音温柔地影响着伊甸园里的鸟儿。(在与斯蒂芬·伯特合著的《十四行诗的艺术》一书中,我详尽地讨论过弗罗斯特的这首诗。)一旦我们正确地辨识出弗罗斯特在《鸟儿的歌声从此不同》中回应的是哪些前期作品,一旦我们意识到他的诗与这些前期作品有多么大的不同,我们就学会了从全新的角度来阅读这首诗。我们要把这首短诗看作是一场激烈辩论的一部分,而且这场辩论已经持续了好几个世纪。同样的道理也适用于你阅读的大多数书籍;好书总是对自己所属的文学传统有清醒认识,并愿意去探索那个传统。

有的时候,例如在 T. S. 艾略特笔下,这样深挖文学传统会成为一种大胆的对峙。艾略特的《荒原》开头如下:

> 四月天最是残忍,它在
> 荒地上生丁香,掺和着
> 回忆和欲望,让春雨
> 挑拨呆钝的树根。[1]

艾略特向六个世纪前英国诗歌的伟大先驱杰弗里·乔叟致敬。乔叟在《坎特伯雷故事》的开篇赞美了四月的活泼力量:

> 当四月带来它那甘美的骤雨,
> 让三月里的干旱湿进根子去,
> 让浆汁滋润每棵草木的茎脉,
> 凭其催生的力量使花开出来……[2]

---

[1] 选自《赵萝蕤汉译〈荒原〉手稿》,黄宗英编,高等教育出版社,2013 年。
[2] 选自《坎特伯雷故事》,黄杲炘译,译林出版社,1999 年。

艾略特在诗中用了乔叟的典故,这一点是明确无误的,因为乔叟的这些诗行在英语世界里广为人知;但是,艾略特如此用典完全是在反讽。在乔叟笔下,柔美四月里"甘美的骤雨"在霜冻的冬天过后令大地复苏,而在艾略特的这篇现代主义文学经典里,这"甘美的骤雨"却变成了岩石般冰冷的雨,打扰了原本应被一直埋葬的东西,还"掺和着/回忆和欲望"。艾略特的雨创造出一个令人战栗的、引起幽闭恐惧的世界,而性本能的剧痛和阵阵闪现的启示在其中抽条发芽——这正是《荒原》的世界。

约翰·弥尔顿在《失乐园》中将《希伯来圣经》作为自己的背景文本,不是为了反驳它(像艾略特对乔叟的文本所做的那样),而是要与之媲美。在铿锵恢宏的第七卷中,弥尔顿的诗行超越了《创世记》对上帝创造世界的凝练叙述。而在第三卷的开头处向神灵祈祷的部分,弥尔顿向最权威、堪称所有文本之先驱的《希伯来圣经》表达了敬意,也提出了挑战。在这里,弥尔顿描述了创世的原初时刻,那时"光"照亮了"那从空虚、无形无限中新兴的,/黑暗、深沉、苍苍茫茫的新世界"。我至今还记得,在我十来岁第一次读到这个诗句时,我不管走到哪里都默默背诵着。我没办法忘掉它。我的痴迷部分源自那两个压头韵的词组(world of waters 和 dark and deep);部分则由于那个气势庄严的短语"空虚、无形无限"(这个短语大胆地改写了《詹姆斯国王钦定版圣经》中的"地是空虚混沌")。在《圣经》对创世之前的混沌世界的描写中,弥尔顿增加了"无限"这一高耸的概念。在他的诗句中,似乎创世是自发产生的:大水庄严地升腾起来,卓越崇高,又带着一点点的不祥征兆,因为它是"黑暗、深沉"的。(瓦格纳在他《尼伯龙根的指环》的开头部分,用无字的音乐创造出了堪与这一部分媲美的浓厚而魔幻的效果。)如果我们考虑到,弥尔顿将他对创世的理解和对自身的黑暗的个人世界的了解并置,那么弥尔顿思想的庄重华美的力量就显得更令人赞叹。弥尔顿在《失乐园》第三卷的祈祷部分富有感情地描述了自己的盲眼状态:他被隔绝在了一切视觉体验之外,远离了"或羊群,或牛群,或圣贤的面容"。

在《失乐园》第七卷中,弥尔顿对创世的时刻进行了同样令人震撼的叙述。他描写圣父和圣子眺望"广大无边的深渊,/像个阴暗茫昧、风波险恶的/大海"——接着传来全能的"言辞":"肃静,你们混乱的风波;你这大海,平静。"我读研究生时候的老师莱斯利·布里斯曼过去常在课堂上问我们:创世是开始于这一华丽诗行中的哪里?答案是:在"大海"和"平静"之间。弥尔顿在这行的最后一个韵脚处(最后的两个音节之间)为我们安排了一处停顿:这在英文诗歌中十分罕见,在拉丁语和希腊语诗歌中同样罕见。这一停顿产生的延缓效果,因为"大海"(deep)和"平静"(peace)两词所具有的相同辅音"p"和相同的元音而得到了加强。这种延缓传达的不仅仅是庄重感,还有一种激进的、令人兴奋的新奇感。"平静"一词在希伯来语里是"shalom",意为"完全,和谐"。弥尔顿是一位造诣极深的学者,他一定十分熟悉这一点。这种和谐出现在这一诗节尖锐、沉默的结尾,联结了神的紧张和神的力量。弥尔顿与那个一切文本的最终源头(《创世记》的开头部分)形成了一种竞争关系,他创造出来的作品同样令人难忘。

你对书籍世界的丰富性和复杂性了解得越多——它们如何竞相博取我们的关注,它们如何相互交谈以及与我们交谈——你的阅读体验就会越好。书籍相互辩论。再读一本书有时候意味着,你会读到一本与你刚读完的那本书相对立的书。有些作者会互相为敌,自立派系。在诗歌爱好者中,很少有人既喜欢拜伦又同样喜欢雪莱,或者既喜欢埃兹拉·庞德又同样喜欢华莱士·史蒂文斯。史蒂文斯曾经说过,他和T. S. 艾略特是"死对头"。W. H. 奥登热爱机敏灵活、擅长社交的拜伦,以及他举重若轻的轻快;但是他痛恨雪莱,雪莱的天马行空在奥登看来十分笨拙、错误和自私自利。奥登没有看到雪莱的真正力量,这并不重要;重要的是,他对拜伦的赏析(以及他对这位文学前辈表达敬意的可爱诗歌《致拜伦勋爵的信》)十分精彩和专业。

此外,还有更加复杂的例子。一位作者对另一位作者的反感可能真实存在,但与此同时,这种反感又被双方作品之间深刻的、错杂的纠缠所抵消。纳博科夫曾声称,他厌恶陀思妥耶夫斯基。我用"声称"一词,是因为这位后起的俄罗斯作家显然极其仔细地研究过《罪与罚》中冰冷的、精于算计的斯维德里盖洛夫,他实际上就是纳博科夫笔下典型主人公的雏形。纳博科夫还看不起托马斯·曼,他把托马斯·曼与康拉德和陀思妥耶夫斯基归类在一起:在纳博科夫看来,这三位作家都单调乏味地专注于思想,他们追求思想的同时却牺牲了优美的美学结构,而后者正是纳博科夫引以为傲的特点。但是,曼的《大骗子克鲁尔的自白》趣味盎然,颇具欺骗性,与纳博科夫的风格有十分明显的相似之处。读者越琢磨曼和纳博科夫的典型主人公及主题,就越会感觉他们俩十分相似。尽管纳博科夫宣称对美学结构抱有纯粹的喜爱,他也会在其中巧妙地隐藏自己的思想——他关于腐败、自我塑造、集权社会的思想。纳博科夫和曼都在深入思考衰败的唯美主义者的问题,都梦想着古典的纯洁性,都写作令人心神不宁的寓言作品。曼的《威尼斯之死》和纳博科夫的《洛丽塔》一样,讲述了对性的迷恋以及对天真年轻人的爱恋是如何腐蚀一位艺术家的灵魂的。

还有一些作家之间存在比上述情况更加难以弥合的矛盾冲突。爱默生在日记里这么谈论简·奥斯丁:"我不明白为什么世人给予奥斯丁小姐的小说如此高的评价。在我看来,它们格调庸俗,毫无新意,纠缠于英国社会的可鄙世俗传统中不能自拔,缺乏天分、机智和对世界的了解。生命从未如此苍白和狭隘。"在读完《傲慢与偏见》和《劝导》之后,爱默生发牢骚道:"这个作家脑子里思考的唯一问题……就是婚配的可行性……自杀都比这个更可敬。"很显然,奥斯丁的作品中有某些东西令爱默生十分反感(也令马克·吐温十分恼火,他也不喜欢她的小说)。在他看来,奥斯丁并不追求自由,而是拥护物质的舒适与安全:这些价值观是与真正的想象力对立的。爱默生的认知是正确的,奥斯丁并不是一位大胆的美国个人主义者,时刻准备着独自对抗世界。但是,奥斯丁严格遵循体面的有产生活的牢固界限,这并不减损她创作视野的宽广程度和生机活力。奥斯丁以她自己独特的方式达到了和爱默生一样的睿智多知,也和他一样地警醒于灵魂的各种可能性。我们在这里面对的是两位作家之间的一场真正的争吵。我们当然能够同时热烈地喜欢上爱默生和奥斯丁的作品,但是它们的确给我们提供了一种清晰的选择。爱默生清楚地意识到社会的要求,却能够顶住社会的要求而坚持维护自己的权利,奥斯丁却不能这样——她也不想这么样做,哪怕一分钟都不行。对她而言,幸福反映了你如何理解你与其他人的关系,而婚姻是这种理解所能采取的最高级、最完备的形式。

奥斯丁和爱默生之间的对立提醒我们,作家之间的差异有时是无法调和的。作为读者,你可能无法将他们协调在一起,而且你也不需要这么做,因为你希望看到每本书独特的意义。你必须承认,有的时候确实存在不可逾越的分歧,像星系之间的遥远距离一样,将作家们分隔开来。但是,你可以通过阅读和欣赏他们为你创造的截然不同的世界来丰富自己的情感。之后,你就会意识到,一位作家完全拥护和推崇的,常常会令另外一位作家反感。只要还有人写书或者读书,书籍之间的战斗就会永远继续下去——战斗万岁!

阅读短篇小说

短篇小说希望令时间停滞。如果说长篇小说像电影,那么短篇小说就像一张快照。在其简短的篇幅里,短篇小说常常不屑于满足我们的愿望,拒绝让我们像读长篇小说那样深入地了解人物。在阅读长篇小说时我们会倾向于认同小说的主要人物,但在阅读短篇小说时我们不会对其中的人物产生认同。相反,我们隔着一定距离,透过一台精工制作的望远镜,远远地凝视他们。通常,他们都被凝固为一种态度、一个时刻、一副姿态。短篇小说倾向于给我们刻画尚未结束的生活,或者早已结束的生活:那些充满悔恨和失去的痛苦片段。它也可以是玩笑或逸事性的,暗示出喜剧的弹性。不过,不论哪种情况,短篇小说都靠简洁取胜。在读者不到一个小时便能读完的篇幅中,所有的一切都被浓缩,令读者难以忘怀。

短篇小说的精简,它浓缩的力量,使得读者需要依赖规则五("注意开头与结尾")和规则六("辨识路标")。短篇小说的开头和结尾经常相互提供暗示,而且许多短篇小说是靠路标(中心意象和场景)加以组织的。规则十一"找到各部分"也会具有关键的重要性(在规则十一的论述中,我分析了契诃夫的短篇小说《醋栗》的结构)。许多短篇小说都有连贯紧凑的结构来统领全局,不过读者常常意识不到这一点。例如,契诃夫的短篇小说看起来似乎是以一种随意的或者迂回曲折的方式前进,但实际上它们都有精确的设计(就像我们在前文分析《醋栗》时所见的那样)。因为短篇小说可能类似于逸事或者传说,或许看上去缺乏艺术性,但通常情况下，事实与此正相反。艺术性隐藏在其表面之下，短篇小说家实践的是一种隐藏的艺术。

爱尔兰作家弗兰克·奥康纳在短篇小说中看到了"一种艺术形式的纯粹性，它受自身规律的驱动，而不是受我们良心的驱使"。短篇小说作家常常抗拒我们的意愿，尤其是不顾我们还想看更多便戛然结尾。奥康纳补充道："在最典型的短篇小说中，存在某种我们不常在长篇小说里见到的东西——对人类孤独状况的深刻认识。"孤立的个人十分适合这种孑然独立的艺术形式，它不像长篇小说那样急于讨好我们。

在本章中，我将讨论六篇短篇小说（作者分别是尤多拉·韦尔蒂、纳撒尼尔·霍桑、D. H. 劳伦斯、豪尔赫·路易斯·博尔赫斯、艾丽丝·门罗和斯蒂芬·克莱恩）。对于作品中刻画的孤独个人，这六位作家每人都采取了不同的立场；而对应该给予孤独的主人公多少自由，他们也都表达了不同的观点。作家对中心人物的命运形成最终掌控，与之形成竞争关系的是人物自己的努力，他们展开或叛逆，或沉溺于幻想，或纯粹抵抗式的想象行为。在作者坚持要保持主导地位时，作者的掌控与人物的独立意志之间的竞争关系可能会激化为一场紧张的战斗；如果作者不坚持，则能缓和成和平共处的伙伴关系。有的时候，短篇小说的主人公不愿意屈从于这一文学体裁所强加的严格限制。本章将讨论的每一篇短篇小说都有其核心的"作者的基本思想"（规则九），而这个基本思想便与作者和人物之间的冲突有关，还和作者的情绪有关。在面对短篇小说这一最精简、最受限的叙述形式时，作者对于自己能否主导和掌控这一艺术形式感受到了或焦虑，或满意，或混杂的种种情绪。

尤多拉·韦尔蒂发表的首部短篇小说《流动推销员之死》就生动地证明了奥康纳的观点：短篇小说是一种纯粹的艺术类型，其驱动力来自它对人类孤独感的认知。而且，它也提供了一个作者意图凌驾于其主人公意志之上的例子。韦尔蒂把这部短篇小说当作半途而废的孤独人生的一个缩影。主人公的汽车在密西西比州的某一偏远地区掉进了沟里，他在一家农舍的一对沉默寡言的夫妇那里获得食物和住所。这个推销员从外部观察这对夫妇,并幻想他们共同的生活。他想融入这种生活,但是知道这不可能。他先是吃惊地意识到妇女是男人的妻子,而非他的母亲,而且她还怀着孕,这一认识标志着韦尔蒂这篇小说的中心点。突然之间,推销员意识到,这位妇女是浪漫爱情的理解对象;她代表了一种完整而充实的生活。这部短篇小说开始于一个近乎灾难的事件——汽车事故,并结束于一个绝对灾难的事件——推销员的死,而这早在韦尔蒂的小说标题中便已经宣布了。

为什么《流动推销员之死》如此令我们难忘?答案在于韦尔蒂以什么样的方式令这个推销员明白自己的不完整之处。推销员短暂地经历了一种他不可能实现的完整的生活,在结尾处,他似乎是带着完全清醒的意识走向自己早逝的命运。他以一种动人的镇静接受了作者的判决。韦尔蒂早在标题中就预告了他的死亡,我们从一开始就知道了这个结局。然而,推销员并不理解为什么自己会被安排这一命运,而且在这个方面,我们和他完全一样,我们可以想想自己的生活。一部短篇小说的主人公在本质上是匿名的,他可以是任何人,我们在《流动推销员之死》中最充分地认识到了这一点。韦尔蒂和她的主要角色以一种沉默的、绝对一致的方式相互协作,她引导着他心甘情愿地通往他的终点。

让我们看一看《流动推销员之死》开头段中的几个句子。韦尔蒂向我们介绍她的推销员 R. J. 鲍曼:

> R. J. 鲍曼开着他的福特车行驶在一条坑坑洼洼、尘土飞扬的小路上,他已经为一家鞋厂在密西西比州这样跑了十四年。多么漫长的一天!……即使在冬天,这儿的太阳也劲头不减,直挂长空;每次鲍曼把脑袋伸出尘灰斑斑的小车去查看路况,太阳就探出长长的手臂直压在他的头皮上,热力直透帽子——像是常年在路上跑的老推

销员在搞恶作剧。[1]

太阳的长手臂也是韦尔蒂的长手臂,她既是作者也是操纵者,而且事实上她的故事读起来的确像一个冷酷的恶作剧。鲍曼努力爬出了山沟,并闯入一个爱的世界,惊鸿一瞥;韦尔蒂又把他强压回去。她就像"常年在路上跑"的老推销员一样,给他狠狠的、充满讽刺意味的一击。把怀有恶意的太阳比作老推销员,这一路标意象到底是鲍曼的想法,还是仅仅是韦尔蒂的想法,这一点韦尔蒂并未点明。我们并不知道小说人物在多大程度上知道其作者的想法。到故事结尾时,我们确定他正在跟跟跄跄地朝着作者的想法奔去。

当鲍曼最初进入那对夫妇的小屋时,那个妇人正站在走廊上,韦尔蒂写道:

> 突如其来地,他的心脏出现异常跳动,像发射的火箭那样骤然一冲,进而大幅度不规律地跳动,凌乱的节拍雨点般冲入大脑,令他发蒙。但在这异常跳动减缓和消退的过程中,心脏却悄无声息:它上冲的时候力大无穷,几乎算是激情洋溢;下降的时候却温和轻柔,像杂技演员落到安全网里。

这个顿悟对鲍曼而言是一个深深的困惑,它虽然像一个技艺精湛的杂技演员一样展露出强大的技巧,甚至是优雅的身姿,但即使它就在鲍曼眼前呈现,却依然让他无法理解。鲍曼跳动的心脏像杂技演员一样落到安全网里,这一意象是又一个路标,就像故事开头时恶作剧的老推销员一样:两个意象都暗示了搞笑的、娴熟的技艺,但是杂技演员有一种推销员所没有的美。杂技演员以其轻盈和掌控缓和了前一句出现的那个意象:骤然

---

[1] 选自《绿帘》,吴新云译,译林出版社,2012年,下同。

发射的具有破坏性的火箭。尽管杂技演员失足了,但有安全网救他们;他们的掉落是轻柔的,是其表演温和的一面。杂技演员暗示了,鲍曼即将到来的死亡或许会具有某种形式的优雅(它将看起来像是被安全网接住了,而不是砸到地面上);但是较早前的老推销员意象告诉我们,恶作剧的对象正是这个推销员,他的死将会是一种嘲弄,而不是圆满。这两个意象相互竞争,在我们阅读时,我们将边读边看哪一个意象会在最后胜出。

当鲍曼离开那对夫妇的小屋,独自走进黑夜时,韦尔蒂告诉我们,他"整个人好似浮在寒气上。月挂长空"。这个荒凉的、空虚的场景像镜子一般地反映了推销员的觉悟:对于他在那对夫妇的房子里目睹或者想象出来的爱的世界,他是永远被拒之门外的;他之所以能感受到那种爱,仅仅是因为他是被排斥在外的。那对夫妇缄默慎言,很显然有些不情愿接纳他,但是他们仍然好心地给他提供了食物、酒和一个过夜的地方。但是鲍曼想要的更多——他希望他们的爱能够填补他内心中的"深水湖",他感觉他的心"应该能像其他人的心一样抓住爱、溢满爱"。

鲍曼在看到那对夫妇时突然醒悟到,他自己有这种迫切的需要,这个顿悟在故事结尾时得到了回应。在结尾处,这个推销员冲进漆黑的夜里,感受到自己的心在狂跳,并遭受了致命的心脏病发作。现在,推销员的这颗火热的心脏"开始如步枪般发出爆炸的巨响,嘭嘭嘭",宣布着结局的到来。"他觉得好像这一切之前就发生过,"韦尔蒂写道,"他双手捂胸,不想让任何人听到他心脏发出的杂音。"

在《流动推销员之死》中,韦尔蒂扮演了规则制订者的角色:她给推销员的短暂一生画上句号,给予他死亡,而他必须接受。然而,我们凭直觉感受到她对鲍曼的同情,她同样是一个观察和向往他人世界的局外人,因而对鲍曼产生了亲近感。对于自己居高临下掌控角色命运的能力,韦尔蒂心存疑虑。《流动推销员之死》的基本思想就是韦尔蒂的忧虑,她担忧如何在短篇小说的狭窄篇幅内描写一个人物的生命。对于一个短篇小说作家而言,塑造一个人物意味着将他置于他应得之地;但是,正如韦尔蒂所意识到的,像推销员这样的人物,他们的生活本身就不幸福并且乏善可陈,所以她规避了短篇小说在他周围划定的严格界限。在鲍曼的欲望中有一些不守规矩的东西,不仅他自己难以理解,我们也难以理解。韦尔蒂把死亡当作一种答案,来回应他骚动的本性,这种做法更像是一场残酷的恶作剧(一个怀有恶意的老推销员的行为),而不是一种合适的或者令人满意的姿态。尽管她创造了迷人的杂技演员的意象,以及它所暗示的灵巧且有安全保障的命运,但是韦尔蒂知道,她致命的关键一击绝不会是优雅的顿悟。

在《流动推销员之死》中,韦尔蒂思考了作者迫使角色成为其受害者的权力。其他的几篇短篇小说则没有表露出这种忧虑,因为它们中的主人公均与作者和谐共处。韦尔蒂杀害了她的推销员,而纳撒尼尔·霍桑这位美国最伟大的短篇小说家则在他奇特而令人难忘的简短小说《威克菲尔德》中与他的主人公通力合作。霍桑和他的威克菲尔德都对自己被周围的环境所控制的状态感兴趣,而且这一环境的边缘限定极其地,甚至是致命地,狭窄。这一兴趣将他们联结起来(在卡夫卡的许多作品中均有类似的作者与人物之间的纽带)。霍桑在两卷本的《重讲一遍的故事》中收录了许多短篇经典之作。其中,《威克菲尔德》是我最喜欢的一部作品,它的出色之处在于其轻描淡写的力量。在《威克菲尔德》中,霍桑讲述了一个伦敦男人突发奇想抛弃妻子离家出走的故事。他在邻近街道租了房子,买一顶红色假发乔装起来,并开始了他的实验:看看他原来的生活在他消失之后会变成什么样。在二十多年的时间里,他都不曾回过家。他生活在他以前的生活圈子的附近,而他的妻子却以为他已经死亡。他偶尔会想要回家,但是都没有这么做。有一次,他在乔装之下与妻子在街上偶遇;她有一种短暂的怪异感觉,但没能认出他来。在霍桑结束他的故事时,威克菲尔德在离家几十年后准备再次踏进家门。他上楼梯时一切在他看来没有什么不同,然而一切都已经不可逆转地改变了。

诱惑威克菲尔德的是令自己失踪的想法。确切地说,这是一种好奇心呢,还是比好奇心更根本、更具腐蚀性的某种东西?威克菲尔德希望有什么样的发现呢?霍桑提供了一个答案:威克菲尔德想通过出走和隐匿自己来衡量他自身的重要性,或者重要性的缺乏。

威克菲尔德就像赫尔曼·梅尔维尔笔下的巴特尔比(《抄写员巴特尔比》)一样,他就是"我不愿意"[1]。"一个人只要离开自己的位置一步,哪怕一刹那,都会面临永远失去自己位置的危险。"霍桑写道。威克菲尔德以为他可以令时间停滞,可以在他离开的地方再次继续。在他看来,似乎只过了几天,而不是二十年。但是他的这种扬扬自得令他的作者震惊,也令我们感到震惊。"他爬上阶梯——步履沉重!——自上次下得楼来,二十个春秋已使他腿脚僵硬——可他自己还不明白。"霍桑突然以强烈的情绪呼唤他笔下极其古怪的主角威克菲尔德:"站住,威克菲尔德!要去已被你遗弃的唯一的家吗?那可就等于踏进坟墓啦!门开了。"霍桑在《威克菲尔德》的结尾处提醒我们:"一个人只要离开自己的位置一步,哪怕一刹那,都会面临永远失去自己位置的危险,就像这位威克菲尔德,他可能被,事实上也的确被这个世界所抛弃。"至此,霍桑的《威克菲尔德》戛然结尾:威克菲尔德回去的地方不再是他的家,现在只有坟墓才会欢迎他了。

和韦尔蒂的《流动推销员之死》一样,霍桑的《威克菲尔德》提醒我们"注意开头与结尾"(规则五)。霍桑在《威克菲尔德》的开头向我们重述了他在"哪份旧杂志还是报纸上"读到的一个故事,一个男人神秘地离开了他的妻子长达二十年,就住在离家很近的一条街上,并在一天傍晚回到家里,"不声不响踏进家门,仿佛才离家一天似的。从此成为温存体贴的丈夫,直到去世"。这则新闻故事他只是模糊记得,或者压根就是他杜撰出来的,隶属于过去常被称为"人世百态"的一种新闻类别,它给霍桑提供了动力来写这个短篇故事。但是,霍桑没有让他的主人公得到诡异的、

---

[1] 巴特尔比除了抄写以外拒绝做其他任何事情,后来连抄写也不做了,只是解释说"我不愿意"。

太平无事的重聚场景,虽然这一点他在开头对故事情节的极简概述中描述过。在几页的篇幅之后,当威克菲尔德在离家二十年后再次踏上他家的楼梯时(奥德修斯与裴奈罗珮分别的时间也是这么长),霍桑突然停笔了:他绝不愿意告诉我们随后发生了什么。

"站住,威克菲尔德!"通常内敛的霍桑猛然发出这么一声呼喊,它刺透了他刚刚讲完的这个故事:威克菲尔德真应该一直隐匿起来。霍桑拒绝描述威克菲尔德与分离多年的妻子的会面(霍桑告诉我们,威克菲尔德对妻子一直忠心耿耿,尽其所能地一往情深,但是他在她心里却慢慢消失了)。事实上通过这么做,霍桑将威克菲尔德从他的错误(他要重返以前的生活的决定)中拯救出来。霍桑在结尾处将我们关在了门外,拒绝向我们展示我们一直在等待的最后重逢的场景。他将威克菲尔德藏了起来并为此感到满意。通过保护威克菲尔德的隐私,霍桑表达了对他的同情:这是以威克菲尔德本人的风格实施的一次秘密行动。不过,霍桑在威克菲尔德身上看到了自己,他也暗示了,他相信威克菲尔德的生存方式是对无意义之事的坚定实践,真正称得上一个活死人。

霍桑写道,威克菲尔德的出走让他在"道德上起了巨大变化",只是这种变化"他自己还不明白罢了",而且霍桑也不让威克菲尔德明白这一点。威克菲尔德永远不会明白他为什么要做出那样的事情:对他而言,这件事似乎一直是个"玩笑"。

威克菲尔德的好奇心和他的作者一样:他从外部来探索他生活的问题。他希望成为自己人生故事的第三人称观察者,不是主人公,而是与之拉开一定距离的叙述者。威克菲尔德仅仅是想看看他的世界在自己缺失之后会变成什么样子。当然了,那个世界继续运转,不受困扰。有一个时刻,他霍然意识到自己的想法是疯狂的,霍桑评论道:"他生活的全部悲惨与不可理喻一下子展现在眼前。"威克菲尔德少言寡语的疯狂也表现了霍桑的天才之处:从遥远、陌生的角度来看待生活,也就是哲学家托马斯·内格尔所称的"本然的观点"。阿尔弗莱德·卡津声称,霍桑自己也是个怪人。在霍桑人生的最后阶段,他被未完成的作品所包围,"他自己的人物在他看来变得不真实了",卡津写道。(霍桑神奇的笔记本里记载着他从未写过的许多故事素材,每一页都令人可望而不可即,充满幻想色彩。)

霍桑在创作生涯的最后阶段感受到的对笔下世界的不真实性的焦虑感,在早期短篇小说(如《威克菲尔德》)中便已经初露端倪。在《威克菲尔德》中,霍桑和他的主人公一样,也谨慎地努力消解意义。和威克菲尔德一样,作者也回避结局。在威克菲尔德和长期分离的妻子互相认出对方的高潮时刻到来之前,作者就结束了他的故事,这么做似乎在宣称,最关键的事件其实仅仅是心血来潮的奇思异想(而这或许也解释了为什么他把威克菲尔德的行为描述为"离开自己的位置")。

不过,霍桑自己从未动摇,他一直贯彻着一个中心:他的声音坚定而持续。日常的生存状态不是真正的活着,它突然变得看似梦幻、致命或者虚伪。这种令人晕头转向的顿悟,在霍桑的大多数作品中,都有作者贤明的自信与之相配。正如卡津所写的,霍桑"给我们讲述了很多东西,但永远都是用同样严肃的声音"。卡津补充道:"霍桑**知道**,他似乎是知道,因为对他而言灵魂的行为并不复杂,它仅仅是具有不幸的深刻性。每件事情都重要,每件事情都讲述;每个行为在理解构成我们的难题方面都是意义重大的。"霍桑平静地告诉我们有关我们命运的事实:我们的身份和我们循规蹈矩的意义其实是一回事,这多么令人不安。

和霍桑一样,D. H. 劳伦斯重视命定之事,并且从中看到了证明我们存在的最深层证据。而且他也和霍桑一样,在短篇小说里展示了声音的重要性。这些作家听起来似乎完全不同,但因为他们的写作方式和观点结合得十分紧密,因此在阅读时需要结合规则三("辨识叙述声音")和规则四("感受风格")。劳伦斯的长篇小说更著名,但他或许是 20 世纪最了不起的英语短篇小说家:他的作品并不优雅,但韧性十足,主题高度凝练。(他还是一位杰出的诗人。)劳伦斯在《教堂彩窗碎片》中显示了他最高的艺术成就。劳伦斯的短篇小说虽然无情,但从不流于残忍。他的人物体内拥有自然的力量。尤多拉·韦尔蒂在表达她的钦佩之情时这么描述劳伦斯的人物:这些人物说话"不是以对话的形式,不是相互谈话",而是"像泉水一样嬉戏,像月亮一样发光,像大海一样爆发",而当他们沉默时,则像"邪恶岩石的沉默"。

劳伦斯《教堂彩窗碎片》的讲述者是温顺的布奥威尔教区乡村牧师的一位朋友。这位牧师说自己正在"编一本英国人的《圣经》,是他们心灵的《圣经》——他们面对未知发出的感叹"[1]。在这个故事的开头,这位牧师正在朗读一本中世纪编年史中的一段,据他描述,这个片段说的是"从布奥威尔一跳就够得着上帝"。在这个片段中,僧侣们正在布奥威尔教堂唱晚祷:

> 我等唱诗之时,闻东边大窗碎裂,窗上乃吾主悬于十字架之画像。某为吾等惹怒之贪婪恶魔将可爱的玻璃人像击碎。吾等见到恶魔抓窗之铁爪,亦看到一张通红脸庞,如篮中之火燃烧,冲吾等怒目而视。

这个片段接下去写道:

> 清晨日出之时,有人战战兢兢去到薄雪覆盖之地,发现吾圣之图像被掷下摔碎,窗上则遗下可恶之一洞,似乎是圣体之伤口,经魔鬼触动,圣体汩汩淌血,流至雪地,如金子闪光。有人将血收集,以图神之居所欢乐……

这位中世纪僧侣的回忆(当然是由劳伦斯杜撰出来的)展示了一种凶猛

---

[1] 选自《劳伦斯中短篇小说选》,毕冰宾译,漓江出版社,2012年,下同。

可怕的想象力,是我在任何虚构类作品中见过的最令人难忘的回忆之一。在这个僧侣讲述的片段的背后,在这么一段强有力的、令人敬畏的描写背后,隐藏了怎样的故事?布奥威尔教区牧师用想象虚构了一个故事,而且这个故事奇迹般地给他发现的中世纪片段增加了甚至更多的力量。牧师受灵感驱动的幻想本身也是一个片段,是对很久之前的悲惨而又紧张激烈的生活的一种描绘。正如霍桑的《威克菲尔德》中的新闻故事一样,这个故事也是凭空虚构的,但是它极好地回应了我们想象力的需求;而且和霍桑一样,劳伦斯在督促他的故事向前推进的过程中与他的主人公形成了伙伴关系。

接下来,牧师继续与劳伦斯的叙述者谈话,但此时他将自己置换成为另一个人:一个可怜的农奴,负责管理一座中世纪庄园里的马厩。在牧师的想象中,这个农奴的生活十分任性和极端,不过又生机勃勃,注重感官感受,充满了奇特的力量。他因为杀死一匹咬他的马(他称它为"我的老对头")而几乎被鞭打至死,之后这个农奴放火烧了主人的马厩和房子,并逃进了冬天寒冷的夜色中。他放的那把红红的大火在劳伦斯的这部短篇小说里反复出现,成为一个"路标"(规则六):他的血液是红的,他恋人(他爱恋那个庇护他的磨坊主之女)的头发是红的,他在走投无路的绝望之际打破的教堂彩窗玻璃也是红的。他之前从未见过教堂彩窗,而劳伦斯匠心独具地将教堂彩窗描写为"一扇明亮的门","闪着美丽的红光,像火一样"。这个农奴误以为教堂彩窗是神之光的世间呈现,他伸出手去分享它令人敬畏的神奇力量,并将它打破了。"透过豁口,我看到下面一张张吓得惨白的天使的脸,它们哀伤地朝上看着。"他说道。那是教堂内的僧侣们,他们刚刚瞥见了一个比他们更靠近上帝,比他们更急切、更热情的人,而驱使他的是火一样的恐惧感。

劳伦斯的整篇故事就是一团迅速蔓延、熊熊燃烧的大火,再没有比它更能鲜明地与霍桑若有所思、缓慢发展的风格形成对比的了。打破窗户的野蛮行为却变成一场圣礼,比在教堂内正在进行并被它打断的宗教仪式更真实,更具生命力。在僧侣们看来,农奴似乎是个恶魔,但他实际上是个挣扎逃命的英雄,坚韧不拔地伸出手去寻找更多的生存机会,哪怕这意味着闪电般迅速的毁灭。他带着磨坊主的女儿一起逃亡了几天,听见身后主人的狗在追他,还有狼的嗥叫声。

我们知道这对劫数难逃的情侣已经接近他们短暂生命的最高潮。在他们打破教堂窗户之后的那天早上,农奴把一小块"亮晶晶的红色"彩窗玻璃(这是令他们恐惧和敬畏的理由)举给他的恋人看,并宣告:"这是我的血。""'给我!'她低声要求道。"劳伦斯在这里颇为挑衅地挪用了基督教圣餐的意义,在圣餐中耶稣变为面包和酒,用来维系人们的生命。这个农奴和耶稣一样,正处于他最极端、最辉煌的时刻,展现出上帝一样的热情。他把他自己献给我们以及磨坊主的女儿。正如牧师所宣称的那样,他跳起来去够上帝。他是一个不屈不挠、胆大妄为的人物形象,痛苦是总结他一生的关键词。霍桑的威克菲尔德从生活中隐退,韦尔蒂的流动推销员被生活所击垮,但是劳伦斯的农奴顽强地去抓住生活。劳伦斯的《教堂彩窗碎片》是一个令人喘不上气的奇迹,可惜它在劳伦斯众多的短篇小说中并不出名。

与劳伦斯相反,豪尔赫·路易斯·博尔赫斯以严谨周密、晦涩难懂的设计,而不是爆发的激情,来处理主题。但是他和劳伦斯一样,依赖短篇小说的形式让我们管中窥豹地瞥见困顿的存在状态以及困于某一时刻的生活。博尔赫斯比劳伦斯更要求我们"找到各部分"(规则十一),要求我们研究他是如何安排其作品紧凑的布局。他的一个特色是,他故事的开头和结尾一般都交叉在一起(规则五"注意开头与结尾")。博尔赫斯的《秘密的奇迹》是一部如珍如宝的短篇小说,主人公是一个虚构的犹太作家亚罗米尔·赫拉迪克,他于1939年3月在布拉格被纳粹逮捕(当然,纳粹对布拉格的入侵是史实)。博尔赫斯于1943年2月发表了这部短篇小说,满心担忧在阿根廷会发生法西斯军事政变(事实上政变在6月份发生了)。

《秘密的奇迹》开始于一个梦。在德国人挺进布拉格之前,赫拉迪克做了一个梦,梦见他在下一局持续了好几个世纪的棋。突然之间,在他的梦境里,他"冒雨在沙漠里奔跑",而且他发现自己忘记了下棋的规则。当赫拉迪克在黎明时分醒来,德军的坦克正在进入布拉格。赫拉迪克随即被捕并被判处死刑。他不厌其烦地想象自己被处决的细节,并希望这些想象会替他抵挡即将到来的死亡:假如他在想象中设想它,它就不会在现实中发生——他这么希望。(这与威克菲尔德用思想来替代生活的策略有相似之处,博尔赫斯十分钦佩霍桑的短篇小说。)赫拉迪克还念念不忘他正在写作的一部不出名的诗剧。这个剧本名叫《仇敌》,是他另一个奇怪的梦:一个被抛弃的求爱者的"周而复始的胡思乱想",他幻想自己是他的对手——那个最终赢得他心爱之人的芳心的人。最终,赫拉迪克透露,这个剧本的情节其实只发生在求爱者亚罗斯拉夫·库宾的头脑里。这个疯狂的、失败的求爱者代表了赫拉迪克本人(以及博尔赫斯,他于1943年在一场三角恋爱中败出)。博尔赫斯并没有让我们急于阅读赫拉迪克的舞台巨作,它听起来极其矫揉造作,令人厌烦。博尔赫斯的目的是将他自己的作品与该故事的中心人物赫拉迪克的作品进行对比:《秘密的奇迹》结构紧凑,设计精巧;而那个含糊不清、心事重重、总是在自我修正的空想家赫拉迪克,他的作品则松散杂乱、连篇累牍。从某种程度上来说,赫拉迪克这个沮丧的爱人和学者也代表了博尔赫斯本人,他们同是卡巴拉研究者,并都沉迷于神秘主义。赫拉迪克缺少他的创作者所具有的那种把一切集中和控制在简短篇幅内的力量——他永远也不能成为一位短篇小说作家,更别提成为像博尔赫斯那样的天才。

　　赫拉迪克很快就要面对他的纳粹处决者了,他向上帝祈祷,祈求延期:再赐给他一年的时间来完成他的剧作。他精疲力竭地睡着了,做了最后一个梦。在梦里,一个戴墨镜的图书馆管理员告诉他,上帝存在于梵蒂冈克莱门蒂诺图书馆的四十万册藏书中某一卷某一页的某一个字母里。这位管理员因为寻找这个字母而把眼睛找瞎了。在梦里,赫拉迪克立即找到了那个神圣的字母,并因此获得了他所祈求的一年时间作为回报。第二天早上,梦想成真。赫拉迪克被领到行刑队前,但是当德国士兵的枪支举起来准备开火时,一滴雨滴落在他的脸颊上……时间停滞了。赫拉迪克仍然被德国士兵所包围,但他们被固定在了原地。在随后的一年里,他无法动弹且仍然处在同一场景的中心,但他全身心投入到对著作的修改中。如果我们找到了博尔赫斯的《秘密的奇迹》的各部分,那么我们可以将赫拉迪克的梦拿出来进行比较:我们看出,有关图书馆的梦如何代表他较早时有关下棋的梦向前迈进了一步,而这个梦又怎样引向小说结尾处关于完美的最后一梦——那个有关时间停滞的幻想。

现在,随着博尔赫斯的小说临近结尾,赫拉迪克利用一个超凡的机会令自己镇静下来进行创作,他完成了自己的作品:剧本《仇敌》。他之所以做到这一点,某种程度上是通过将一些极其微小的细节融入他的作品中:他脸颊上的雨滴、看管他的士兵的脸庞。赫拉迪克正在辛苦创作的那部繁复、扭曲的戏剧,随着他遭遇到最终的现实——在后院被士兵举枪瞄准,而最终获得了博尔赫斯本人的那种优雅的凝练。博尔赫斯告诉我们:赫拉迪克修改他的作品,"有的地方删删减减,有的地方加以拓展"。在一个令人惊诧的时刻(这是博尔赫斯的天才灵感),赫拉迪克渴望与将要枪决他的士兵交流;他们成为他得以实现的唯我主义的一部分。"他对那个后院和兵营甚至产生了好感,"博尔赫斯写道,"士兵中间的一张脸促使他改变了对勒默斯塔特性格的概念。"(勒默斯塔特是赫拉迪克剧本的主人公,是这部剧自欺欺人的"作者"——赫拉迪克的双面人物库宾——假想的另一个自我。)

令人费解的是,赫拉迪克没有把延长的一年时间用来想象他的实际生活,而是用来想象他正在写作的剧本。在这个剧本中,他将自己描绘为一个令世界在想象中存在的人。这样的幻想在博尔赫斯的作品中十分常见。他的短篇小说代表作《特隆、乌克巴尔、奥比斯·特蒂乌斯》讲述了一个离奇的故事,一个隐居的百万富翁委托故事的叙述者研究一本关于一个虚构世界的百科全书,而最终来自那个世界的虚构物体开始渗入我们的世界。

在《秘密的奇迹》中,博尔赫斯直面并质疑了短篇小说简约的特性。在许多短篇小说中,一生可以在几分钟的时间内就被讲述完,包括人生中那些令人难以置信的运气,以及现实暗示的非人性化的潜在可能。但是,博尔赫斯暗示,要是我们给予短篇小说的主人公一个机会去设计他自己的生命,而不是像韦尔蒂的推销员一样,使他沦为故事讲述者的冷峻艺术的俘虏,那会发生什么事情?于是,作家赫拉迪克创造了一个他自己的镜像版本,他闲暇时虚构的另一个自我。这是博尔赫斯对作家特权的一种幻想,这种特权被慷慨地延伸给他的角色。和理查德·伯顿(他翻译的《天方夜谭》很受博尔赫斯推崇),或者托马斯·布朗,或者罗伯特·伯顿(他是鸿篇巨制《忧郁的解剖》的作者)一样,赫拉迪克发现自己幸运地陷于自己的精神奢侈之中,纠缠于自己幻想中蔓生的藤条。博尔赫斯这么描述赫拉迪克:"他殚精竭虑、一动不动、秘密地在时间的范畴里营造无形的迷宫。"赫拉迪克最后心满意足地死去。

在《秘密的奇迹》中,我们看到哈罗德·布鲁姆所称的博尔赫斯的"对自我保护的精简性的沉迷,以及对他的艺术的格外熟谙":他对于对称美的坚持,以及对最终认知的安慰性力量的信仰。再一次地,博尔赫斯告诉我们去寻找他作品的各部分,去看看它是如何完美地反射出自己的镜像。主导《秘密的奇迹》的是博尔赫斯,这位严于律己、惜墨如金的作家,而不是赫拉迪克,这位缺少约束、过分矫饰的作家。赫拉迪克可以被看作博尔赫斯的一个过分矫饰的早期自我,博尔赫斯通过自己的主导,将赫拉迪克训练得更守纪律。博尔赫斯开始从事写作时,也是一个风格过于繁复、活跃的年轻人,不过他从未达到赫拉迪克那样令人生气的糟糕程度。但是,尽管博尔赫斯排斥赫拉迪克的虚假艺术性,他仍然赋予了赫拉迪克高贵性。上帝(抑或博尔赫斯?)给予了赫拉迪克一定的时间和空间来建构他自身的存在,并将之作为一个典范展示出来,就像一个人高高举起一件漂亮的作品一样。赫拉迪克创造了一个完美的文字世界,这个世界给他的死亡和生命留下了适当的位置,哪怕他身处纳粹的灾难性暴力的中心。他在构建自己的戏剧场景时,把暴力阻挡在一定距离之外。他就像劳伦斯的农奴一样,但是又有着截然不同的节奏:他依靠艺术,而不是节奏迅速、大胆妄为的生活,这一点上他与农奴完全不一样。博尔赫斯极其勇敢、坚定地反抗纳粹主义以及它在阿根廷的盟友。在他的想象中,艺术王国,以及留心关照作家的上帝做出的庇护性姿态,使他的主人公从纳粹的野蛮暴力中获得一个延缓期。但是,读者清楚地知道,即使历史真的停滞一整年,德军的大屠杀也不会被阻止,这一认知令人心碎。

保罗·德曼这么总结博尔赫斯的艺术:"一个在自己创造的意象中迷失的作家。"在《秘密的奇迹》中,生命的逝去是一个喜剧结局。而博尔赫斯硬币的另一面则是反乌托邦的场景,他经常在自己的作品中探讨这样的场景,一个例子是他的短篇小说《通天塔图书馆》(我在前面的章节中已经讨论过这个短篇,详见"问题所在",在该章中我把通天塔当作不断扩展、无孔不入的互联网的一个贴切象征)。在博尔赫斯的《通天塔图书馆》中,一座无边无际的图书馆收藏了所有可能的书籍,甚至包括那些不表达意义、无法阅读的书籍。这里,一种危险的无限状态压倒了被贬损的、不幸的自我。在这座无边无垠的图书馆里,无从选择的眩晕感像噩梦一般可怕;博尔赫斯通过精致细腻、自给自足的技艺克服了这种眩晕。博尔赫斯令人心寒地说道,通天塔图书馆"灯火通明、寂然存在、无限无垠、不可撼动、藏有珍本、毫无用处、永存不朽、神秘无比"(依据安东尼·克里根的英译本)。一门耗尽了所有可能性的艺术,就和通天塔图书馆的艺术一样,妨碍了我们像赫拉迪克那样发现那个召唤我们的神圣字母。通天塔写作已经不再是一门艺术,而变得"毫无用处、永存不朽",在其广博无垠中置人于死地。博尔赫斯绝对是短篇小说大师,他以近乎超凡脱俗的技艺开拓着这一形式的向心力量,他的主人公始终在探寻统领一切的唯一时刻的关键。博尔赫斯之于西班牙语作家,就像上帝的"神之道"

一样重要:散文家依兰·斯塔文斯曾经回忆自己逐页背诵他的短篇小说。然而相当神奇的是,在博尔赫斯的神秘主义作品的中心,保留着一种正统的简朴。

加拿大短篇小说作家艾丽丝·门罗的声音再不能与博尔赫斯的声音相差更远了,然而她与他也有共同之处:她给她的人物提供了充足的空间和时间,来容纳其自我幻想。通过这样的幻想,门罗给笔下的人物提供了开始新生活的弹性、微妙的可能性。和霍桑一样,她助长角色的奇怪愿望,但是她摒弃了霍桑对角色步步紧逼的严酷、决绝的方式。门罗暗示,在危机时刻不能,也不应该,尝试任何极端的解决办法。相反,她对我们那种复杂的、自欺欺人的,但同时也自我滋养的心理内容表示出了极大的兴趣,并对叙述者怀有同情之心。在这个方面,她颇像契诃夫,但又比他更谨慎:她虽然沉默寡言,但对笔下人物的幸福也不是不抱希望。

门罗经常在故事发展过程中将两个人物的想象并置权衡:这时我们必须要留意"相互竞争的声音"(详见规则三)。在她的短篇小说《野天鹅》的开篇伊始,她描写了弗洛对女儿歇斯底里的警告。弗洛是一位继母(门罗在以相同角色为主人公的其他短篇小说里透露过这个细节),她正要送年轻的罗斯(可能只有十来岁)去多伦多短暂旅行;这母女俩生活在加拿大一个冷清的乡村小镇。在头几页中,门罗安静地,但颇引人注意地,向我们描述了弗洛的恐惧:她担心"白人奴隶贩子"会诱拐走罗斯。据弗洛的描述,有一个已经退休的殡葬承办人经常开着灵车到处转悠,用口香糖和糖果来引诱那些毫无戒心的女士:

> 弗洛说有人见过他,有人听说过他。天气温和时,他开着车,摇下窗户,哼着歌,既唱给自己听,也唱给后座看不见的某个人听。

> 她脸儿洁白如雪
> 她颈脖宛如天鹅……

> 弗洛模仿着他唱歌。温柔地追上某个在乡间小道独自行走,或者某个在乡间十字路口休息的女性。各种赞美之词,殷勤有礼,巧克力糖,主动提出载她一程。

对弗洛想象出的鲜活画面,罗斯表示了合理怀疑。她注意到,弗洛似乎颇为津津乐道于前任殡葬承办人诱拐女性的骇人听闻的细节(不用说,这些细节是她自己杜撰的)。不过,在可怜的弗洛的生动幻想中,有某种东西萦绕在读者心头:殡葬承办人所唱之歌中蕴含的童话一般的纯洁性抓住了我们。

那首歌中有关白雪和天鹅的温柔意象形成了一个"路标"性质的时刻(见规则六)。这些意象很快重现。罗斯在去多伦多的火车上遇见了一位中年牧师。这位牧师(他不是殡葬承办人,但颇为接近)坐在她的邻座,以"雪"景为话题寒暄了几句,并接着告诉她自己最近见到的一个壮观景象:一群野天鹅从一个荒野池塘上岸。这位牧师面相平和,干净整洁。他打开报纸,倚靠着座椅后背,闭上了眼睛。接着,罗斯就感觉到,那位牧师的手在报纸的掩护下十分缓慢地游移到她的腿上,她简直不敢相信。(弗洛的担心是对的!)"她有一阵子以为那是报纸,"门罗写道,"接着她问自己:那要是手该怎么办?这类事情在她的想象中发生过。"罗斯一时觉得恶心,一时又不由自主地受到陌生牧师伸来之手的诱惑,她决定不采取行动抗议它的"最微妙……最羞怯的按压和研究"。在如梦似幻之间她取得了一种主导地位。在她自身的反应中,她侦测到了好奇心,一种"就想看看会发生什么事情"的愿望。

随着《野天鹅》情节的发展,罗斯把双腿分开,悄悄地配合牧师的性骚扰;她表明她知道自己正在做什么,她的那种柔顺的矛盾心理远远超越了门罗在故事开始时让弗洛描述的那种欲望作祟的场景(规则五"注意开头与结尾"与此处相关)。罗斯自我叹息:

这真丢脸,这真卑鄙。但是,这有什么害处呢,我们在这样的时刻问我们自己,这有什么害处,越糟糕越好,我们乘着贪婪的寒流,贪婪默许的寒流,顺势而为。一个陌生人的手,或者人们讲笑话时提过的那些根茎类植物或者简陋的厨房用具;世界充斥着各种物体,它们看似清白无害,但随时准备着宣布它们的另类用途,狡猾无比且乐于助人。她小心控制自己的呼吸。她难以相信这一切。

在这一显示名家功力的平静段落中,门罗温柔地体谅了罗斯的意识——她受了惊吓却颇为兴奋的状态。罗斯与作者肩并肩地神游,想到一个狂野、粗糙的笑话(厨房用具),又回归到内心灵魂的紧张状态。

　　《野天鹅》是一个关于性意识觉醒、性的成人礼的故事。它结束于一种安静想象的情绪中,罗斯回忆起弗洛的一位朋友,她本是一个女服务员,在度假时成功地冒充了女演员弗朗西丝·法默(作者或许期待我们记得,法默的生活十分悲惨,身心备受摧残,这与女服务员轻松的角色扮演形成一种不言自明的对比)。门罗用女服务员的逸事使人联想起成年人假面伪装的意象:未竟的人生成为希望的理由。任何劳动阶级的女孩均可以变为乔装的电影明星。门罗认为,你可以在幻想中得到满足;即使你表现出来,别人也不会用它来要求你。(罗斯后来也成了女演员,详见门罗有关她的后续短篇小说。)罗斯的力量在于她对神秘之事的依赖:有关这次火车旅行的回忆既刺激了她,也保护了她。罗斯在想象和回忆中经历的生活战胜了弗洛的八卦想象,因为她的方式比弗洛的更加内省,更加专注。[这就是《野天鹅》中门罗的"基本思想"(规则九)。]关于笔下角色的未竟人生,韦尔蒂在《流动推销员之死》中看到的是夭折失败的挫折;劳伦斯在《教堂彩窗碎片》中看到的是够得着上帝的一跳,一种灾难性的胜利。在门罗的《野天鹅》中,既没有韦尔蒂将主人公暴露在残酷命运的摆布之下的意味,也没有霍桑对沉默寡言的高度强调。门罗让步给她的角色罗斯,让她书写了自己的故事。在门罗笔下,罗斯如梦似幻的声音在沉思中主导了她的回忆。罗斯后来回忆起这次火车上的性插曲,它开始于一个陌生人的性骚扰,但发展成为她个人的财富;她在人生后期会重返这段经历,把它当作一个避难所、一个家园。别忘了路标意象,它在该小说的题目上便已经表露。野天鹅(其终极源头是叶芝令人心痛的怀旧诗歌《库勒的野天鹅》)代表罕见的美,是在瞥见某种安宁、隐秘、完全私人化的物体时的一种顿悟。

门罗曾经说过,对她而言,短篇小说就像房子一样,作者与读者应该能够在其中自由徜徉。很少有其他的短篇小说作家会以这个意象来描述他们的作品:门罗不是把故事削减成为单一的时间切片,成为一个孤立的事件或时刻,相反,她把她的故事铺展开来。她不担心含混不清的分岔。

门罗具体展现了短篇小说管窥无限世界的能力,在小说人物的幻想中打开了一个无限的世界,而博尔赫斯以完全不一样的方式完成了同样的事情。相反,我在本章中列举的最后一位短篇小说作家斯蒂芬·克莱恩,却坚持无情的极境。克莱恩给他的人物施加压力,甚至远比韦尔蒂和霍桑更加强硬。

克莱恩的《海上扁舟》精简、荒凉,是一个看似冷酷无情的故事,讲述了四个男人在船只失事之后受困于救生小艇的经历。(它以克莱恩本人的真实经历为原型,他于1897年在前往古巴的途中遭遇船只失事。)这些人在公海上度过了好几天,试图上岸,好几次都近到能够隐约看见获救的希望,但希望总是破灭。他们需要不断地努力才能防止小船倾覆,精疲力竭之下,他们用虚幻的希望鼓励自己,但随后又濒临绝望。克莱恩逗弄他笔下的这四个男人以及他的读者,就像猫儿逗弄老鼠一样。在作者多次拿获救的前景戏弄他们之后,我们通常都会相信这些角色最终均会以最残忍的方式死去。然而,最终,克莱恩让他们全都活了下来,只除了一个人。在该小说的最后几页中,这些男人终于朝着海岸游过去,克莱恩进入了其中一个人(记者,他显然代表克莱恩本人)的脑海中。在再游几分钟

就到达海岸的距离内,记者发现自己在与"一个奇怪的新敌人——水流"做斗争:

> 他想道:"我就要被淹死了?这可能吗?这可能吗?这可能吗?"也许一个人应把自己的死亡看作是大自然所表露的最后的一个现象。
>
> 后来也许是一道海浪把他卷出了这股小小的致命的水流,因为他突然发现他又可以游向海岸了。

克莱恩在上引最后一句中使用了一个奇怪的措辞"也许",这证明他对事件的显然十分幸运的转折持有不可知论的看法:也许那里其实什么也没有,没有什么帮助了记者,没有海浪,没有突然的好运气。(或者即使有的话,它也不代表什么意义。)就在这句话之前,克莱恩刚刚提到另一个"也许":"也许一个人应把自己的死亡看作是大自然所表露的最后的一个现象。"这个冷静平衡、无懈可击的句子宣告了克莱恩冷静的现实主义。这句哲学思考显得十分奇怪而疏离,它告诉我们,克莱恩总是十分精确。他说,死亡在将死之人看来总是不可能的,因为它类似于一切事物的终结,包括自然本身。船长当时仍然紧紧抓住小船,他喊记者游到船这边来。克莱恩接着描述了这个高潮时刻,他再一次展示了记者的心理活动:

> 当他奋力朝船长和小船游去时,他在想,如果一个人累得不行了,淹死大概真是一种舒适的安排——敌意终止了,随之而来的是很大程度的解脱。他对此感到高兴,因为在一段时间里,他脑子里占主导地位的是对这短暂的挣扎的恐惧心理。他不愿受伤。

克莱恩写道:记者接近现在已经无人的小船,他

> 完成了这次航行中一场小小的精彩演出。一个大浪把他卷了进去，快速而轻易地把他抛过了小船，掷向远处。就是在当时，他也感到这是一场体操表演，是大海一个真正的奇迹。

此处，克莱恩放弃了他那令人生寒的"也许"一词，这个词令人对这些奇迹产生怀疑；他屈从于记者在想象中的努力。当《海上扁舟》进入尾声（拯救了记者的那道海浪的"小小的精彩演出"）时，克莱恩将这种美比作体操的美。终于，在此处，四面楚歌的主人公被允许获得力量的飞跃：克莱恩称赞他的"演出"，而很显然那只是水流的一次随意的、盲目的波动的结果。然而，虽然克莱恩允许记者暂时享受他震惊的、感恩的视角，这一刻的喘息也是短暂的。克莱恩在《海上扁舟》的最后一句保持了他一贯的准确性，用反讽的语气，冷眼旁观那些获救之人的新自信——他们认为自己了解大海："夜幕降临时，白色的海浪在月色下来回游荡。海风把大海说话的声音带给岸上的人们。他们感到此时他们能够理解这话的意思。"

这是一个颇具穿透力的反讽：克莱恩自己就是船只失事的受害者，他知道这些人的经历没有给他们带来新的智慧。他们并不能比别人更好地理解那些差点杀死他们的随意的、无情的海浪（海浪确实杀死了他们中的一员——加油工）。正如爱默生在随笔《命运》中提到船只失事的船员时所说的："他们有权决定他们眼中流露的内容，但其余的一切都是命运。"克莱恩比爱默生走得更远。这艘扁舟上的船员都受制于严格说来毫无意义的命运，而作者在绝大多数时刻甚至剥夺了他们眼中流露的内容——他没有从他们渴望的视角来展现他们逃脱死亡的过程。

克莱恩的行文风格中有一种运动员的品质，以一种流线型的、平衡的方式走向一个干净利落的结局。水流的突然转换改变了一切：记者原本可以轻易地死去，但他反而活了下来；而克莱恩暗示，我们最好用一种冷静的眼光来看待这一差异。对克莱恩而言，这个奇迹是沉默的：不论是关于自然的意图、人类的性格,还是一个人的命运,它都不告诉我们任何真相。

"海上扁舟"最终停在岸上,一群人给这些人送来了毯子、衣物、水壶和咖啡壶,我们在经历了几乎令人窒息的紧张之后感到了极大的宽慰,但是并未获得任何有关友谊或坚忍的说教。这些男人的坚韧不拔、他们渴望活下去的愿望,与其说是勇敢,倒更像是无奈之举。而且,记者在临近淹死时的确曾一度渴望死亡,渴望达到"敌意终止"的状态。他这时的冲动,和他渴望自我拯救的一贯想法,同样地令人尊重。如果给《海上扁舟》换个截然不同的结尾,让船员淹死而不是幸存,效果也会是一样的。在规则十三"探索不同的道路"中,我建议读者尝试给他们正在阅读的作品换上不同的结尾。克莱恩替我们做了这个实验,他用死亡而不是幸存的可能性逗弄我们。

克莱恩教会我们,即使是最饱满、最具意义的时刻也能执拗地抵制我们渴望从中挖掘意义的愿望。短篇小说的突兀感以及它对生活中某一短促、直白的行为的兴趣,十分适合克莱恩。我们对那些人在船只失事之前的生活一无所知,而他们在上岸之后又发生了什么,我们也无从知晓。唯一重要的便是他们在船上的那几天。那时,接下来要发生什么事情,看起来既是完全开放的,又是完全封闭的,但不管怎么样,都是空白的。克莱恩在《海上扁舟》中的态度就像他所描述的大海:荒凉、紧张、令人生畏。

在本章讨论过的所有短篇小说中,《海上扁舟》呈现的作者与孤独主人公之间的紧张状态最为严峻。克莱恩虽然让他的主人公活了下来——这和韦尔蒂在《流动推销员之死》中的设计不同,但是他铁了心要质疑主人公哪怕最微小的自由思绪。与克莱恩相反,门罗在《野天鹅》中愉快地发展了女主人公想象力的内省力量,而博尔赫斯在《秘密的奇迹》中令赫拉迪克的创作如宇宙般无垠。霍桑的《威克菲尔德》和劳伦斯的《教堂彩窗碎片》以各自不同的方式展示了作者如何为小说角色精心打造一个虚构的命运:要么像劳伦斯一样给予他自由的能量,要么像霍桑一样赋予他一个强大驱动力来自我抑制。

  命运之绳勾出的轮廓也是短篇小说的边界,这一点总是凸显了作家作为事件主导者的角色。在韦尔蒂、霍桑、劳伦斯、博尔赫斯、门罗、克莱恩和许多其他作家的作品中,作者与读者一样都必须接受这一文学形式的严格界线。然而,在身处孤独中时,我们仍然会被短篇小说主人公孤独的特性所打动。简洁性使得短篇小说具有明晰的结尾,但它也充满了各种可能性,所以我们深思、判断、同情,种种情绪同时进行——就像博尔赫斯的赫拉迪克一样,陷入时间的气泡之中。

阅读长篇小说

与其他的文学类型相比,长篇小说更要求我们对小说角色产生认同感。我们逐渐从内部了解小说的主人公,渐渐融入另一个人的身份,完全被一个全新的、迷人的角色所吸引。短篇小说强迫我们与角色保持一定距离;长篇小说却令我们更接近他们。E. M. 福斯特在其开拓性作品《小说面面观》中写道:"对一本长篇小说的最终检验将是我们对它的感情,就像对友谊或别的任何我们无法精确描述之物的检验一样。"正如福斯特凭直觉感受到的,一本你最喜爱的小说就像你的亲密朋友,你对书中描写的人物有感情。

长篇小说不仅满足了我们对角色认同的需要,还使得这一认同变得复杂。实现这一点的一个途径是让角色们相互对决。小说依赖相互竞争的声音(详见规则三"辨识叙述声音",我在其中讨论了巴尔扎克的《高老头》)。作者让重要角色相互平衡,或者相互争论,并用次要角色来映衬他们。长篇小说以这种方式将自己与短篇小说区别开来。从某种关键意义上而言,短篇小说的所有角色都是次要角色,因为他们并不像长篇小说的主人公那样渴望我们的情感共鸣。

当一本书贴近我们的内心时,不论其中的人物是像梅尔维尔的埃哈伯那么大胆而乖张叛逆,还是像亨利·詹姆斯的黛西·米勒那样神秘而迷人,我们都会对其进行思考,至少当这本书是长篇小说时我们会这么做。在抒情诗和随笔中,作者面向读者说话;在这些文类中,作者通常和读者彼此产生共鸣,而不需要任何中间角色。但是在长篇小说中,角色是一切：虚构人物直接与我们面对面。

在本章中，我将带领你们快速浏览一些非凡的长篇小说，它们依赖读者希望对主人公产生认同感的欲望而运作：薇拉·凯瑟的《教授的房子》、亨利·詹姆斯的《黛西·米勒》、菲利普·罗斯的《美国牧歌》、赫尔曼·梅尔维尔的《白鲸》、拉尔夫·艾里森的《看不见的人》和列夫·托尔斯泰的《安娜·卡列尼娜》。在每本书中，作者都探索了读者对主人公的角色认同感，然后利用这种认同感来对抗书中其他充当陪衬的角色。这是关于小说结构的重要一课，几乎每本长篇小说都教过这一课：我们被期待着克制想要认同中心人物的火热愿望，转而思考那些散布在小说中的其他角色。我们必须"问正确的问题"（规则二）并"辨识路标"（规则六），以便看清小说家是如何引导我们去成熟地评价主人公的。我们也能从规则十二"写下来"中受益，记下一些有关小说结构的笔记，这将有助于我们更清楚地了解小说关于中心人物的观点。从不同的侧面来观察主人公，了解她或他周围其他人物的生活，这些经历将进一步丰富我们的感受。我们对最喜爱的角色所持有的亲近感并不会被削弱，相反得到了提升：变得更丰富，更复杂立体。

薇拉·凯瑟的《教授的房子》聚焦于教授这个中心人物，但同时也平衡了他与其他角色的关系，尤其是年轻人汤姆·奥特兰，他的故事激励了教授和我们。凯瑟的杰作《云雀之歌》是一部教育成长小说，讲述一个年轻女孩子在即将成年时的经历。《教授的房子》也是一种类型的成长小说，它描绘了主人公形成新意识的成长经历。教授是一个中年男人，他的孩子们已经成年，但他重新获得了他少年时代的内在力量，以及随之而来的宁静、自信的想象生活的内核。凯瑟在这里表明了她是华兹华斯的追随者。回归童年的心境（那时的我们没有进入社会，是充满活力的小小梦想家），并用本能来滋养自己，这是华兹华斯诗歌的标志性主题。华兹华斯的《颂诗：忆童年而悟不朽》把孩子描绘为充满想象力的孤独英雄，读凯瑟这样的小说很难不想到华兹华斯的这首诗。

凯瑟是土生土长的美国人,美国的地理环境对她的作品至关重要。声音和场所感之间的密切关系是理解这个小说家的关键(狄更斯是一个类似的例子,我在规则三中曾经讨论过)。凯瑟的早期经历在这里起了作用,她在十岁时从弗吉尼亚移居至内布拉斯加。这个小女孩见识了开阔大平原的严酷生活,为之感到惊叹。凯瑟学到的经验是,孩子也会感觉到自己是个陌生人、流放者,而她在成年之后需要从这个早期的、异样的感受中汲取写作素材。"艺术,就像内布拉斯加一样,是进入空气稀薄之地的一次旅行,是去往渺无人烟处的远足,在那里你失去了一切,除了自己。"琼·阿克塞拉动人地写道。阿克塞拉用"朴素和纯净"的字眼来评论凯瑟的文笔是十分准确的,凯瑟的作品堪称美国文学界最优美的作品。她的作品出现在读者面前,提供的正是孤独想象力的安慰。

《教授的房子》讲述的是一位在中西部教西班牙历史的教授戈弗雷·圣皮埃尔的故事,他决定一个人在小镇上度过夏天,而不是和家人一起去欧洲旅游。他拒绝跟他们一起去旅游,而是在几乎空了的房子里继续他的学术工作,在花园和书房里消磨时光。他远眺密歇根湖,那是他自孩提时代起便十分熟悉的湖泊。凯瑟描写了教授经常眺望的那个湖泊,她的描写告诉了我们一些有关这个男人的重要信息——不合群、恬淡寡欲,不过心怀渴望、文雅有教养——并拉近了我们与他的距离。她写道:

> 湖泊是生活中的伟大真相,它总是一个逃避沉闷的去处。太阳从其上升起,一天从那里开始;它就像一扇打开的门,谁也无法将其关上。你只需看看湖泊,你就知道自己很快就将自由……它贯穿融入每日之中,就像天气一样,不是需要思考之事,而是意识本身的一部分。

凯瑟对密歇根湖苍茫、孤独之崇高的描写,或许影响了华莱士·史蒂文斯对其本土风景的理解,例见史蒂文斯的诗歌《康涅狄格的万河之河》和他

描写康涅狄格的散文《平静的康涅狄格》。在后一篇中,史蒂文斯写道:

> 热爱新英格兰,尤其是康涅狄格人烟稀少之地的人,爱的正是那荒凉的色彩、稀薄的光线、那个地方的精致与美丽……春正浓时,我们看到的是一幅水彩画,而不是油画,而且所有人都感觉,仅仅通过选择居住在这幅画所存在的地方,我们都参与了这幅画的绘制。

和史蒂文斯的康涅狄格一样,凯瑟的密歇根湖具有同样的简朴的魅力,并同样以一种奇特的方式承诺了自由。教授虽然待人极为彬彬有礼、深具同情心,但他天生是个隐士;而对于凯瑟而言,在这个世界上独自一人便意味着你是自由的。

《教授的房子》十分不同寻常:它是一部仅仅涉及工作的长篇小说。教授在全身心投入写作任务时最自然真实。这个爱好是他与他的创造者的共同之处,也是他与每一位伟大作家的共同之处。他妻子的世故——她对精美事物的兴趣、她"愿意最大限度利用时机和人事的想法"——令他感觉不舒服,也颇不自在。和自己的妻子相比,与戈弗雷更投缘的是他的女婿——富有进取心的路易·马塞卢斯,他的仁爱慷慨和高昂情绪令他在凯瑟的小说中无人能与之匹敌。但是马塞卢斯的巨大热情在戈弗雷看来多少有些不着边际。马塞卢斯并不能像教授那样了解最无遮掩的自我。

凯瑟让她的角色相互试探,从而发现自己的完整性。她研究了次要人物——教授的妻子、女儿和女婿,以之作为一种框架方式勾画主人公的挣扎。这些配角促使教授展开自己的探索之旅,这一旅行不仅发生在孤独的写作经历中,还发生在他与学生们的联系中,尤其是一个名叫汤姆·奥特兰的学生。汤姆年轻时就来到了圣皮埃尔家,向戈弗雷的一个女儿求了婚,随后在第一次世界大战中阵亡,而他在阵亡之前刚刚完成一项发明,后来由路易·马塞卢斯(他娶了那个女儿)申请了专利,并且获利十分丰厚。

汤姆·奥特兰的真正爱好是考古学,这一爱好一直占据凯瑟这篇小说的中心位置,与之匹配的是教授对自己工作的热爱。汤姆是个次要角色,但是极其令人难忘;他给这本书的标题人物——教授提供了支撑力量。《教授的房子》中最杰出的一部分便是"汤姆·奥特兰的故事",而且和教授的故事一样,汤姆的故事是以孤独之乐为主题的。戈弗雷在多年之后的这个夏天,独自坐在家中,回忆起那个逝去的年轻人的故事。

以下是汤姆·奥特兰的故事。汤姆在来到圣皮埃尔家之前的几年里,曾经在新墨西哥州偶遇一个古老的印第安村落遗迹:这个完全消失的世界被完美地保存下来,不被外人所知。汤姆赶往华盛顿,试图说服史密森学会派人去挖掘现场,但是未能成功。在这次无果的旅行之后,汤姆回到新墨西哥州,却震惊地发现与他一起探险的同伴已经将那些印第安人的手工制品全部卖给了一位商人。那个村落现在没有了工具、毯子和陶器,它丰富的文化遗迹被永远地擦除了。汤姆被这个消息击垮了,不过他随即决定整个夏天都一个人待在山顶,待在那个空旷的村落(它就像戈弗雷的那个空旷的房子一样)。他要再一次与印第安村落在一起,那个村落曾经长久消失在人们的视野中,而现在却再次消逝了。

此处,在汤姆·奥特兰故事的末尾,凯瑟达到了她在《教授的房子》中成就的最高峰。汤姆说道:

> 我记得那些事情,因为,在某种意义上,那是我真正在山顶度过的第一个夜晚——我全部身心都在那里的第一个夜晚。那是我头一次完整地看这件事。它所有的一切在我的理解中凝聚在一起,就像一系列的实验所做的那样——当你开始明白这些实验将你引向何处时,它们就在你的头脑中凝聚在一起。我的内心产生了一些变化,使

得我能够自我调节并将一切简单化,而这一过程在我的头脑中进行,带来了极大的幸福感。这就是拥有。

汤姆在山顶上一直待到十一月,学习维吉尔的诗歌和西班牙语语法,并"整理废墟,以待再过一百年或许有好的探索者前来"。他想阐明他的觉悟:

> 我几乎不敢指望生命会再给我一次机会,令我这样度过一个夏天。那是我的人生顶点。每天早上,当第一缕太阳的光线到达山顶,当世界的其他地方还沉浸在阴影中,我醒过来,感觉自己找到了一切,而不是失去了一切。什么事情也不能令我疲惫。我独自一人在那高高的地方,做太阳的近邻,我似乎以某种直接的方式接收到太阳的能量。到了夜晚,当我看见太阳隐没于我下方平原的边缘,我常常感觉自己不能再承受那道消耗性的光线,再多一个小时也不行,我已经满溢,需要黑暗和睡眠。

汤姆总结道:"幸福是不能解释的。你必须相信我的话。我随后遇到了足够多的麻烦事,但是那个夏天一直在那里,山高天蓝,它本身便是一生。"

这些话的字里行间传达了绝对的欣喜之情,而且因为字面的平静叙述反而显得更为有力。凯瑟由此展示了拉尔夫·沃尔多·爱默生首创的美国式韧性的精髓:我们在被击败之后,反而更加强有力地握紧了我们的核心价值,从而获胜。一位后辈美国作家约翰·阿什伯里在写作诗歌《乡间的傍晚》时回忆起凯瑟的这一段话:"我已放弃/想要进一步获胜的决心,/太阳升起的战栗/装满了我的心。"但是阿什伯里在诗行的强大表面之下仍然郁郁寡欢,而凯瑟的汤姆·奥特兰却讲述了纯粹的、平静的胜利。汤姆失去了他最珍视的东西——印第安人的古手工制品,但是这一损失却给了他一个机会。他以一种崇高的方式早早到达了他人生的峰顶。(在凯瑟的《云雀之歌》中有一个类似的经过升华的顿悟:在旅居亚利桑那州期间,凯瑟的主人公——歌手西娅·克朗伯格在纳瓦霍人居留区的空旷地带发现了自己的使命。)

阿克塞拉写道,汤姆·奥特兰的故事"像楔子一样地嵌进"《教授的房子》。当我们"找到[小说的]各部分"(规则十一)时,我们就能看清,这一顿悟性的高潮部分是如何支撑和升华小说整体的。汤姆的故事以更纯粹的形式再现了教授本人的探索之旅;汤姆与戈弗雷女儿的婚姻以及他作为发明家的才华都仅仅是后话。真正的重点在于那个非凡的夏天,多年之后教授在独处时重新唤起关于那个夏天的记忆,他也于深夜俯身坐在那里读书,重新获得汤姆早年的力量。汤姆支撑了教授的梦想,使之变得更真实。他的声音是教授声音的一个闪闪发光的年轻版本,最终这两个声音合二为一。

凯瑟的长篇小说都颇为私密和谦逊,就像她笔下的教授一样,虽然阴郁,但十分健康,不是现代主义全盛时期的那种悲观主义,但也并不欢欣鼓舞。她的写作有一种绝对的感觉:阅读凯瑟就是要获得一种独自生活的体验,而且是其最核心的体验。她拒绝社交礼仪,拒绝那些夹枪带棒的复杂策略——这些策略给亨利·詹姆斯提供了素材,也给托尔斯泰精心策划的固定场景留出了空间。她力图寻求的是某种更局部的东西,而且在她看来,它更为真实。

詹姆斯早期的中篇小说《黛西·米勒》只有薄薄一本,勾画了一个求索型的主人公,就像凯瑟的教授一样。(中篇小说,或者说篇幅短的长篇小说是一种重要文类,从古典时代晚期的古希腊散文一直延续到现代主义后期的独白,如托马斯·伯恩哈德的《输家》和罗贝托·波拉尼奥的《智利之夜》。)凯瑟将其主人公从社会中解放出来,但詹姆斯正相反,他提供一个框架来约束黛西:环绕着她的那些热闹的、时常僵化的社会审查。詹姆斯带着爱恨交织的心理,仔细研究这种约束。他步步紧逼,展示了社会可能对无辜自我造成的伤害。不过,他并不情愿弃绝社会的这种安排我们的生活、衡量我们的价值的方式。詹姆斯在《黛西·米勒》中的"基本思想"(规则九)是关注以下内容:社会审查的习俗被应用于年轻人和自由心灵之后会产生什么样的损失,以及年轻和自由是如何无法自我界定,并最终无可避免地寻求一种只有社会才能给予的框架的。

黛西是一个年轻的美国女孩,即将成年。对于求爱和婚姻,她虽然已经有所准备,但尚未准备完全。她首次来到欧洲大陆旅行。在日内瓦,以及随后在罗马,她遇见了另一个美国人温特伯恩,这是一个颇为拘谨但性好沉思的角色,黛西的故事便是由他讲述的。凯瑟的汤姆·奥特兰强化了教授的内心生活,然而詹姆斯的温特伯恩则给黛西的自我刻画加上了一层反讽的色彩。黛西精神自由,坦率直白,又颇具风情,十分迷人。温特伯恩痴迷地爱上了她,又不敢承认,因而感觉有必要去发现她的秘密。她真的就像她看上去那么天真吗,又或者她会不会其实是个擅长操控别人、性经验丰富、世故庸俗、令人失望的人?黛西的巨大魅力吸引着每一位读者:她是一个自然、不做作的人。但是随着詹姆斯这部中篇小说的继续发展,我们开始像温特伯恩那样思考黛西,把她当作一个待解的谜题。不管愿不愿意,我们开始认同温特伯恩,这个热爱观察的男人被黛西极其清新的性格深深吸引。黛西卖弄风情地挑逗温特伯恩,温特伯恩则,"一面叹其推理的迅疾,一面又暗自乐在其中,她这番揶揄竟如此坦率。说话间,这个女子在他眼中便成了天真与残忍绝佳的混合体",詹姆斯写道。他是阅读人物的一个读者,我们也是:我们是出于和他如出一辙的好奇心来阅读詹姆斯的书。但是我们又和詹姆斯笔下这个沉静的年轻人不一样。黛西热衷于挑衅温特伯恩,而在这样的时刻我们又与她有同感:我们心生叛逆,反感温特伯恩热衷于维护体面的狭隘思想,以及他维护传统表象的方式。黛西后来结交了一位罗马朋友焦瓦内利,温特伯恩和他周围的人都倍感震惊。她是不是在完全无视社会规范的行为准则而开始一段恋情?温特伯恩相信她是在这么做("好一个敏慧的小邪女啊!"他愤怒地想道,"她装成一副楚楚可怜的无辜样儿,真是像极妙极!"),但是在黛西悲惨地死去之后,他发现自己错了(她鲁莽地与焦瓦内利一起前往角斗场,在这次危险旅程中,她染上了疟疾"罗马热")。归根到底,她还是天真的。

温特伯恩对黛西的刻画是错误的;詹姆斯浓厚的反讽语气显示了温特伯恩是一位不可靠的叙述者。但是他的反讽也针对黛西。她认为欧洲"极其令人愉快",这个结论说明,她甚至还没有开始感觉到她行迹所至的旧大陆文化的深度和黑暗力量。对她而言,角斗场似乎是一个月光笼罩的浪漫之地;她并没有意识到,它实际上是古代罗马以及现代罗马的一个象征,它给予的是疾病、死亡或者耻辱,可以令其受害者毁灭。黛西就是它的受害者之一,而我们——她的读者们,隔着遥远的距离来观察她:我们比她年长,比她更知悉世情。我们受到她的吸引,但是也受到作者詹姆斯的成熟观点的影响。有詹姆斯充当我们的向导,我们开始理解谣言的运作方式,明白了社会能够给个人造成什么样的改变。黛西并不能完全逃离由温特伯恩所代表的世俗观点的包围。他划定了她的故事的基调,他宣布对她的判决。即使他最终发现自己对黛西的判断错了,这也没有促使他放弃自己温文尔雅、笃定自信的举止。在《黛西·米勒》的结尾处,温特伯恩仍然与开篇时一模一样,没有改变;黛西对他而言是一个回忆,而不是一个教训。这两个角色永远联系在一起,但是也永远地彼此不同,真是一个奇怪的二人组。在黛西和温特伯恩两人身上都有些许詹姆斯的影子,而读者也与作者一样对他们态度矛盾,爱恨交织。这与凯瑟的《教授的房子》形成了鲜明的对比。在《教授的房子》中,教授通过回忆汤姆·奥特兰来给自己提供支持和力量,汤姆的声音听起来与教授的声音十分相似。詹姆斯则和凯瑟不同,他在《黛西·米勒》等许多作品中依仗的是相互竞争的声音(详见规则三"辨识叙述声音")。

詹姆斯在他的许多作品中均提供一个既是读者又是观察员的角色(例如温特伯恩),以及给这个叙述者或者观察员造成难解谜题的另一个角色(例如黛西)。菲利普·罗斯的《美国牧歌》也符合詹姆斯的这一模式。在这本书中,一个父亲试图理解他叛逆的女儿,同《黛西·米勒》一样,体面被和某种更具威胁性的品质并置起来。体面变得令人迷惑不解,这在《美国牧歌》中更为明显。体面本身十分脆弱,而反抗它的激进举止也一样脆弱。

  罗斯的叙述者(他几乎是一位隐身的观察者,不出现在小说的情节中)在开篇伊始回忆起了那位体面的父亲:他尊敬的朋友,瑞典佬利沃夫。利沃夫在高中时是一位杰出的运动员,后来成为一位中年商人。这个瑞典佬真正的教名是塞莫尔,他从纽瓦克搬到新泽西州富有的乡村地带,在那里过着看似完美的家庭生活。他生活里唯一的瑕疵便是他的女儿,她在越战进行得如火如荼的时候炸了当地的警察局并因此被捕。叙述者接着想象这个瑞典佬与女儿梅丽的创伤性的痛苦关系。梅丽成了一名左翼激进分子,一个在逃的恐怖主义者,并最终躲到纽瓦克的一间肮脏、危险的公寓中沦为一个憔悴的狂热分子。瑞典佬从他父亲那里继承了一家手套工厂,罗斯给了他一长段充满爱心的文字,好让他描述制作手套所需要的复杂技艺。(他当时是在给一位名叫丽塔·科恩的年轻学生讲这些,后来他才发现丽塔原来是梅丽的同志,是又一位疯狂、危险的革命者。)"看见这些缝吗?"瑞典佬问丽塔,

  "皮子边上的线缝的宽度,这才是高质量的手艺活。针缝与边缘之间大概只有三十二分之一英寸。这要求高技术水平,比普通的要高得多。如果手套缝制得差,这条边会占到八分之一英寸,也会不直。看这些针缝多直,这就是为什么说纽瓦克女士皮件厂的手套是好样的,丽塔。"……"合拢手掌,握成拳头,"瑞典佬说,"感觉一下你手掌膨胀时手套跟着伸展,对你的尺码调节得多好?那是剪裁工认真干时所做到的——长度上不留伸缩余地,他在剪裁时已去掉了,因为你不想要手套手指变长,但在宽度上有一点看不出的精确计算过的伸

缩余地。宽度上的伸缩要精确计算。"[1]

这里我们看到了《美国牧歌》真正的怀旧对象：一种已经古老过时的对工作的认真态度。这样的精湛技艺既是瑞典佬的专长，也是叙述者的专长：理解和汇报某事的细致努力，与制造精工手套的技术颇为相似，都是用精湛的设计来适应穿着者手掌的大小。罗斯提供了一个与之形成对比的镜头，它是作者故意设计来引起读者反感的：在《美国牧歌》的中间部分出现了一个令人震惊的镜头，手套在手掌和手指处缝合的精美工艺被丽塔·科恩的一个污秽手势消解了。丽塔是梅丽的激进主义同伴，她用粗鄙的手势撑开她的阴道，奚落瑞典佬，并宣称他那失踪的女儿痛恨他。丽塔的恶俗表演随后又和梅丽蓬头垢面、令人作呕的外表联系起来，那时瑞典佬终于找到了她。作为一个耆那教徒（或者，更准确地说，她自己想象版本的耆那教徒），梅丽拒绝洗浴刷牙，她散发着恶臭的嘴巴证明了一种从污秽中寻找纯洁的堕落理念。只有十来岁并且罹患口吃的梅丽冲着电视上的政客们叫嚷。"口吃成为她割下所有撒谎杂种脑袋的弯刀。"罗斯写道。他在描绘梅丽冲着林登·约翰逊尖叫的场景："你他、他、妈的疯子！你冷酷无、无、情的怪、怪物！"这一切都离她父亲，那个瑞典佬利沃夫平静、有条理的声音太遥远了。

罗斯给我们提供了两种相互竞争、相互战斗的声音：瑞典佬和他女儿梅丽。有些读者感觉，梅丽处境不利；但是，瑞典佬也有力所不逮之处。在《美国牧歌》中，我们对瑞典佬产生认同感，但是到了该书的结尾处，我们被迫意识到压抑既是他的手段也是他的目的，而梅丽对父亲的叛逆，虽然其行为本身是粗野且误入歧途的，但的确具有某种真实的、重要的反叛目标：完全令人难以忍受、犹如石墙般冥顽不化的美国牧歌神话，以及它令人抓狂的和善体面。罗斯在他的很多书中都专注于用极尽讽刺且强劲

---

[1] 选自《美国牧歌》，罗小云译，译林出版社，2011年，下同。

有力的攻击,来试图将那堵墙推倒。《萨巴斯剧院》或许是他最伟大的长篇小说。在这部小说中,罗斯颂扬了粗鲁和污秽的好处,认为其中存在一种充沛的、绝望的能量,那是因循传统所无法企及的。但是在《美国牧歌》中,叛逆却具有一种令人沮丧的局限性(罗斯的一些其他作品中也有类似主题,如他近期出版的寓言小说《愤怒》)。该书就美国郊区生活提出了一个问题,却没有提供答案:这种生活到底压抑了什么?为什么?我们在阅读罗斯对美国式成功的隐疾所做的痛苦诊断时,与那位好心肠的瑞典佬利沃夫产生了共鸣,他是我们能够想象出来的最善良的虚构人物了。但是,罗斯令我们意识到,他这样的和善也还意味着刻意的无视:故意将痛苦排除在外,从而使得悲痛变得难以接受、难以理解。我们一路陪伴瑞典佬,我们同情他,但是我们想比他知道得更多。最终,罗斯说服我们去评价我们对瑞典佬的和善所感受到的不安情绪,哪怕这种不安令我们感到害怕。在此过程中,他提醒我们注意,在詹姆斯推崇的文雅传统中存在着令人不安的一面:我们习惯于对每日生活所依赖的体面做出价值判断,然而这种判断可能会造成相当令人不安,甚至残酷的后果。

詹姆斯的《黛西·米勒》是对天真和世故的复杂探索。罗斯在《美国牧歌》中不允许自己如此复杂,因为在他看来,我们将自己困于某种选择的生活之中,这种行为本身就必然是天真的,永远没法达到足够的世故。他描绘了一位爱上社会传统的父亲,而这促使他的女儿进行疯狂的反叛。罗斯在讲述这个故事时,展示了他既能中规中矩,又能狂暴激烈的能力:他使得自己既贴近父亲也贴近女儿,表现了他们两人相互对立的盲目无知。

如果说罗斯和詹姆斯一样,将两种相互竞争的自我认知平衡起来,那么赫尔曼·梅尔维尔则用尽所有的激情,令我们不顾自己的理智判断而去认同一位危险的主人公。在梅尔维尔伟大的散文史诗《白鲸》中,他带领我们走入疯狂的埃哈伯船长的内心,并使得我们深深同情埃哈伯对曾经伤害过他的白鲸的疯狂搜寻。埃哈伯不仅呼唤统治宇宙的伟大力量而且敢于挑战它,据他宣称,这种伟大力量就隐藏于他所敬畏的白鲸身上,他这么做成就了他的崇高,而在这种崇高面前我们做好了束手无策的准备。

不过,《白鲸》也将两位主要角色设为相互对抗的关系。以实玛利是小说的叙述者,他抽丝剥茧、慢慢思考的风格与埃哈伯的快速和疯狂(他一心一意地追求毁灭和权力)形成对抗性的平衡。梅尔维尔将埃哈伯的电闪雷鸣,与以实玛利更为和风细雨的、探索内心的敏感性对立起来。我们既认同埃哈伯,也认同以实玛利;而且我们看到,以实玛利对埃哈伯的同情源自相异相吸的魅力,埃哈伯对他而言是一股对立的、得意扬扬但也饱受折磨的力量。埃哈伯在其他人的心目中唤醒的不仅仅是好奇心,还有某种被压抑的、至关重要的东西。他的魅力吸引住了他的船员,也吸引住了梅尔维尔的读者,并且不容他们反抗。大副斯塔勃克试图阻止埃哈伯,他向上帝祈祷:"啊,你们这些天佑的力量,请伴我同行,抓住我,支持我!"(这些话在哈特·克莱恩的作品中得到了令人伤感的呼应,他是梅尔维尔的一位主要继承人。)斯塔勃克的恳求发自肺腑,令人动容,但最后却被证明是无用的。

在《白鲸》第三十五章中,以实玛利爬上桅顶,他一直是"一个爱做梦、爱思考的人",太过专注于哲学冥想,以至于忘记瞭望鲸鱼的踪迹。随后的第三十六章"后甲板上"证明,以实玛利善于思考的性格容易受制于埃哈伯魔鬼般的力量。在这一章中,埃哈伯把全体船员集合起来,向他们揭示了这次航行的目的:猎杀他的死敌莫比·迪克——那头废掉他一条腿的鲸鱼。斯塔勃克提出异议,暗示"对一个不会说话的畜生复仇"并非正义之举,而是亵渎神灵。这时,埃哈伯发表了他最崇高的一次演讲。他的话语充满了恶兆又极富远见,他向斯塔勃克允诺"表层之下的东西":"凡是肉眼看得见的东西,伙计,不过是纸板做的面具……谁能管住我?真理没有个边。"

"如果有人要反击,就戳穿那面具!"埃哈伯喊道,"除了冲破墙壁,否则囚犯怎么才能逃脱？对我而言,白鲸便是那堵墙,朝我步步逼近。有时候我想,墙外再无他物。但是这就够了。它赶着我做苦工,把活儿拼命往我身上压。"或许除了白鲸之外真的"再无他物",甚至白鲸本身也什么都不是(它只是一个肉眼看得见的东西,像别的东西一样,因而也只是一个欺骗人的纸板面具)。莫比·迪克或许不是恶毒的魔鬼,而仅仅是不会说话的畜生——我们没法分辨。但是埃哈伯"对目标的强烈偏执"(梅尔维尔语)除了英雄式的复仇之外容不下任何其他的选择,哪怕它最终会导致,而且也的确导致了,他自己以及全体船员的死亡(只有以实玛利得以幸存,他生还后讲述了这个故事)。埃哈伯挑战诸神,想象自己在参与一场拳击赛,对手便是诸位神祇,而且他们只不过是些微不足道的拳击手。"埃哈伯向你们致敬,"这位疯狂的船长对他想象中的神祇们喊道,"来吧,看看你们能否令我改变目标。改变我？你们不可能改变我,或者你们还是改变自己吧！"埃哈伯坚信,他的探索之旅从一开始起便是命中注定的。"埃哈伯永远是埃哈伯,伙计,"他掷地有声地告诉斯塔勃克,"这一切的举动都是上天注定的,不可更改。早在这片大洋开始翻滚的亿万年中你和我就已经预演过。"

《白鲸》这部长篇小说像百科全书一样记录了航海旅行,简直是一首伟大的、奔腾的散文诗。梅尔维尔学会了南塔克特岛船长们的语言——他称之为"豪迈简练、遒劲而又高雅的语言",并将之转变为自己的语言。阿尔弗莱德·卡津对《白鲸》充满活力的描述无出其右:"它横扫面前的一切;它给我们的幸福感只有伟大的活力才能激发出来。"卡津接着评论,梅尔维尔的这部伟大小说是"原始的、宿命的、无情的",但它也聚焦于人类自我的经历,以及它对意义的尝试性追寻。以实玛利没有能力得出结论,他的沉思浮躁不安,耗费精力,不能令人满意,这将他与一成不变、目标单一的埃哈伯区别开来,后者是占据《白鲸》中心的巨大的黑暗力量。以实玛利想要找到意义;但是,卡津写道:"埃哈伯的动机是去证明,而不是去发现。"以实玛利关于鲸鱼的思考,像他对这个世界的思考一样,没完没了,寻根究底,如同着了迷一样;他没办法用合适的语言来对那些雄伟的生物做出恰当的判断。梅尔维尔最终站在了以实玛利一边,而不是埃哈伯一边,他希望去发现而不是去证明;但是,梅尔维尔要远比他的创造物(温驯的以实玛利)更为极端。《白鲸》的这位作者具有暴力倾向和末日色彩。"梅尔维尔所做的,便是为旋风说话,为水中的荒芜说话,为鲨鱼说话。"卡津评论道。梅尔维尔对毁灭有偏好,他令他的角色在激流中淹死。而且,在小说中的一个关键时刻,甚至就连以实玛利也悄悄支持毁灭。在《白鲸》第四十一章的开头,以实玛利在听了埃哈伯动员船员的可怕言语之后承认:

> 我,以实玛利,是这伙水手中的一个;我跟着他们一块叫喊,我的誓言已经同他们的融合在一起;因为我内心的恐惧,我叫喊得越响,我的誓言越是板上钉钉,定而不移。我心里有一种野性的神秘的同情的感觉,埃哈伯的那种万难抑制的仇恨似乎就是我的仇恨。[1]

在《白鲸》的前面部分,以实玛利还没有开始他的旅程,他在新贝德福的一座船员教堂里听过一次有关《约拿书》的布道。讲道的是一位可敬、健壮的教区牧师,梅布尔神父。他谴责约拿逃离了上帝派他去警告罪恶丛生的尼尼微城的任务。梅布尔神父将重点放在约拿想要逃避上帝指派给他的任务上,从而回避了故事中最令人不安的部分:当约拿最终真的行使了他的神使职责,他变得渴望暴力,以至于当上帝决定饶恕尼尼微城时他极为失望。梅尔维尔也有着与约拿相似的对世界末日的渴望。

"再找一本书"(规则十四)建议你在读完一本文学作品之后再接着读一本与之呼应的书。拉尔夫·艾里森在写作《看不见的人》时心中便在思考着梅尔维尔的这部粗暴史诗《白鲸》。《看不见的人》使用了一种

---

[1] 选自《白鲸》,成时译,人民文学出版社,2018年。

放肆的语言,与梅尔维尔的语言十分相近。(艾里森同时还思考着梅尔维尔有关种族战争的狡猾故事《塞雷诺》,他小说开篇的题记即来自《塞雷诺》。)艾里森在序言中言辞滔滔地颂扬了"黑色中的黑色",以此向梅尔维尔大声表达了崇高的敬意:梅尔维尔曾经谈论过白色所具有的可怕权力,在他看来,白色是内容空白,可以表达一切意义的颜色,超验而可怕。这两部小说有一个共同点,就是理查德·蔡斯所称的"无序的诗学",大多数的美国虚构作品都具有这一特点。这样的无序不是一种病症,而是一种难以管控、充满威胁性的活力的源泉;它既滋养了梅尔维尔的白鲸,也滋养了他的埃哈伯。但是艾里森摒弃了梅尔维尔表现毁灭的崇高力量的欲望:那位几乎无名的看不见的人(他与以实玛利颇为相似)是小说的中心,他十分奇特而温顺,和以实玛利一样,他更多的是行动的承受对象,而不是行动的发起者。《看不见的人》中没有真正的世界末日般的威胁,也没有埃哈伯(在小说的结尾处出现的黑人激进分子——毁灭者拉斯,更像一个古怪的卡通人物,一点也不吓人)。

和《白鲸》一样,艾里森的《看不见的人》中也笼罩着约拿故事的阴影。艾里森使他的小说与这个《圣经》中的故事步调一致,约拿不情愿地被上帝选作先知,他在等待和关注尼尼微城毁灭的过程中,依次经历了绝望、逃避和仇恨的心理。以约拿故事为背景,艾里森用一个寓言做《看不见的人》的框架:在该书的开头和结尾处,我们看见艾里森的无名主人公在地下室里(那是他的窝、他的白鲸)被数千只灯泡包围着,聆听着安迪·拉扎夫的歌曲《我作了什么孽才落得如此伤痕累累?》——爵士歌手路易斯·阿姆斯特朗对这首歌的出色演绎令人心碎。看不见的人代表了美国黑人的命运和不幸,他们被白人世界无视,隐藏在那个世界中,就像一味毒药、一份奇怪的恩惠、一种无声的爆炸。艾里森的叙述具有生动的能量,使得这部小说成为美国第二次世界大战后最重要的小说,成为对我们这个被种族分裂所困扰的社会的最全面的写照。艾里森的主人公经历了一场黑人历史的"奥德赛",从布克·T. 华盛顿(他是小说中传奇的黑人领袖)时代的体面的自力更生,到卷入具有共产主义倾向的美国左翼(兄弟会),再到愤怒的、混乱的黑人激进军事运动(代表人物就是毁灭者拉斯)。看不见的人经历了这一切,但仍然是一个体面的、相当谦逊的叙述者:他和约拿一样,是一个行动迟缓的先知,在面对艾里森描写的许多激情澎湃的战斗时倾向于选择逃避。

艾里森确实给我们提供了一个强大的竞争性声音,这个声音在好几页的内容里盖过了那位无名的看不见的人既狡猾又天真的声音:狂野、令人不安的吉姆·特鲁布拉德。特鲁布拉德在小说前面部分就出现了,那时年轻的看不见的人还在上大学,这所大学极其接近艾里森本人曾经上过的塔斯基吉大学。看不见的人笨拙地将一位富有的白人捐赠者领到了特鲁布拉德的陋室里,特鲁布拉德是一个有乱伦丑闻的租房户,与自己的女儿私通并生了孩子。任何怀疑艾里森的写作才华的人,只需读读特鲁布拉德的这段蛊惑人心、具有奇特的思考深度的独白就会打消疑虑了,这段激烈的独白是他向看不见的人和白人捐赠者诺顿提供的解释。特鲁布拉德说,在梦境中,他发现自己正在与女儿做爱,女儿和他以及他的妻子睡在一张床上:

> 但是一旦男人把自己弄进那紧紧的地方,他就没有太多可以做的啦。事情再也不由他了。我拼死想把身子挪开,但是我得一动不动地挪开。我飞也似的进去,可得一步一步走出来。我得一动不动地挪开。我一直在想,想多了我就明白过来了;我的处境向来就是这个样,我的生活差不多一直是这个样。

按照特鲁布拉德的理解,"一动不动地挪开"就是他生活的写照(艾里森在这里的措辞源自伟大的蓝调歌曲《行动起来》)。与他形成对比的是,看不见的人总是太过于机动了,他从南方腹地逃到哈莱姆,从无趣味可言的自我提升转而投奔时髦的、波希米亚式的左翼生活。他很少停下来,因为害怕海妖一样的特鲁布拉德所代表的病症：特鲁布拉德代表了一种真实可靠的声音，他不逃避自己的恶疾，也没有兴趣为之寻找借口，在白人世界面前也毫不感到羞耻，亦没有更高的目标，相反他仅仅是强有力地挖掘自己内心深处的力量。特鲁布拉德是一个极其有力的次要角色，对于艾里森的主人公而言，他充当了危险的标志。正如他的名字所暗示的，特鲁布拉德[1]对新环境是否自由毫不在意，因为他太过于以自我为中心了。

看不见的人拒绝了特鲁布拉德的诱惑。他没有安于自己多舛的命运，相反听从了另一个不同的声音：在小说的第一章中他祖父给他的建议。"你要在险境中周旋，"祖父在临终的病床上告诉我们的主人公，"希望你对他们唯唯诺诺，叫他们忘乎所以；对他们笑脸相迎，叫他们丧失警惕；对他们百依百顺，叫他们彻底完蛋。让他们吞食你吧，要撑得他们呕吐，要胀得他们爆裂。"（这又是一个来自约拿故事的路标意象。）看不见的人将他祖父的这一大胆建议牢记于心。他知道他"就是他"，而且他会成为他想成为的人。（在一段令人愉快的插曲中，艾里森的主人公在纽约街头狼吞虎咽地吃着热红薯，同时还思考着大力水手的格言。）

艾里森的《看不见的人》变化多端，体量庞大，一直处在运动之中，但是它的主人公最终却回到了开始时的地下室，生活在那里。（请留意规则五"注意开头与结尾"。）不过，现在他宣布他已经准备好，可以走出休眠的状态。他别有用心地耐心地储存自己的能量，就好像他到目前为止的所有行动都仅仅是骗人的，而整部小说也仅仅是通往某个未知未来的前奏。在《看不见的人》的最后一句中，读者被迫聆听艾里森问出他那个经典的问题："谁能说我不是替你说话，尽管我用的调门比较低？"这里我们或许能回想起埃哈伯向斯塔勃克描述的"表层之下的东西"（面具下面隐藏的真相）。你听出来了吗？你怎么辨别呢？我们试图聆听看不见的

---

[1] 字面意思是"真实的血液"。

人一直在下意识地广播的内容：不是在号召像毁灭者拉斯或兄弟会那样的行动，而是呼唤我们承认，在黑白交织的美国，我们是怎样在我们的内部，在我们相互之间，以及作为一个整体而被分割开。

艾里森给我们创造了一个神秘难懂的主人公，我们很难认同他。与之相反，最伟大的现实主义作家列夫·托尔斯泰给我们提供了一系列深获我们同情的角色。托尔斯泰的《安娜·卡列尼娜》是最令人难忘、最催人思考的小说之一。其中的部分原因便在于它考验了我们对小说人物的认同感。为了方便阅读，我们可以把注定遭受厄运的、不贞的安娜和责任感深重、清心寡欲的列文看作是托尔斯泰这本小说的对立两极。但是托尔斯泰还给了这两个对立人物一个共同点：安娜和列文都是颇有才华的唯我主义者，生活在自己构建的世界里。我们可能有这样的感觉：安娜是个殉道者，她为了爱情勇敢地遭受痛苦；或者，她是个自恋狂，摧毁了自己的家庭，只在乎一种虚幻的激情幻想，她在与伏伦斯基的婚外通奸恋情里得到了这种激情，但是很快就对这段感情失望了。不管我们怎么看待她，列文均令我们感觉他正是安娜的对立面：一个强健、诚实的男人，道德上无可指摘，忠于家庭，诚实工作。然而，托尔斯泰告诉我们，列文沉浸在他自己对这个世界的描画中，而且很缺乏对人的判断力——他崇拜和爱慕吉娣，一直追求她并最终与她成婚，但其实对她所知甚少。有责任心的列文和生活放纵的安娜，或许并不像我们想象的那么迥异于对方。我们需要"保持质疑"（规则十）并抵制我们想要拥抱列文，想要把他仅仅看作纯粹、简单的美德代表的冲动。

在托尔斯泰的作品中，开头很重要（详见规则五"注意开头与结尾"）。托尔斯泰在小说的开篇伊始介绍我们认识斯吉邦·奥勃朗斯基，他是安娜的哥哥，英俊潇洒，花名在外。斯吉邦娶的是陶丽，她是列文爱慕的吉娣的姐姐。我们在《安娜·卡列尼娜》的头几页里就了解到，斯吉邦背叛了陶丽，他一直与家庭女教师有私情。为什么托尔斯泰在开始描写安娜的恋情之前先告诉我们斯吉邦的恋情？这个有关结构的问题也涉及小说家们争论的一个深奥的问题;随着我们"找到各部分"(规则十一),我们会了解到托尔斯泰的一些方法。斯吉邦·奥勃朗斯基极其迷人:他十分慷慨大方,甚至称得上高贵,但是在道德上却十分软弱。托尔斯泰擅长通过斯吉邦自己的眼睛把他展现给我们。他的性生活毫无疑问是肮脏的,但是我们从未这么看待他(最优秀的托尔斯泰评论家之一约翰·贝利曾经指出这一点)。在这里,作家托尔斯泰的超级共鸣能力得到了充分的体现。和托尔斯泰的共鸣力相随相伴的是这样一种倾向:他的每一个角色都倾向于将自己禁锢在自己的世界里。在《安娜·卡列尼娜》的第一部中,托尔斯泰描写了斯吉邦和列文共进午餐的场景,气氛友好却精神紧张:"他们俩都觉得,自己过的生活才是唯一正确的生活,而别人却在虚度年华。"斯吉邦生活在简单享乐的世界里;在他看来,他自己总是天真的。而列文以他自己的方式,也同样恣意地天真。列文倾心于壮丽虚幻之物;他将吉娣拔高到近乎女神的高度,而这根本就和她本人不符。在爱情之事上,列文似乎是一个受现实冒犯的纯洁主义者。

在午餐会上,斯吉邦批评列文高洁的理想主义。他说:"你还希望……恋爱与家庭生活永远统一——但事实绝不是这样。人生的一切变化,一切魅力,一切美都是由光与影构成的。"托尔斯泰在这里所做的事情十分有趣。我们在旁听斯吉邦和列文的谈话时,知道斯吉邦对"光与影"的谈论纯粹是逃避事实:他是一个不道德的小人,背叛了妻子并因此与她发生争吵,后来他还向她撒谎,谎称自己已经悔过。然而,我们还是会很奇怪地带着宽容之心来看待斯吉邦的这种能力,他能在自己的错误中找到一种别具一格的升华,将之看作自己生活"多样性"的一部分。我们必须记得,他既原谅自己,也以完全一样的方式原谅别人。托尔斯泰的小说中再没有比斯吉邦更仁爱的角色了。他是一个好人,一个真正的朋友,我们因而支持和喜爱他。我们理解他对安娜的温柔关怀,以及他对安娜痛苦的丈夫阿历克赛的和善。后来,在吉娣拒绝列文的求婚之后,他在一次晚宴上极力促成了吉娣和列文的复合,这个时候他看起来(贝利指出）简直是小说的主人公。不过，我们也知道，他是一个有欲望的人，对他而言，个人的舒适十分重要。牺牲和困苦不是他的选择。他对光与影的谈论是一个站不住脚、一戳就破的借口——其实就是一个蹩脚的谎言。列文在听到斯吉邦的话语之后，感觉离他有一百万英里那么遥远。不过，列文也回避了一个棘手的问题：他把全部身心都投入在他对吉娣的爱情上，视之为支配他的外部力量，但是他却忽略了自己生病的哥哥尼古拉。或许斯吉邦和列文比他们自己意识到的要更为相似。在小说第五部列文与吉娣成婚之前，托尔斯泰告诉我们，列文相信"他以及他的幸福，构成了一切存在的主要的，也是唯一的目标"。

到第一部的结尾时（这在《安娜·卡列尼娜》这本书里算是很早的了），斯吉邦和陶丽已经和好。安娜在自己还没有意识到的情况下已经爱上了伏伦斯基，她对他的爱还仅仅是困扰自己的胡思乱想（这两人第一次见面时发生了一个男人被一辆火车撞死的悲剧——这个恶兆预示了安娜后来的自杀）。吉娣受到安娜的吸引，但也害怕她：她在安娜热情欢快的脸上看到了某种残酷的东西。所以托尔斯泰也让安娜和吉娣互相衬托。第一部还提供了另一个衬托人物：伏伦斯基。这位令安娜着迷的生气勃勃的伯爵有其不足之处：他在托尔斯泰的故事中是一个浅薄的人物。我们得知，伏伦斯基蔑视"所有庸俗、愚昧，尤其是可笑"之人，也就是那些忠于传统道德，在乎家庭和社会义务的人。"但是还有另外一类人，"伏伦斯基想道，"堂堂正正的人……对他们而言，人首先要优雅、漂亮、慷慨、勇敢、乐观，放任自己享受一切激情而不会脸红，对什么事都抱着玩世不恭的态度。"伏伦斯基的理想并不成熟，他是《安娜·卡列尼娜》中最青涩、最不成熟的角色。

列文和安娜是互为映衬的角色，而斯吉邦和安娜、列文和伏伦斯基也是互为映衬的角色。列文是吉娣的恋人，伏伦斯基是安娜的恋人，特定的角色设定规定了他们各自的任务。贝利敏锐地发现，列文的任务迄今为止较为轻松：伏伦斯基需要具体表现爱情，而列文只要表达爱意就行。

贝利指出，伏伦斯基的"挂念"甚至都会"激怒"安娜，"因为这种挂念缺少直觉判断"。

陶丽鼓励列文再试试与吉娣相处。受到鼓励的列文告诉吉娣，她不知道当初他在被她拒绝之后是多么万念俱灰："那就好像您的孩子夭折了，而您却被告知他本可以这样或者那样，他本可以活下去，而您本可以为他欢欣鼓舞。"列文描绘出的这个夭折孩子的意象虽然动人，但是过于繁复，而且明显不真实，但是《安娜·卡列尼娜》用一个真实的夭折了的孩子回击了列文的这一意象。在小说较后面的部分，陶丽回忆起她夭折的小儿子躺在打开的棺材里，张着他"天真、吃惊的小嘴"。这一段篇幅很短，但是在托尔斯泰的这部小说中再没有什么比这个更令人心痛了。当我们读到这些文字时（它们算得上最痛苦的文学描写段落），我们惊诧于人们对陶丽的忧伤全然视而不见的状况：谁也不能感受到她的忧伤，而且更增加她的痛苦的是，没有人试着去了解她的忧伤。在《安娜·卡列尼娜》里，孩子们是痛苦的群体：他们被成人世界挤到一旁，被当作道具来支撑成人的身份定位，而不是被当作活生生的个人。这个充斥着恋情、政治和社会动荡的世界忽视了他们的在场，忽视了他们真正的存在。不过，托尔斯泰强调，孩子们是独立的个体，是其自我世界的中心：安娜的婚生子谢辽查便是小说里最生动的角色之一，而且我们可以透过他的眼睛了解他的生活。安娜在出走之后曾与她心爱的儿子重聚了短短几分钟，那极其痛苦的一幕提醒我们：她永远不能成为这个孩子真正的母亲，而谢辽查也必须得忘记她。在这部有关浪漫爱情的小说中，托尔斯泰提醒我们，这样的爱情将孩子们摒弃在外，他们被残忍地视为障碍或者棋子，除此之外，再无其他意义。或许，最令我们感到失望的是，安娜漠视她与伏伦斯基所生的女儿，安娜甚至都不能假装爱她。成年人的激情使得他们对另一个世界视而不见，而那个世界（儿童的世界）只是他们自己世界的一个衬托。然而，他们自己也曾经生活在那个世界里，天真而脆弱。

安娜的死亡场景（她突然决定卧轨自杀）似乎是一个奇怪的错误。

当然，从某种根本的、无法回避的意义上而言，任何自杀都是一个悲惨的错误；但是安娜之死的错误又显得尤其纯粹。在托尔斯泰的世界里，你不能通过任何行动（不论这个行动多么极端，哪怕甚至是死亡）来最终影响别人，自杀似乎是件尤其徒劳无果的事情。托尔斯泰的教训——他的"基本思想"（详见规则九）——是你必须应对你自己的世界；你的生存是你自己的事，而不是用以操纵别人的工具。当安娜开始认为她自己生存的全部意义在于她对别人有没有影响力，不论对方是伏伦斯基、阿历克赛还是谢辽查，我们就知道她已经注定要死。安娜想通过她自己的死亡来惩罚伏伦斯基，这个想法只不过是个可悲的愿望，并且完全不会有任何实际效果。

托尔斯泰的所有角色既是天真的，又是世故的；他们拥有自由。因此，安娜的自杀是一念之差的后果，而不是被逼到绝境的无奈之举。她突然感觉自杀是她的必经之路，而当她改变主意时已经太晚了。在她死亡前的几个星期里，安娜从未纠结于这种非理性的自杀冲动；她成功地向自己隐瞒了这种自杀的念头，而托尔斯泰也在这一点上帮了她的忙。托尔斯泰允许他的角色用理性阐释，用借口，用遗忘来保护自己。

《安娜·卡列尼娜》的结尾是一个谜。纳博科夫在讲授《安娜·卡列尼娜》时这么评论：小说的最后几段读起来就像是从作者的神秘主义日记中节选出来的片段一样——列文也曾经考虑过自杀，但在小说结尾处他意识到了生命的美好，以及由上帝赋予的生命的充足。我们惊叹于托尔斯泰对列文的认同之深，并短暂地好奇作者是不是在他众多的角色中最终选择了这一个。这是否仅仅是借角色说话——托尔斯泰是不是把列文变成他自己了？他或许可以在一两页内这么做，但是《安娜·卡列尼娜》的巨大活力否定了任何将作者与角色融合的可能性。小说家总是面临着诱惑，想要与笔下的某一个角色合二为一，就像我们读者也总面临诱惑，想要成为小说中的某位主人公一样。但是，小说的艺术性与这样的冲动相抗衡：这种艺术性制衡主人公产生的强大吸引力，并相反用一系列的角色向我们展示了生活的广阔。在凯瑟的《教授的房子》中,我们需要戈弗雷的女婿路易·马塞卢斯(他代表了最好、最仁慈的社会美德)来衬托教授对独处的需要;教授没有和马塞卢斯成为盟友,而是选择了逝去的汤姆·奥特兰的孤独激情。在《黛西·米勒》中,詹姆斯将我们置于黛西·鲁莽的天真和温特伯恩对于社会传统的熟练但不老练的忠诚之间。在《美国牧歌》中,罗斯借梅丽·利沃夫这个角色向我们展示了激进的愤怒,回应的是像瑞典佬这样的父亲,他们太镇静,太重视秩序。梅尔维尔、艾里森和托尔斯泰都将竞争性的声音平衡起来:列文与斯吉邦或者安娜相对立;以实玛利与埃哈伯相对立;看不见的人与特鲁布拉德(以及,事实上他遇见的所有其他人物)相对立。

读者在阅读长篇小说时需要翻阅好几百页的内容,他会大受感动,思维活跃,充满同情心,迷失在令人兴奋的情节里。不过,读者必须要牢记他的职责,他要衡量角色,不仅仅要"辨识"在小说中占主导地位的"叙述声音",还要兼顾其他的竞争性声音(详见规则三)。读者必须始终考虑到作者的任务,那个要求很高,很容易引发争论,而且几乎无休无止的任务:写一部长篇小说。

阅读诗歌

戴维·奥尔在介绍现代诗歌的风趣之作《美丽的和无意义的》中指出,"诗歌"是最流行的互联网搜索词之一。他还评论道,许多人在搜索时将"诗歌"与"爱"配对组合。假如你用谷歌搜索"我爱诗歌",你会得到更多检索结果,远远超过你用"我爱政治"、"我爱旅行"或者"我爱室内装修"等词条检索所得。我们有人对政治(或者旅行、室内装修)感兴趣,有人则对它们感到厌倦,但是我们都爱诗歌。如果我们反感诗歌,我们会倾向于不说我们讨厌它,而是说我们不理解它。我们担心从错误的角度解读诗歌,并因而错失它的要点;我们怀疑,它只把真正的信息传达给那些入了门的人。但是我们仍然热爱诗歌,哪怕我们甚至并不能完全理解它。

与阅读长篇小说、随笔或者短篇小说的读者不同,诗歌读者发现自己常常遭遇有关诗歌意义的问题。他们首先必须"要耐心"(规则一);其次还必须"感受风格"(规则四),以便直观感觉诗歌的气氛和论点;再次还需"使用词典"(规则七)并"追踪关键词"(规则八),而且诗歌甚至比其他文类更需要读者如此;最后,"写下来"(规则十二)也有所帮助:记下你的印象,从而将诗歌的特点弄个水落石出。在你表达对一首诗的感受时,你提升了对它的愉悦感;而当你欣喜于一首诗的细节,尤其是当你把它们写下来时,你就扩宽了对诗歌运作方式的理解。

读者可能对一首诗印象深刻,甚至是深受感动,但仍然对它感到迷惑不解。正是在这个方面,读一首诗和爱一个人有十分相似之处:我们受到对方的吸引,但是我们并不了解它/他/她。在爱情和诗歌这两件事上,神秘感和真实性奇妙地结合在一起。波兰诗人亚当·扎加耶夫斯基在一次受访时说道:"在诗歌中我一直有这种感觉,我在追求真理,追求关于这个世界,关于我自己的某种真理。"诗歌引导着我们向前;它指引着我们,并允诺要让我们了解我们是谁。

我们期待从一首诗中获得什么呢?雄辩、升华的语言?是的。但是最重要的是真实的情感。诗歌将内心生活袒露出来。和小说不同,它是直接的、脆弱的。不过,诗歌还具有高度的艺术性,十分巧妙地依赖于伪装。赤裸裸的表达只有在极罕见的情况下才是诗歌的特点。在绝大多数的情况下,诗歌是微妙的、迂回的,令我们摸不着头脑,不知道它用言语的骗局要把我们引向何方。当我像往常一样走进教室去教授哈特·克莱恩、艾米莉·狄金森或华莱士·史蒂文斯的诗歌时,我就不得不准备好去对付这些卓越的诗人连篇的写作策略、他们令人叹为观止的认知功力、他们令读者深陷高难度的思想和语言而不能自拔的方法及技巧。极少有诗人像克莱恩、狄金森或者史蒂文斯一样,既具有如此鲜明的个人风格,又十分机敏灵活。但是,即使一首诗表面看起来平易近人、语言朴素,它也几乎总是隐藏着难懂之处。我们不仅必须关注风格,对于风格和作者的"基本思想"(规则九)之间的关系还要保持敏感性。罗伯特·弗罗斯特经常被认为是一位坦率可亲,甚至质朴的作家;但是,在他的思想方面,在他生涩的、经过精心选择使之发生微妙变化的措辞方面,他和克莱恩一样棘手和迂回。弗罗斯特的诗歌将那些"问正确的问题"(规则二)的读者与那些没能这么做的读者区分开来。就像他在伟大的探索诗《指令》中引用的人物圣马可一样,弗罗斯特也喜欢将人排除在外,也喜欢建筑围墙。如果我们能感受到弗罗斯特的两面性,既看到他充满宿命感的一面,也看到他充满希望、务实自由的一面,并注意到这两个方面是如何奇怪地交叉在一起的,我们就会对他的基本思想有所了解。(与其基本思想有关的还有以下两点:生活中的和诗歌中的工作对他而言所具有的意义,以及被冷落的好处。)弗罗斯特的诗歌就像精妙的谚语一样,常常折返回来检视自身：《未选择的路》中，选择的路看起来几乎与未选择的路一样，所以这个选择又能带来什么差别呢？只有诗歌的叙述者觉得它带来了巨大的、难以阐明的差异。

弗罗斯特教导我们，诗歌通常具有一种封闭的性质：它站在高处命令我们，甚至在坚守阵地的同时召唤我们。诗歌具有向心力，它们尽一切努力聚焦到一个中心。（沃尔特·惠特曼虽然以热情洋溢、自由恣意的表达著称，但甚至就连他实际上也是明智内省的，并不直接表露自己的观点。）诗歌最重要的品质必然是令人难忘，因为它的形式十分集中，成败的关键便在于用言辞构建的几分钟的生命。

在随笔《如何读书？》中，弗吉尼亚·伍尔夫引用了令人难忘的四行中古英语抒情诗《西风》。这首诗立即将我们带到了歌者的痛苦面前：

> 西风，你何时吹起？
> 丝丝小雨归大地，
> 只愿爱人在怀中，
> 同床共枕重相依！[1]

伍尔夫评论道："诗歌的影响是如此强烈而直接，一时间，除了诗歌本身之外，我们再没有别的感觉。我们进入了多少深邃的境界——这种沉浸多么突然又多么彻底！这里没有什么东西可以抓握，没有什么可以阻挡我们的飞翔。"小说则与此不同，她说："小说的幻觉是渐渐形成的，效果是预先有准备的。"一首像《西风》这样的诗（它或许是最早的蓝调），迅速而彻底地打动了所有人。就没有徐徐展开这回事，这首简短的抒情诗直接抓住了我们的心。

诗歌使我们爱上文字，以及文字背后隐藏的激情；一个字似乎都包含

---

[1] 选自《普通读者》，马爱新译，人民文学出版社，2013年，下同。

着一整个世界。艾米莉·狄金森的简洁优雅、发人深省的作品便是这样。

对狄金森而言,诗歌并非仅仅是完美之物,还是狂喜之物,可惜我在这里没有足够的篇幅来证明这一点。不论她用词遣句多么精确,她的深度总是令人激动。她曾经在一封信中写道:"如果我读一本书[并且]它使我全身冰冷,任何火都不能温暖我,我知道**那**一定是诗歌。"狄金森给予了我们同样的战栗:她的诗歌总是令读者感到陌生和狂喜。她也明白作者的孤独和读者的孤独。爱德华·赫希将抒情诗比作漂流信:"它是一个孤独的人向另一个孤独的人传达的信息。它始于沉默,终于沉默。"狄金森会同意赫希的这个评论的,她在自己的诗歌立场中是那么纯粹,那么疏离。

我将以狄金森的两首短诗为例,来说明她如何全力以赴地表达意义,以及她的文字游戏如何被理解为一个孤独的启示。第一首是狄金森的《诗185》:

> "信仰"是件巧妙的发明
> 如果大人先生可以**看见**——
> 但是遇到紧急情况
> **显微镜**也得仔细分辨。[1]

如果我们遵循规则十二("写下来"),我们可以从对比诗歌的两个部分开始着手——"但是"一词将诗歌分割成两个部分。我们的笔记可以看起来像这样:"信仰/看见 vs 显微镜/紧急情况。"以上是狄金森《诗185》中的一些"关键词"(规则八)(在这样的一首短小、浓缩的作品中,所有其他的名词和形容词——"巧妙的"、"发明"、"大人先生"和"仔细"——也算是关键词)。但是让我们先从刚才写下的四个词开始着手,

---

[1] 选自《狄金森全集》,蒲隆译,上海译文出版社,2014年。

看看我们的第一对词和第二对词有什么样的差别。如果我们记得《新约·希伯来书》11：1中"信就是对所盼望之事有把握，对未见之事有确据"，我们就能在这个问题上更进一步：狄金森必须询问信仰产生了什么样的洞察力——它是准确而敏锐的，还是纯粹杜撰出来的？她倾向于后一种选择，因为她将信仰称为"发明"。或许信仰仅仅看到它想要看的东西，或者仅仅以它想要的方式来看。在诗的后半部分中，狄金森提到了另外一项发明：显微镜。她认为显微镜在紧急情况下能够派上用场，而信仰则不能。这两项发明并不相像：信仰关乎信念，而显微镜则是科学工具，并能发现真正的、可以复核的证据（与之相对的是无法亲眼验证的证据）。我们的第一步是"找到［狄金森这首诗的］各部分"（规则十一）。我们很容易看出它能分为两部分：前一半是结论，后一半是限制性条件；或者也可以这么说，前一半是疑问（信仰真的有用吗？如果真的有用，那么它对谁有用，又通过什么途径？），而后一半则是回答。

在这首短小、尖刻的诗歌中，狄金森所抱持的是无神论的态度。狄金森在诗歌开头将信仰一词放在引号中便是一个信号，标志着她一生都在质疑包围着她的基督教信仰。当涉及上帝时，狄金森总是勇于直面，而不是仅仅踌躇犹豫。她不是一个袖手旁观的无神论者，而是要全力去思考为什么她不能充分地感受到信仰。她将信仰称为发明，并认为它是个巧妙的发明，这么做是将它看作人类智慧的产物，而不是对上帝的一个回应。"巧妙的"（fine）也是一个关键词；它保留了好几层的意思，诸如复杂、微妙、珍贵和卓越。但是我们也要记得，当用讽刺性的语气说话时，它也能表示对糟糕的事情或者局面的强调，诸如在"一团糟"（a fine mess）中。

在狄金森的处理中，"可以**看见**的大人先生"表现得颇为可疑。他们常把自己描述为具有真知灼见的人。但是我们知道，他们的信仰是人工打造的，不是一种天然才能。狄金森甚至告诉我们，信仰是有缺陷的——"在紧急情况下"它需要得到"显微镜"的补充。也就是说，与信仰带给我们的洞见相比，我们需要看得更为仔细，更为冷静，或者说更为科学。而且最重要的是,我们需要更为"仔细的"观察。"仔细"是《诗 185》中的又一关键词,需要我们好好地研究一下。狄金森用这个词质疑了她自己的解决办法。她并不完全满意她的诗歌从第一部分的问题(对信仰的依赖)过渡到第二部分的解决办法(对显微镜的依赖)的方式。狄金森知道得很清楚,她自己是一位显微镜诗人,擅长精细地观察世界细微的表面。她没有信仰,但是她有关怀。[而这一点具有紧迫性:狄金森的这首四行诗中,"看见"(see)和"紧急情况"(emergency)(这两个词押单音节韵)暗示了,准确的观察真正是一件紧要之事。]但是她想,或许令她取得成就的那种近镜头、清晰聚焦的方式是一种局限:毕竟仔细并不是一种英雄的美德。我们有理由相信狄金森对自己的作品做了自嘲性的反思,哪怕我们需要不断琢磨她这首短小精悍的诗才能看出这一点。她十分谨慎,比她打算的还更谨慎。我们朝真相迈出了这么大的一步,这多么令人满意啊!正如她的许多其他诗歌显示的,狄金森对崇高具有欲望。如果她否认自己的崇高性,正如她在这首小诗里所做的,那是为了遵循她本性中对精确和探索精神的追求。伊丽莎白·毕肖普是美国诗歌史上一位传承狄金森精神的诗人,当她拒绝草率的断言并转而支持某种高风险的暗示时,她就表现出了与狄金森相似的忠诚度。毕肖普似乎经常在谈论一些与她正在直接处理的对象不相关的内容(例如,她那首伟大的诙谐的诗歌《纪念碑》)。

狄金森的另一首十分简短,甚至比刚才那首还更具杀伤力的诗歌是《诗 156》:

外科医生举起手术刀
必须非常小心!
颤动在锐利锋刃下的
待决犯,是生命![1]

---

[1] 选自《暴风雨夜,暴风雨夜》,江枫译,人民文学出版社,2008 年。

在这首四行诗中,狄金森再次推荐了"仔细"的态度。用"外科医生"一词,她指的不是实施手术的医生,而是采取学术观点的人,把世界摊开仔细检验的人。狄金森自己便是这群外科医生中的一员,她的诗歌对生存持有一种撕裂性的,甚至是无情的态度。在她的将近1 800首诗歌中,她用一种临床医生般的冷静目光,有时甚至是冰冷的目光,观察了悲伤、爱情和孤独。所以她的这首小诗是一种自我建议,而不仅仅是给别人的警告。(像她这样的)外科医生必须小心,不能伤害"生命"——它颤动在"锐利锋刃"的下面。她写作时或许脑海中想着威廉·华兹华斯的判断——"剖析无异于杀害生命",也即,我们杀戮是为了剖析,因为分析才是我们热爱的事情。这样的剖析摧残了生活,否认了我们经历的实质内容,并将其标记为经验主义感觉的简单数据。生命是"待决犯",是有罪的坏人,或者说那些拿刀的人士这么想。"刀"(knife)与"生命"(life)形成尖锐的押韵,突出了这一点。但是,这些拿着手术刀的人在指责生命犯下罪行的时候,忽略了它的颤动和敏锐——而这些正是狄金森在自己的诗作里巧妙推崇的品质。狄金森的诗歌颇为隐晦,因为它对叙述声音加以戏弄:我们被迫询问,把生命称作罪犯的到底是狄金森还是那些外科医生。(叙述声音通常是一首诗里最难判定的方面之一,而且也是最关键的一个方面;详见规则三"辨识叙述声音"。)外科医生起誓要去治愈,而非杀戮;但是当他们变为学术迫害者时,他们使得生命很难证明自己的无辜。他们摧毁的东西正是他们一开始着手想要保护的。

狄金森的这两首诗均属于诙谐短诗的范畴:它们提供判断,用干巴巴的确定性宣布一个真理。但是,正如我们刚才已经分析过的,这个真理必须得加以诠释,而且似乎永不可得。读者感到困惑,受到激发开始思考,但是并未获得满意的答案。这里,我们必须"要耐心"(规则一),并尝试将诗歌中的观点融会贯通。如果你喜欢狄金森的《诗185》和《诗156》,你或许想接着探索其他的诗歌。这种诙谐短诗的传统十分悠久,而且变化多样。你可以先试着阅读伯顿·拉斐尔的选集《纯粹的异教徒》,

他将首创了这一诗歌形式的古希腊诗人的诗译成了现代英语。你还可以试试盖伊·达文波特在《七位希腊人》中同样犀利的翻译诗作。

现在让我们转向另一种类型的诙谐短诗,这类诗像狄金森的诗歌一样,强调了风格与观点之间的联系:英国诗人汤姆·冈恩的《致一位去世的健身房老板》。这首诗大约写作于艾滋病流行的高峰期,具有一种墓志铭的色彩,它看起来似乎应该被铭刻在其标题人物的墓碑上。(严格说来,它是一首挽诗,一首写给一位去世的人或者纪念他的诗歌。)

To the Dead Owner of a Gym

I will remember well
The elegant decision
To that red line of tile
As margin round the showers
Of your gym, Norm,
In which so dashing a physique
As yours for several years
Gained muscle every week
With sharper definition.
Death on the other hand
Is rigid and,
Finally as it may define
An absence with its cutting line,
   Alas,
   Lacks class.

致一位去世的健身房老板

我将清晰地牢记
那个优雅的决定
用瓷砖的红色线条
勾画出淋浴间的边缘
在你的健身房,诺姆,
在那里,如你这样的
漂亮体格,几年如一日
每周都增长肌肉
练出更加漂亮的线条。
死亡,在另一方面
刻板僵硬,而且
最终能用它的锋利线条
勾画一个人的缺席,
　　　　　哎呀,
　　　　　缺少品位。

如果我们"使用词典"(规则七)就会发现,冈恩是在认真研究词源学的。像《牛津英语词典》或者《美国传统英语词典》之类的词典会解释英语词汇的外来词根。"优雅"(elegant)一词来自拉丁语的 eligere,意思是"挑选";而"决定"(decision)来自拉丁语的 decidere,意思是"死亡"。有关瓷砖的红色线条的"优雅的决定"暗示了这首诗自身精挑细选的机巧,但同时也点明了人类必有一死的事实,死亡勾画出我们生命的"边缘"。冈恩的诗自我呈现为一种勾画边界的行为,而且它追寻那一勾画,就像它的主人公追寻线条更好的肌肉一样——主人公名叫诺姆[1],这个名字十分完美。"锋利线条"是一句十分尖锐的俏皮话,而死亡(它总是最后的裁决者)则是说俏皮话的最好人选,它冷冰冰地摧毁了那位雄心勃勃的人类运动员的健身计划。不过,冈恩的诗歌仍然反击了人类必有一死的事实。它对死亡的判决颇有多萝西·帕克式的别出心裁的机智:死亡,"哎呀,/缺少品位",因为它是"刻板僵硬"的,不像它带走的诺姆那样"漂亮"。但是,死亡展示了可怕的风格,冈恩不得不承认这一点:它的确是不可更改的,而我们在我们的生命中则做不到这一点。《致一位去世的健身房老板》中个性鲜明的机智说明它站在了死亡一边。这首诗认识到,它也必须认识到,死亡是我们不可逃避的宿命。它对其主人公——健身房老板诺姆的敬意被这一认识讽刺般地平衡了。死亡赢了,而我们输了;冈恩的诗歌在纪念一位逝去的朋友时也必须尊重这一事实。

我将以《致一位去世的健身房老板》为契机来探索韵律节奏的分析。分析一首诗的韵律节奏,可以成为一项练习,帮助你学会如何"写下来"(规则十二):请将它想象为一种记笔记的方式,记录的是诗歌的一个重要方面——韵律节奏。分析韵律节奏就是要把重音(诗里加以强调的那些音节)标记出来。第一步是留意自然的语言重音。在冈恩的第一诗行中,"remember"一词需要在中间音节上加以强调,因为我们在念这个单词时重音总落在那里。此外,在这个诗行中,我们说"I wíll"而不是"Í will",重音落在这个短语的第二个而非第一个单词上。我们不强调"I",因为这并不是一个特殊的场合,我们不需要强调"我,而不是别人"。[只有在极少的情况下,一首诗才会使用"重音变音",强迫我们违反正常的语音习惯去强调某一音节。例如,苏格兰民谣中会说一个女孩"来自遥远的国度"(from a far countrée),重音落在了"国度"的第二个而非惯常的第一个音节上。但这种情况是极其少见的。]

---

[1] 诺姆是音译,Norm一词的字面含义是"标准、规范"。

如果我们遵循自然的话语重音，就能看到冈恩的这首诗是抑扬格的模式。音步是一个诗行中韵律的基本单位；抑扬格音步是由非重读音节和其后的一个重读音节组成的（轻重）。最常见的英语诗行是抑扬格五音步，即由五个重音步组成的诗行，例如哈姆雷特的"To bé/ or nót / to bé；/ Thát is the / Qúestion."（生存还是毁灭，这是一个值得考虑的问题。）。请注意，上述诗行中并不是所有的音步都是抑扬格：最后两个音步一个是扬抑抑格（重轻轻，"Thát is the"），一个是扬抑格（重轻，"Qúestion"），但是它的多数音步是抑扬格，所以这仍然是个抑扬格诗行。扬抑格的诗行则给人一种迥然不同的感觉：每个音步都以重音开始。扬抑格的诗行通常看起来很跳跃，换言之，扬抑格会跳舞。因此爱丽儿在《暴风雨》中唱着"Fóot it / Féatly / Hére and / Thére."（柔舞翩翩在水面飘扬。）。

接下来我们再次分析冈恩的《致一位去世的健身房老板》。我用重音标记符号（´）标记了每一个重音，并用斜线（/）把音步分开：

To the Dead Owner of a Gym

I wíll / remém- / ber wéll

The él- / egánt / decí- / sion

To thát / red líne / of tíle

As már- / gin róund / the shówers

Of your / gým, Nórm, /

In whích / so dásh- / ing á / physíque

As yóurs / for sév- / eral yéars

Gained mús- / cle év- / ery wéek

With shárp- / er dé- / finí- / tion.

Déath on / the óth- / er hánd

> Is ríg- / id ánd,
> Fínal- / ly ás / it máy / defíne
> An áb- / sence wíth / its cút- / ting líne,
>   Alás,
>   Lácks cláss.

诚如我们所看到的,作为话语节奏的基本单位,抑扬格常常胜出。不论是在冈恩的这首诗中,还是在大多数的英语诗歌中,均是如此。当然,也有例外:"several years"和"every week"两诗行是以抑抑扬格(轻轻重)结尾,这种轻快迅捷的音步通常被用来加快诗行的速度。该诗的最后两个单词是一个扬扬格音步,"Lácks cláss"两个音节都是重读。和轻快的抑抑扬格不同,扬扬格能给任何话语添加一种沉重的、决定性的语气(想想那句骂人的话"Fúck yóu",那是一个典型的扬扬格音步)。"Of your gym, Norm"是一个十分不同寻常的诗行:一个抑抑格音步(两个非重读音节)后面跟着一个扬扬格音步——而且该扬扬格音步包含了一个自然停顿(一个突然的暂停),这个停顿将那位逝者的名字单列出来并予以强调(gym, ‖ Norm)。为了实际需要,"decision"和"definition"两词结尾部分的"sion"和"tion"也被归为抑抑格(假如我们用英式英语的发音来读这两个词的话,它们就是抑抑格,冈恩是从英格兰移居旧金山的,他很有可能这么做)。在冈恩这首诗的前四行中,每行的音步数量都较前一行有所变化,这又是一个不同寻常的特点。

我刚刚以很快的速度给你强塞了许多英语诗歌的技术信息。如果你想了解更多,我推荐你阅读指南类书籍,例如约翰·霍兰德生动活泼的《节奏的理由》。不过,最重要的还是要培养对抑扬格节奏的感觉,因为抑扬格是英语诗歌的灵魂所在。我们的散文以及我们的日常话语中都有一大部分是抑扬格的节奏,数量之多令人惊诧。这种诗歌音步之所以流行,是因为它活生生地存在于我们的话语中。但是,我们在大部分时间并不用抑扬格的节奏说话,至少一次不会超过几个短语。诗歌经常用自然的话语节奏来衬托抑扬格节奏:假如这两种模式完全重合,这就是首拙劣的打油诗。在莎士比亚《麦克白》的那个著名诗行"Tomór- / row ánd / tomór / -row ánd / tomórrow"中,没有哪位演员敢于将这句话中的两个"and"念得和"tomorrow"一词中的第二个音节一样重,因为在日常话语中"tomorrow"的第二个音节是重读的,而"and"却不会重读。但是在莎士比亚的这句诗中,抑扬格的节奏要求"and"也重读,这一点很重要,因为莎士比亚的主题就是强调"and"的无休无止,它们使得一天接着一天,循环往复。"and"需要重读,当然重读程度不如"tomorrow":"明天,明天,再一个明天,/一天接着一天地蹑步前进,/直到最后一秒钟的时间。"(请注意,莎士比亚的第三个"tomorrow"是我们所称的过律音步,它最后一个音节是一个多余的非重读音节,不过它仍然被算作抑扬格。)

  抑扬格甚至在"自由诗体"(不严格遵循音韵节奏的诗歌)中也经常出现。让我们以沃尔特·惠特曼的《鹰的嬉戏》为例,看一看以自由诗体写作的一首热情洋溢的诗歌是如何依赖抑扬格音步,并取得了奇迹般的效果的:

> Skirting the river road, (my forenoon walk, my rest,)
> Skyward in air a sudden muffled sound, the dalliance of the eagles,
> The rushing amorous contact high in space together,
> The clinching interlocking claws, a living, fierce, gyrating wheel,
> Four beating wings, two beaks, a swirling mass tight grappling,
> In tumbling turning clustering loops, straight downward falling,
> Till o'er the river poised, the twain yet one, a moment's lull,
> A motionless still balance in the air, then parting, talons loosing,
> Upward again on slow-firm pinions slanting, their separate diverse
>   flight,

She hers, he his, pursuing.

在沿着河边的大路走时,(我的午前散步,也是休息,)
天空突然传来一种低沉的声音,是鹰的嬉戏,
是高空中相互充满爱恋而接触的撞击声,
那扭结在一起的利爪,一次活跃而凶猛的旋转,
四个扑打着的翅膀,两个铁钩喙,紧紧抱成打着圈圈的一团,
在翻滚、转身、结成一个个环形,笔直朝着下方跌落,
直到在河上稳住,既是双方,又结成一个,只是一瞬间的暂停,
在空中保持没有动作的平衡,然后拆散,放松了利爪,
斜拍着缓慢而结实的双翼,又飞向高空,各自分头翱翔,
她飞她的,他飞他的,互相追逐着。[1]

在惠特曼的这首诗中,好几行诗都以扬抑格开始,并且每一次都给人一种上升的感觉(Skírting, Skýward, Úpward)。所有的双音节动名词都是扬抑格,而我们在《鹰的嬉戏》一诗中看到了许多双音节动名词:请注意"rushing""clinching""tumbling""turning""slanting"等词语表现出的紧绷的能量。但是惠特曼也在开头行和一半的诗行中大量使用了抑扬格的节奏:

Skirting the river road, (my forenoon walk, my rest,)
Skyward in air a sudden muffled sound

这两行在以扬抑格开头之后便逐渐进入抑扬格的节奏:(my fóre- / noon wálk, / my rést), a súd- / den múf- / fled sóund。在《鹰的嬉戏》中,有一

---

[1] 选自《草叶集》,赵萝蕤译,上海译文出版社,1991年。

些短语似乎并没有韵律,例如"a motionless still balance in the air"。但是总体看来,惠特曼的这首诗在很大程度上受惠于抑扬格音步。

我现在准备分析一下《鹰的嬉戏》中的观点,这首诗是惠特曼一部巧妙的杰作。观点一般都围绕着"关键词"(规则八)建筑而成。惠特曼的这首诗以沿河"行走"开始(这是诗人的动作,他多少是个旁观者的角色),以"追逐"结束(这是双鹰的动作,它们是本诗的两个主要角色)。如果双鹰不相互追逐,那么除了它们各自的自我之外,还能追逐什么?和鹰一样,我们每一个人"各自分头翱翔"。在这里,孤独是团结一致的。嬉戏通常都暗示着不负责任之举。但是双鹰的嬉戏,与相守的爱人之间持久、明晰的宣言相比,可能更为坚定,更令人心醉神迷。惠特曼在观察他诗歌中描写的人物或场景时,目光也并不专注在一处,但是他的目光和这些嬉戏的鹰一样,也同样是一种严肃的承诺。

惠特曼从突然出现的鸟儿的声音写起,并随即从下方目视着它们一路向高处飞行。他的视野的顶点落在"既是双方,又结成一个,只是一瞬间的暂停"。这一暂时的停顿包含了这样的认知:联盟关系是实际存在的,积极活跃的,并因而是稍纵即逝的(这一点是惠特曼的洞见)。(这就是《鹰的嬉戏》的基本思想。)"缓慢而结实的双翼"支撑起这两只鸟儿的独立性。或许惠特曼在创作时想到了济慈《普赛克颂》中丘比特与普赛克的形象——"双臂拥抱着,双翼也相连",并因而用这样的措辞与之形成对比。(句中所用的"pinion"指的是鸟儿的主翼羽,长在鸟翼外后侧的边缘位置。)在济慈的诗中,一对恋人紧紧拥抱,是一种静态、香艳的交融画面。与之相反,惠特曼则给我们描绘了一幅渴望自由飞翔的美妙画面。我们在快速上升的过程中向对方致敬,而这种致敬有一种深刻的性爱层面的内容(它显然是一种性斗争),但是最终我们分头翱翔,仅仅感受到自我以及周围的天空。

惠特曼的《鹰的嬉戏》是一次纯粹的抒情飞翔;它没有表现出任何对人物个性视野的兴趣。W. B. 叶芝则正好与之相反。从始至终,他描绘的英雄都致力于找到一种与其欲望相符的构想,一个完整的自我。叶芝的主人公们意图实现的"基本思想"完全迥异于惠特曼对转瞬即逝的上升力量的赞美。他们想要的更为稳定,也更完整。因为他们寻找的统一性拒绝被找到,这些受挫的追寻者必须要保持清醒,并热衷于与人争论。叶芝支持对完整的有创造力的自我的追寻。在叶芝的作品中,学识本身并不足够;自我在追寻一种充满激情的统一性,它会将思想与情感结合在一起。

叶芝的佛格斯(来自其早期诗歌《佛格斯与祭司》)便是一个例子,他是一个没有方向的知识分子,受制于每一次冲动,到处漂流。在该诗最后一个诗节中,佛格斯说道:

> 我看见我的生命漂流像条河,
> 变化不辍;我曾是许多东西——
> 波浪中一滴碧沫,一柄剑上
> 寒光一抹,山丘上冷杉一棵,
> 一个推着沉重的石磨的老奴隶,
> 一位坐在黄金宝座上的国王——
> 所有这些都曾经美妙而伟大;
> 如今我心知一切,身成无物。[1]

祭司向佛格斯描述了一系列变化多端的神奇变幻,但是它们并没有上升到实际经验的层面。佛格斯单纯只是了解,并没有热情周到地将所有这些变化融合为一体,这导致了他逐渐自我毁灭。丹尼尔·奥哈拉写道,在叶芝的《自传》里他"在各种危机时刻以富有想象力的方式寻找可能的自我形象,以期找到真正必需的自我形象"。这正是佛格斯没有做的事情,

---

[1] 选自《叶芝诗集》,傅浩译,上海译文出版社,2018年,下同。

他只是一个单纯的旁观者;他既未感受到危机,也未感受到必需性的压力。

叶芝早年常常受困于臆想,一种对奇思幻想的温柔的满足。我们可以在佛格斯的漫游中一瞥这种奇思幻想,也可以从叶芝在《快乐的牧人之歌》(叶芝将其放在《诗选》的第一首)里令人愉快的咏唱中略知一二。尽管济慈和雪莱将臆想(surmise)提升到了幻想(vision)的高度,但是叶芝却保留了臆想和幻想之间的差别。他不断地指出,在他看来臆想的本质是不确定的、天真的、具有缺陷的,而幻想才是所需之物。对叶芝而言,幻想描述了一种绝对的诗歌行为,将知识与想象力结合起来。不过,随着叶芝事业的持续发展,他的主人公一而再再而三地未能取得幻想中的完美状态。他们总是陷入痛苦或者失望的生存状态,就像《得到安慰的库胡林》(叶芝这首晚期的诗歌文辞庄严,在他去世前两周才完成)一诗中的库胡林一样;他们学到的是不满,而不是智慧。他们或许有能力呈现一个真理,但是正因为如此,他们不可能知道这个真理:这一具有讽刺意味的事实阻止他们实现叶芝在《自传》中所追寻的完整性和全身心的自我塑造。[当时的社会存在着对确凿的滔天罪行转瞬即忘的现象(这些罪行完美地呈现了那个时代),叶芝对其进行了讽刺。这一点成就了他作为 20 世纪最优秀的英语政治诗人的地位:读者可参阅他的《1919 年》和《内战期间的沉思》。]

爱情同样也不能提供存在的统一性所需的幻想。对叶芝而言,灵魂的永远贞洁是性爱的悲剧所在(我在论述规则九"发现作者的基本思想"时曾经提到这一点)。爱情的风暴可能令我们折戟沉沙,但是我们并不会因为这样的热情而真正地改变自我。我们不可避免地固守最初的自我,从未到达爱情允诺我们的开明国度。叶芝与恋人茅德·冈的爱情经历亦是如此:她是缪斯,是对手,也是心怀愤恨、有缺陷的预言家,而且她的所有这些身份对叶芝来说都不可或缺。但是她作为理想爱人的身份提出了一个关键的问题:她更多地是由叶芝创造而来的,因而无法真正地改变他。

在叶芝晚期的诗歌《美丽崇高的事物》中,主人公们成就了自我,求而不得的痛苦渐渐消失。我一直喜爱这首短诗,它在许多方面都迥异于叶芝惯用的升华。它带给我们的不是一种源于激情的悲剧感,而是一种随意而深刻的英雄主义:

> 美丽崇高的事物;欧李尔瑞的高贵的头颅;
> 艾贝舞台上的先父,他面前是狂热的群众。
> "这国度辈出圣徒,"掌声停息后又说,
> "石膏圣徒。"他美丽而顽皮的脑袋向后一甩。
> 身体支撑在桌子间的斯坦迪士·欧格莱蒂
> 向一群醉醺醺的听众说着无意义的大话;
> 坐在她那描金大桌前的奥古斯塔·格雷戈里,
> 她的八十春秋正临近;"昨天他威胁要我的命,
> 我告诉他每晚六点至七点我都坐在这桌前,
> 百叶窗拉起着。"在厚斯车站等火车的茅德·冈,
> 那笔直腰背和高傲头颅体现的女神雅典娜:
> 所有奥林匹斯山神;一件永不再为人知的事。

我们需要了解一些有关叶芝笔下人物的信息才能理解《美丽崇高的事物》。在这首简短的、挽歌般的抒情诗中(它在语调和论点上都迥异于冈恩的《致一位去世的健身房老板》),叶芝依次回顾了以下人物:伟大的爱尔兰民族主义者兼演讲家约翰·欧李尔瑞,叶芝从年轻时就崇敬他,认为他是一个强壮的、热情的行动派;他的父亲、画家约翰·巴特勒·叶芝,他也像他的儿子一样在艾贝剧院的舞台上公开辩论,维护约翰·辛格的《西方世界的花花公子》(该剧激起了观众的不满并且引发了骚乱);具有独立思想的都柏林作家及记者斯坦迪士·欧格莱蒂;叶芝的资助人、朋友

和作家同行奥古斯塔·格雷戈里夫人,她在爱尔兰内战期间勇敢地采取温和立场,并因此受到死亡威胁;以及最后一位,不安分的茅德·冈,她到叶芝写作该诗时(1938)性情已经变得日益狂热,令叶芝颇为恐惧。在《美丽崇高的事物》中,诗人在他喜爱的一系列固定画面之间快速移动。他简短地触及欧李尔瑞,接着谈起他父亲在艾贝剧院对道貌岸然的愤怒观众讲的那个顽皮的笑话。我们又从约翰·巴特勒·叶芝的诙谐话语转到欧格莱蒂无意义的大话,接着到格雷戈里夫人勇敢的蔑视之语,引文中的话语毫不费力地证明了她在精神上远高于她的敌人。到诗的末尾,我们见到茅德·冈,叶芝将她比作战争女神帕拉斯·雅典娜。和该诗开头部分的欧李尔瑞一样,茅德在这里被赋予了一种姿态,而不是被置于某一场合中——我们在这里要"注意开头与结尾"(规则五)。如果用欧李尔瑞高贵的头颅来概括他,那么他高贵的品性则无需多言;茅德的"笔直腰背和高傲头颅"的姿态则表达了另一种类型的高贵,以希腊神祇肆意、专横的行为方式为标志的那种高贵。高贵的品质表现在决心展示一种高人一等的姿态上,决心要将自己提升得高于其他人:不论是像 J. B. 叶芝一样走上舞台,直面一群发怒的观众,还是像欧格莱蒂一样在他们之中穿行,抑或是像格雷戈里夫人一样平静地坐于桌旁。叶芝轻柔地总结:"所有奥林匹斯山神;一件永不再为人知的事。"这些人有时也像希腊神祇一样小心眼,彼此争吵不休,但现在他们都走了:要么故去了,要么垂垂老矣,要么(像茅德·冈一样)精神失常;这些时刻、这些人再不会回来——不像那些神祇可以永生不朽。

在一次反对狭隘民族主义的辩论中,叶芝曾经语出惊人,说他希望爱尔兰能像睡着的孩子一样令人深信不疑。《美丽崇高的事物》以一种完全不同的方式令人信服。它刻画了一系列日常生活中随处可见的成年人。叶芝在《纪念罗伯特·格雷戈里少校》一诗中也提供了一系列类似的人物,但使用的是一种全神贯注的隆重风格。和该诗的高姿态不同,《美丽崇高的事物》具有一种崇高但是松散的感觉,是朋友们之间诉说的怀旧之语。它的风格是亲昵的,如谈话一般。它回顾了一个已经逝去但仍然感觉近在眼前的时代。这个过去迥异于叶芝通常依赖的贵族传统和民间传说传统。相反,我们感觉它纯粹是首个人诗歌。叶芝在这里将他热爱的人物重塑成奥林匹斯山神,后来在罗伯特·洛威尔的笔下,这种手法取得了更具戏剧性的效果。

华莱士·史蒂文斯是与叶芝构成最密切对手关系的美国现代幻想诗人。和叶芝一样,史蒂文斯狂热地相信想象力,而且和叶芝一样,他用现实的边界来测试想象力。"我们说上帝和想象力是一体……/无上的崇高啊,最高的烛台照亮了黑暗。"史蒂文斯在晚期的一首动人的诗歌《内心情人的最高独白》中这么写道。想象力就足够了,它与我们所知的任何神祇同在,在黑暗中闪亮——包括现实的黑暗、死亡的黑暗、严峻且有制约性的真相的黑暗。美国诗人詹姆斯·梅里尔说,他对《最高独白》一诗的感觉就像其他人对《圣经·诗篇》第 23 篇的感觉一样。"学者就是一支蜡烛,所有人的爱与欲望均能将之点燃",爱默生在日记中写道;而史蒂文斯显然在写作《最高独白》时曾忆起这句话。如果说存在爱默生风格的诗歌的话,那么《最高独白》就算是了。

在他早期的诗歌《卑微的裸女在春天启航》(收录于他的第一本诗集《簧风琴》)中,史蒂文斯创造出一个缪斯的形象,他谦逊地将她描写得卑微且贫穷,但那是他自己的缪斯。不过,对读者而言,她承载了轻快的诗韵,以及大胆的自然率性:

卑微的裸女在春天启航

> 她出发,但不是站在一块贝壳上,
> 用古老的方式,向大海走去。
> 而是站在最先找到的一丝
> 水草上,她飞驰在波光中

无声地,仿佛另一层波浪。

她同样心绪郁结
也会有紫色饰物挂在臂间
厌倦了咸涩的港湾,
她渴望着大海深远处的
涌流和呼啸。

风吹着她的双手,
和湿淋淋的后背
为她加速。
她行进在横越大海的
圆环中,在那里,她触碰云朵

然而,在疾驰和水波的光亮中
这是虚弱的游戏
她的脚踵泛起了泡沫——
后来的一天与此刻不同
当一个更加金黄的裸女

在前进中,仿佛海绿色的
盛典的中心,在更深的平静里,
命运的清洗者,
跨过纯净而新鲜的激流,永不停息地
在她一去不返的路上。

史蒂文斯的这首诗是个双重的宣告:他首先宣告了标题中那位飞驰女神

的诞生,接着是另一位新的女神,她在"更深的平静里"领着我们快速通往新的一天。在这里,读者可以"探索不同的道路"(规则十三):如果这首诗以第三诗节结束——假如最后一行诗是"她行进在横越大海的/圆环中,在那里,她触碰云朵"——那么它的论点就会截然不同。史蒂文斯的最后两个诗节令卑微的女主人公让位于尚未出现的金光闪闪的人物——未来的"更加金黄的裸女"。这个未来的裸女既抽象又行动自如,是陌生的优雅的象征符号。与"心绪郁结"、会"厌倦"、会"渴望"的标题女神相比,她的人性化品质较少。如果我们针对史蒂文斯的这首诗"找到各部分"(规则十一)的话,首先就会注意到第三诗节之后的那个断层,史蒂文斯在那里将一个神祇转换为另一个神祇。

史蒂文斯笔下卑微的裸女并不像波提切利的维纳斯一样脚踩贝壳,而是站在"最先找到的一丝水草上":她是一位聪明机智的现代美国女神,已经准备就绪。她对自然的极端力量有一种发自内心的渴望,"渴望着大海深远处的/涌流和呼啸"——就像爱默生在散文《命运》中写到的那艘马来船的厨子一样,他在风暴中呼唤大风:"吹吧!……我告诉你,吹吧!"但是这个裸女有一种天生的雅致,她向上触碰云朵和天穹,掠过浪尖,加速前行。正如标题告诉我们的,这是"春天的启航":春天是一年中自然的开端,是死寂冬天的苏醒,是新的起点和新的爱情的时刻。

在最后两节诗中,史蒂文斯出乎读者意料地摒弃了他的卑微裸女,尽管他明显地流露出对她的喜爱之情。他代之以"后来的一天……更加金黄的裸女":这是一个全新的改良版的模型,更为纯粹,更为先进。这个具有未来气息的圣母玛利亚将会成为"命运的清洗者",永不停息地穿行在"纯净而新鲜的激流"上。史蒂文斯俏皮的用词给这首节奏轻快的抒情诗增加了风味。"清洗者"(scullion)指在厨房里做粗活的帮佣,"纯净而新鲜"(spick)是来自史蒂文斯的宾夕法尼亚背景的一个很好的荷兰语词汇,类似于我们的"spick-and-span",意思是指极其整洁和干净的。如果我们"使用词典"(规则七),就会发现在史蒂文斯复杂的,有时甚至过于激烈的词汇背后隐藏着宝藏。

史蒂文斯在《卑微的裸女》一诗中回应了诗集《簧风琴》中排在这首诗前面的那首《在卡罗莱纳》。在这首诗中,诗人想象了一位"永恒的母亲",她的"薰衣草乳头/如今吐出了蜂蜜"。(薰衣草会产生一种带有刺激性气味的精油,它的辛辣在这里被天堂之蜜抵消了。)他在《卑微的裸女》中放弃了《在卡罗莱纳》里的那种倦怠的,多少有些懒洋洋的情绪,及其静态的母性缪斯,替之以某种闪光的、轻快的东西——这是一首有关新春时日,而非闷热难耐的夏天的诗歌。研究史蒂文斯的学者埃莉诺·库克仔细地关注了《簧风琴》中的诗歌顺序。这样的研究向我们显示,史蒂文斯把一首首诗歌看作一个个观点,它们相互碰撞或者互补。我们可以"找到各部分",既包括组成一本诗集的各部分(诗集中的各首诗),也包括某一首诗的各个组成部分。库克研究史蒂文斯的方式也提醒我们要"探索不同的道路"(规则十三),要把诗歌考虑为朝着某一方向的运动,它或许能够得到反方向运动的回应。

史蒂文斯的裸女有点像弥尔顿在《失乐园》第八卷中描写的堕落的夏娃:"并非没有侍女,种种魅人的'温雅'的/行列,时刻侍候她,像个女王。"她完全自给自足,自己侍候自己,并不需要宫廷仪仗。史蒂文斯或许还想到了亨利·亚当斯在《亨利·亚当斯的教育》中的文字:"那个女人(维纳斯)曾是至高无上的,在法国她仍然神圣,不仅仅作为感性的对象,而且还作为一种力量。为什么在美国就没有人了解她呢?……她之所以成为女神,是因为她的力量,她是生命力……是所有能量当中最伟大和最神秘的一种。"亚当斯得出结论:"无论是符号还是能量,圣母都会表现出西方世界从来没有感受过的最强大的力量。"史蒂文斯的裸女是圣母,还是维纳斯呢?

对史蒂文斯而言,诗里有想象力,而且是实实在在存在的。想象力并不是单纯的思维产物,而是一种有生命的东西。在史蒂文斯的一些更为阴暗的诗歌里,他暗示说,我们的内心有一种现实性,它抵制想象力,是一种精神的空白。不过,《卑微的裸女》并不是这样的一首诗歌。在《卑微的裸女》中,想象力获得了胜利,并且没有给读者留下在现实面前畏缩不前的感觉。史蒂文斯这首诗中的缪斯是不可抵挡的,她为未来的更加金黄的裸女铺平了道路。已故文人盖伊·达文波特写道,吉卜林、德·基里科和乔伊斯(他多少有些像亨利·亚当斯)"看到在发电机和内燃机中诞生了一个新的世界,但是并不知道居住在其中的是怎样的灵魂"。达文波特拿意大利的未来派艺术家来和他们做对比,前者将汽车颂扬为命运的残暴机器,这就与后者推崇现代战争武器如出一辙,他们在这些武器的身上看到了新神的降临,无论好坏它们都将永远改变我们的命运。史蒂文斯同样具有达文波特在吉卜林、德·基里科和乔伊斯等人身上看到的这种不确定因素,他拒绝未来派艺术家的简单的颂扬之词,拒绝他们对所有机器的喜爱。他并不是冷冰冰,不通人情的,反而十分具有同情心。他以人性和温柔之心去探索未来世界的灵魂,同时辅以对我们的孤独命运以及共同疑问的清醒认识。

我拟用《希伯来圣经》中的《诗篇》来结束这个探讨诗歌阅读的章节。这些赞美诗具有无与伦比的简朴美和紧凑感,给史蒂文斯以及所有的西方诗人提供了灵感——不过,史蒂文斯心中灵感沸腾,超越了信仰,到达了想象力的新奇领域。史蒂文斯创造出新的神祇,并为那些可能成神之物创作赞美诗。与他形成对比的是,《诗篇》只忠于以色列的唯一上帝;这些赞美诗所带来的安慰是建立在我们都共有的需要和希望之上的,经受了现实的考验。它们以一种美妙的、鼓舞人心的声音讲话,而聆听这话语的是孤独的、被摒弃的、处于困境中的自我。

我在这里引用两首赞美诗,选择的是戴维·屈尔宗的译本(屈尔宗在一定程度上受到盎格鲁-撒克逊诗歌的强重音韵律的影响,认为这种韵律与《诗篇》有相似之处)。在我看来,屈尔宗的译本比其他译本更为准确,传达了希伯来原文近乎实质性的热情,强调弱读音节所体现出的力量。那些赞美诗在几千年的时光里给宗教信徒提供了精神滋养,它们极其完整而厚重,具有极大的活力和热情,能够提供其他诗歌所不能提供的安慰,并且从不否认人类苦难永恒存在的事实。

以下是屈尔宗英译版《诗篇》第131篇:

> 大卫上行之诗。
>
> 1 耶和华啊,我的心
> 不狂傲,
> 我的眼不高大;
> 重大和测不透的事,
> 我也不敢行。
>
> 2 我的心
> 平稳安静,
> 好像断过奶的孩子
> 在他母亲的怀中;
> 我的心在我里面
> 真像断过奶的孩子。
>
> 3 以色列啊,
> 你当仰望耶和华,
> 从今时直到永远!

《诗篇》第131篇从对上帝的话语转变为对以色列民族的话语,插在两者之间的是一段动人的个人陈述。这首赞美诗,还有少数其他几首,冠有"上行之诗"的字样,但是它却拒绝升华。相反,它心怀爱意地缩减人类的雄心,对之"断奶"。第一诗节的谦卑之词宣扬了自我的边界。(狄金森和冈恩也对边界感兴趣;但他们似乎是从外部来处理这一问题,而《诗篇》作者则从内部进行处理。)第二诗节提供了一个极其具有影响力的象征,来表现说话者的自我谦卑:他已经令他的心"平稳安静",并将之比喻为一个已经断了奶但仍然依偎在母亲怀里的孩子。(屈尔宗敏锐地将希伯来语的 nafshi——通常被译为"我的灵魂"、"我的生命"或者"我的精神"——译为"我的心"。)他离开了婴孩时期滋养他的乳汁,前进到一个更艰难的新阶段,但是上帝仍然与他同在。上帝就像母亲一样提供安慰——不论这种与上帝的新关系将会是多么微妙,甚至令人迷失方向,人类都不会被独自扔到世上,而是永远有上帝的陪伴。《诗篇》第 131 篇有一种华兹华斯式的平凡和质朴,其力量也类似于华兹华斯的力量。精神分析学家 D. W. 温尼科特认为,独立的自我来自与母亲在一起但仍能独处的能力。在《诗篇》第 131 篇中,上帝便是母亲,我们则是已经学会独处的孩子,但仍然与上帝在一起。

《诗篇》第 131 篇的最后一节提出了一个让人难以回答的问题:寄希望于上帝是什么样的感觉?它与寄希望于具体的、易于掌握的事物有区别吗?答案似乎是肯定的。鉴于诗中暗示的时间跨度极其宽广——"从今时直到永远",或许这里提供的核心安慰在于这个指令要求我们将目光放得极其长远,从世界末日来看问题。

和第 131 篇一样,《诗篇》第 114 篇也提出了问题并提供了答案。对于涉及以色列人特殊命运的问题(以色列人排除万难,刚刚逃离埃及人的奴役),它提供了一个平静、肃穆的回答。

1 以色列出了埃及,
  雅各家离开说异言之民;
2 那时,犹大为主的圣所,
  以色列为他所治理的国度。

3 沧海看见就奔逃;
  约旦河也倒流。

4　大山踊跃，如公羊；
　　小山跳舞，如羊羔。

5　沧海啊，你为何奔逃？
　　约旦哪，你为何倒流？

6　大山哪，你为何踊跃，如公羊？
　　小山哪，你为何跳舞，如羊羔？

7　大地啊，你因见主的面，
　　就是雅各神的面，便要震动。

8　他叫磐石变为水池，
　　叫坚石变为泉源。

这首赞美诗是犹太教礼拜仪式上十分常用的一首。德系犹太人会配乐咏唱它，到第五和第六句的问题部分，配乐转变成为一种跌宕起伏的小调，给人留下深刻的印象。第114篇保持了《诗篇》一贯的特点，以稍加变化的形式重复同一个意象或者话语：以色列出了埃及；雅各家（以色列的另一个名字）离开说异言之民（埃及的另一个称呼）。大山踊跃，如公羊；小山（大山的差异化重复）跳舞，如羊羔（不再是如公羊）。我们再次"找到各部分"，了解到诗歌的运作方式：以一个意象呼应另一个意象。

《诗篇》第114篇的歌者提供了一个比喻，远胜于用散文体乏味地陈述摆脱奴役的喜悦如何改变了一切，显得更为真实。当然了，他并没有认为山丘真的像公羊一样跳跃：因为古代以色列人缺乏自然规律的概念，他们不会认为山丘的跳跃是在以某种怪异的方式违背这些规律。相反，所有的一切都归结到上帝存在的概念，上帝的存在令全世界震颤：上帝令磐石出水（见《圣经·出埃及记》）。又一次地，这里暗示的并不是魔法奇迹：中东地区的牧羊人今天仍然用杖击石，以使其中的泉水流出。但是，那汹涌而出的馈赠，以及馈赠出现的时机，都是上帝的旨意——对自我而言，它是一个深刻的真理，而非自然现象。

　　用赞美诗来结束对于诗歌阅读的讨论十分适宜，因为比起我能想起的大多数其他诗歌而言，赞美诗用最直接的方式展示了词语的治愈能力。它们个性化的、经过深思熟虑的话语，就像格言或者久经检验而值得信赖的公式一样。易于记诵也是它们可信赖的原因之一。在某种意义上，它们是最真的诗歌，用最少量的词语完成了最有益的工作。我们在本章中讨论过的其他诗人（狄金森、冈恩、惠特曼、叶芝、史蒂文斯）也力图获得类似的神圣力量，不过他们对诗歌的诉求各有不同。所有这些诗人都在将语言陌生化的同时令其精确；在他们的帮助下，细致热情的读者实现了自我觉醒。

阅读戏剧

有时候最古老的参考资料反而是最有价值的。在讨论戏剧时,我感觉最早的戏剧评论家亚里士多德对我们十分有帮助。亚里士多德早在公元前4世纪时便利用他对当时古希腊戏剧的了解,总结出舞台悲剧的两个核心特点:认知和逆转。亚里士多德写道:悲剧要求其主人公实现自我认知。"你究竟是谁?"戏剧考问其主人公。你被暴露了,所有的眼睛都盯着你。你将被逼迫着去寻找你隐藏的真实身份,而且这一过程是不愉快的,甚至是令人震惊的。亚里士多德最喜爱的戏剧《俄狄浦斯王》便包含了认知的内容。在该剧伊始,俄狄浦斯认为自己是一个负责任、受尊重的统治者,服务于人民,并且为自己的能力而自豪。到该剧的结尾处,他意识到自己是一个弑父娶母的怪物,是导致瘟疫横行的原因——是有史以来最为悲惨的人。这就是一个认知,而且还是一个极其残忍的认知。《俄狄浦斯王》还示范了亚里士多德的第二个概念——逆转:俄狄浦斯原本是成功、自信的,突然沦落到令人难以想象的可怕境地。索福克勒斯的这部剧讲述了一个独特,且具有高度反讽意味的侦探故事。俄狄浦斯认为自己是一个有经验的侦探,却不知道他追踪的正是他自己,并加速了自己的堕落。他将认知的那一刻带到了自己面前。他对自己的能力有把握,又一向惯于发号施令,所以他只知道一种解决问题的办法:勇敢地直面问题,相信自己会取得胜利。俄狄浦斯的逆转并不是他自己的错误,而是诸神的问题,他们和我们一样,认为他极其适合充当悲剧的题材。他是一个完美的英雄,却被最古怪的命运压垮。

我在下文中还会再次回到亚里士多德的认知概念,不过现在我想先介绍一下戏剧的一些基本概念。舞台剧有别于其他的文学类型,它们是为公开演出而设计的。(其他文学类型中唯一的例外是口传史诗:荷马的《伊利亚特》和《奥德赛》也是写来吟诵给现场观众听的。)大多数的戏剧展现了人物之间的对抗。换言之,在绝大多数情况下,戏剧不是独白。演员们在一个开阔的空间里面对面,这一点对戏剧具有根本的意义:相比于任何其他文学形式,人物在戏剧中更容易直接受到其他人物的伤害。戏剧向我们展示的不仅仅是竞争性的声音(详见规则三),还有相互揭露的声音、内心被展露无遗的人物。如果你看过李尔王(由伊恩·霍尔姆饰演)与他女儿戈纳瑞对抗的那一幕(多亏了录像,我们才得以看到这场演出),你就会明白悲剧所具有的震撼人心的深度。那两个人物都既令对方害怕,又害怕对方,被自己暴露在对方面前的弱点所摧毁。他们一个是父亲,一个是女儿。他们似乎在这么说:这是我的肉、我的血、我的敌人。霍尔姆饰演的李尔王告诉戈纳瑞:妹妹里甘(李尔王在第一幕里仍然相信里甘是"善良孝顺的")"一定会用指爪抓破你的豺狼一样的脸"。戈纳瑞在他的言语攻击之下退缩了,突然涌出的泪水模糊了她的双眼。莎士比亚的《李尔王》将我们带到了一个全新的、令人恐惧的领域。一个人在了解他并且(他希望)爱他的人面前的脆弱感,从没有被如此彻底地展示在我们面前过。《李尔王》是一个极端的例子,但也仍是一个典型的例子。戏剧擅长暴露孤独之人的不稳定状态,他被其他人包围,离得太近,痛苦太多:其他演员就在离他几英尺远的地方徘徊。易卜生的海达·加布勒和建筑大师(来自同名戏剧)、斯特林堡的船长(来自《死亡之舞》)、贝克特的狄狄和戈戈(来自《等待戈多》)、契诃夫的玛莎(来自《三姐妹》)等等都是这样的主人公,他们和李尔王、俄狄浦斯一样都经历了被暴露的痛苦。我随后将在本章中详细谈到这些剧作。

正如亚里士多德指出的,所有的戏剧都依赖于认知。找到一部剧中的认知时刻,就意味着你知道了如何"问正确的问题"(规则二),明白了要关注该剧是如何使其人物遭遇认知危机的。我将在本章中讨论的戏剧,其作者均是我们公认的戏剧大师(莎士比亚、契诃夫、易卜生、斯特林堡和贝克特),而且他们每个人都深入思考了戏剧强加于人物身上的那种独特的裸露状态。演员们穿着戏服,但他们的灵魂是赤裸的。他们被对手环绕,被心怀爱意或敌意的同伴环绕,被能够窥视他们最隐秘内心的观众环绕。关于如何阅读(和观赏)戏剧,第一课便是要关注其中的赤裸时刻:在那个时刻,角色彷徨无依,在别的角色面前无所隐藏、不知所措。当然了,戏剧还有另外一种类型——喜剧。在喜剧中,这样的赤裸时刻得以幸免,轻松愉快的友情成为情节发展的推进器。但是即使在喜剧中,角色仍然常常只能依靠自己,他们获得的欢乐也会是岌岌可危的——取决于他们自身在孤独状态下有多么天真或者多么兴高采烈。喜剧中的角色常常依赖于舞台演员的即兴表演能力,从而获得自由,但这种自由是脆弱的。我列举的纯喜剧的例子来自莎士比亚,他是我们最具影响力的舞台喜剧作家。在那些例子中,即使最热闹的幸福结局也会让我们隐约感受到一丝孤独的味道。

  一部戏的"基本思想"(规则九)常常围绕着认知,或者角色相互之间的内心暴露,或者角色得以即兴改变生活的短暂自由。舞台剧的特殊环境意味着,演员在观众和其他演员面前,以及在强加于他的认知面前无所隐藏,毫无招架之力。他随即拿起武器自卫,从幻想和舞台上的即兴创作中汲取力量。但是至少在悲剧中,认知最终获胜。演员最终必须服从作者的计划。

  莎士比亚的《李尔王》是一出注重认知的戏剧。李尔王被残忍的女儿们逼疯,终于认识到自己也是一个赤裸的双面人物,而且也有罪。我们也应该认识到他鲁莽无情地对待科迪利娅和肯特的时候,居然神秘地保持着他的权威感——他的王权尊严的外衣。奇异的是,他在被践踏到最低谷时却攀上了精神的高峰。在他发疯的那一场中,他与盲眼的格洛斯特一起待在荒原里,获得了一种难能可贵的智慧,那或许是莎士比亚曾经写过的最变幻莫测、最令人头晕眼花的一幕场景了,在情感和认知上都迂回曲折。《李尔王》中的大多数角色都试图转移该剧强加在其身上的大量痛苦:弄人、埃德加、肯特和科迪利娅都有其或道德,或幽默,或恬淡寡欲的防御方式;他们对李尔王的爱,以及他们对自身心灵能否存活的忧虑都要求他们选择逃避。但是当李尔王和格洛斯特一起待在那荒原之上,而他自己处在疯狂和愤怒的最高峰时,他拒绝逃避。他完全敞开内心,接受认知。他在向盲眼的格洛斯特说教时,讲出了令其他人难以承受的赤裸裸的真理。这其中,最为尖刻的一句是:"当我们生下地来的时候,我们因为来到了这个全是些傻瓜的广大的舞台之上,所以禁不住放声大哭。"随着该剧临近尾声,李尔步上舞台,怀里抱着科迪利娅的尸体。这一幕令人惨不忍睹:一个著名的例子是,约翰逊博士(我们最伟大的文学道德批评家)认为这一幕难以承受,拒绝接受它。但是李尔自己却拒绝逃避:"为什么一条狗、一匹马、一只耗子,都有它们的生命,你却没有一丝呼吸?"

从我初次读到这些文字开始,它们就一直印刻在我心中,每当亲密的朋友或者家人辞世时我就会想起这些文字。李尔王和约伯(《希伯来圣经》中最崇高且难以回避的人物)一样,他询问的问题永远得不到回答:为什么有痛苦?为什么是悲剧?只有那些铁石心肠的人,那些灵魂已死、麻木地接受束缚我们的冰冷现实的人,才会不对李尔王产生共鸣。他还残存着微弱的一丝希望、一点侥幸,然后喊道:"瞧啊,她动了。"但是她没有动。这时,我们"注意开头与结尾"(规则五),效果会更加惨烈:在该剧的第一幕中,科迪利娅在被李尔王问到她是否爱他时,她"没有话说",而现在她再次不能说话了。这里,李尔王的弱点也是我们的弱点。我们有需要,并且如此迫切地需要一丝善的闪耀、一个苏醒过来的科迪利娅。但是,莎士比亚却不顾所有人的劝告,彻底地杀死了科迪利娅。他"违背了正义的自然理念,违背了读者的期望,而且更奇怪的是,违背了对历史忠实的记载",约翰逊这么抱怨道。

李尔王打算沉湎于幻想中,而且他也的确这么做了。这是个软弱的决定,实在很有人性色彩。他屈从于幻想,幻想对他而言就成了现实:就像他在与科迪利娅重聚的时候,梦想着他们两个一起生活在囚牢中一样。李尔王说,他们将"像笼中之鸟一般"闲聊,谈论那些宫廷新闻("谁失败,谁胜利,谁在朝,谁在野")。"在囚牢的四壁之内,我们将要冷眼看那些朋比为奸的党徒随着月亮的圆缺而升沉。"他心痛欲裂地向科迪利娅讲述着。李尔王知道这一切都是绝望的想象,是企图安慰她和保护自己的一种疯狂的欲望,但一切都太晚,太晚了。李尔王的现实意识强烈得可怕,哪怕他身边的人都认为他疯了。他了解这个世界,也了解自己,而且有此阅历的读者或者观众也能了解他。他因此成为亚里士多德有关认知比喻的最强有力的例证。

《李尔王》告诉我们,戏剧坦露人的内心,认知揭开了角色和命运的真相。这一揭露过程依靠的是时间的流逝感,戏剧将其置于体验中心加以强调。结果可能相当难以理解。埃德蒙冰冷无情,却出人意料地开始萌发一丝怜悯之情。他起初打断了李尔王与科迪利娅和解的悲惨场面。"把他们押下去!"他冷酷无情地喊道,以保护自己免受这一场面的触动。后来他又心生怜悯,取消了之前下达的处死李尔王和科迪利娅的命令。但是,埃德蒙的赦免总是来得太晚,《李尔王》的场场演出均是如此:时间是无法改变的。和任何其他文类不同,戏剧与时间有着密切联系。在我们观看戏剧时,我们花费的时间正是作者、导演和演员希望我们在场的时间。这一事实意味着,钟表总是在舞台上嘀嗒作响,这一点几乎显而易见。戏剧操控时间:暂停似乎可以持续到永远,急速的对话可以设定一个惊人的节奏。在与时间嬉戏的过程中,演员们有时似乎形成了一种惯例——在演出的过程中即兴塑造角色。我记得曾经看过一个杰出的德语版本的《等待戈多》,导演是匈牙利犹太人乔治·塔布里。表演开始时,两位演员正在排练他们的角色——流浪汉狄狄和戈戈,随后场景就悄悄地滑入了戏剧本身。塔布里将所有戏剧所暗含的内容表现得淋漓尽致:

我们面对的是一群演员,他们正在塑造他们的角色,展示他们的演技。在吸引我们观看的同时,他们也发现了自己,因为他们即兴创作了一种生存状态。

戏剧在与时间嬉戏的同时,也和舞台虚构的场景嬉戏:就像谚语里所说的,我们成为一群被俘虏的观众,被迫目睹发生的一切,直到演员们释放我们。每个登上舞台的人都可以演绎自我,用迷人的演出俘获我们这些观众。但是演员也是无所隐藏的:数百只乃至数千只眼睛包围着他。尤其是在悲剧中,观众仿佛是站在明处的命运,是审判演员命运的法庭。演员只是一枚棋子,而且他知道这一点。在所有的悲剧英雄中,哈姆雷特是个特别的例子,他能够完全掌控他的观众,并规避了亚里士多德式的认知。我们并不了解他,他却了解我们;我们无法弄清他的神秘感究竟来自何处。他的掌控力来自他对戏剧事务的专业理解:他明白他是一出复仇悲剧的主人公,并且铁了心要挫败我们的期待。他并不愿意做塞涅卡笔下嗜血如命的恶棍,也不愿意模仿这位斯多葛派哲学家本人,而是比他们更加难懂,更难以捉摸。哈姆雷特比舞台上的任何其他角色都更对戏剧自身的特点着迷。演员可以自由地与他饰演的角色保持一定的距离,去诠释、塑造这个角色,使之栩栩如生——而再没有哪个角色比哈姆雷特更明白这一点了。因为这个原因,哈姆雷特将会一直是最令我们感到难以捉摸的悲剧主人公。

当然了,如果你是坐下来读剧本,而不是走进剧院看现场表演,舞台上发生的这一独特现象就显得不那么明显了。但是,即使你在读剧本,你仍应该对以下这一点保持清醒的意识:在舞台上存在着一个独立的世界,而且演员们可以尝试去左右这个世界。正是这一点使得戏剧观赏的经历如此与众不同。戏剧演员活生生地出现在舞台上,小说中的人物可永远不会这样。他们可以稍稍调整和完善其角色,尽其可能地令其他演员黯然失色,甚至对剧作本身的情节发展提出抗议。不同的剧作者赋予演员的自由度有大有小,留给演员阻碍或推进情节进展的空间也有大有小。戏剧既可以是即兴的创作演出,也可以严格按照主导情节推进。《俄狄浦斯王》便是后一类型的经典之作,是不可自由发挥的典型例子。相比之下,契诃夫和贝克特的作品经常显得松散,适合即兴发挥,即使是情节最严密封闭的部分也是如此。他们留给角色(饰演他们的演员)更大的发挥空间,这远比索福克勒斯给予演员的自由度更高。在《等待戈多》中,贝克特的流浪汉玩弄着情节(事实确实如此):将之击来打去,悬挂在面前摇摆、忧伤、轻佻、病态地凝视着它。

挪威剧作家易卜生是一位现代戏剧创作大师。和莎士比亚、索福克勒斯一样,他也将认知强加给他的角色。易卜生素有声望,是一位冷静的现实主义作家,但这一声望颇具误导性,他事实上是以魔幻的手法来处理话题。易卜生是一位神话制造者,一位充满梦想的作家,而非一个沉闷的、乏味的现代人,虽然他常常被人误以为是那样。他升华了现实,而不是扼杀它。弗吉尼亚·伍尔夫评论说,在易卜生的作品中,"现实的繁文缛节在有些时候须得成为那层面纱,我们透过它看到永恒"。几乎易卜生的所有作品都具有伍尔夫所崇尚的那种幻想的力量(一个例外是《雁》,这是一出残忍的闹剧,以温柔、毫不设防的少女海德维格为中心)。

易卜生有一次在接受采访时说:"在我的作品中一定有巨魔。"在北欧民间传说中,巨魔是一种身材高大、神秘无比、残暴酷虐的生物,他们催促着人类向着极端堕落的方向发展,与蓝精灵完全不是一回事。对易卜生而言,在作品中存有巨魔意味着,通过角色人物所具有的恶魔品质揭露出人性充满厄运的自我核心。易卜生揭示了其人物的根本,其最原始的本质;他们具有一种歌剧般的简明风格,但是却疯狂地献身于各自不同的命运。

易卜生在书桌上放置着一只活蝎子和一幅显眼的肖像画,画上画的是他的死敌——瑞典剧作家奥古斯特·斯特林堡。易卜生在《海达·加布勒》中将斯特林堡描绘成一个一心向上、爱慕虚荣并且狡猾世故的天才,名字叫作乐务博格。易卜生和斯特林堡共同定义了斯堪的纳维亚戏剧富于想象力的璀璨光辉。

易卜生的《建筑大师》以魅惑女郎希尔达的登场开始,这是一个二十多岁,身穿徒步旅行装的女人。自信、强大、说话直接、令人难以招架的希尔达闯入了已经功成名就的建筑大师索尔尼斯的世界。索尔尼斯专横傲慢,缺乏耐心,颇有女人缘,是个自我主义者,不过他始终认为命运会因为他取得的成功而报复他。希尔达提醒索尔尼斯他们在十年前见过面(她说,那时她大约"十二三岁"),那时索尔尼斯刚刚完成他的第一件伟大的建筑作品——他为她家乡的教堂修建了一座塔楼。[塔楼是《建筑大师》的中心"路标"意象(规则六)。]她说,索尔尼斯当时拥抱并亲吻了她,并允诺十年后将她变成一位公主。这个厉害的调情高手希尔达现在宣布"我要我的王国。时间到了",并俏皮地轻敲桌面。我们猜测,希尔达或许是在杜撰这一关键的回忆细节;她几乎(但并没有完全)成功地使得索尔尼斯自己也回忆起这一幕,并令他相信自己是一直想要得到她的。

在索尔尼斯的过往生命里,他也有过一段核心的记忆,而且和希尔达的记忆类似,既真实又虚幻。索尔尼斯向希尔达坦承,他的家里曾经发生过一起火灾,而这满足了他隐秘的愿望。那场大火间接导致了他双胞胎儿子的死亡,但是为他打开了事业的通道,使他成为一名杰出的建筑设计师。他放弃了家庭之爱,全力去追求权力。索尔尼斯身上的某些东西使他类似于瓦格纳的《尼伯龙根的指环》系列歌剧中的高傲又脆弱的众神之王沃坦,还有些东西又使他类似于对权力充满渴求的变态侏儒阿尔贝里希:正如他告诉希尔达的,他的体内有巨魔。不过,希尔达体内也有巨魔。对他们两人而言,听从魔鬼的感召才是人生的意义,而他们相信,那些力量就存在于他们体内,存在于自我的贪婪内心里。

"不可能之事……似乎在向每个人大声召唤",索尔尼斯告诉希尔达,而她表示同意,眼里闪烁着兴奋之光。她把自己比作一只野生猛禽,不过又像猫一样擅长躲避。她毫不掩饰偶尔流露出的对索尔尼斯的轻蔑,而这种轻蔑却就像她的崇拜一样,刺激着他继续下去。易卜生的这部戏剧典型地展示了"相互竞争的声音"(规则三)的强大吸引力:希尔达和索尔尼斯是绝配。

希尔达还有另外一面：索尔尼斯坦白他希望自家的房子被烧掉，这令她有些恐惧；虽然她爱他的雄心壮志，但是多少有点反感他那种自私自利、唯我独尊的野心。易卜生绝妙地赋予希尔达与我们一样的对索尔尼斯的疑虑不安。甚至，他还将她塑造成为一个老练的幕后推手，而且她的目标也与我们一致：刺激着索尔尼斯不断前进，成就一次伟大却具有毁灭性的壮举。她对索尔尼斯又爱又恨的态度也反映了我们的态度：我们为索尔尼斯以自我为中心的狂喜而兴奋，又忍不住鄙视他。

索尔尼斯决定，他将为他的公主希尔达设计一座用坚硬底座支撑的空中城堡，以之作为自己事业的顶点：它还将标志着他们俩之间的情爱联盟的最终实现——这种关系中还包含着奇怪的嘲弄成分。我们一直没有看到这座城堡的建成，但是在易卜生的笔下，索尔尼斯的最后举动给了我们一种胜利和失败神秘交织的感觉。在希尔达的鼓动下，他试图克服自己的眩晕感，将一束花环放置在他为自己建的那座新房子的尖顶上——这是一种尝试复制他十年前成就的举动，那时年幼的希尔达曾目睹他将花环放置在他设计的教堂塔楼的塔尖上。这一次他掉了下来，死了。

在该剧第二幕的末尾，情节朝着上述结局推进，希尔达得意扬扬地轻声说了一段独白，声音很小，几乎听不清，我们只听到"太令人兴奋了"。《建筑大师》结束时，她获得了自己的王国，而索尔尼斯成了为她献身的臣民；她击败了他，杀死了他，又颂扬了他。易卜生的这出伟大戏剧以希尔达的自我庆贺结束，在这个令人胆寒的时刻，希尔达内心深处的巨魔感到心满意足。索尔尼斯的助手拉格纳说："那么，终究，他没能完成。"希尔达这么回答他："（似乎处于一种安静的、着了魔似的胜利状态）""但是他的确登顶了。而且我听见了空中的竖琴声。（向空中挥舞她的披肩，并疯狂地放声尖叫。）我的——我的建筑大师！"希尔达知道这是她人生的顶峰：英雄已被献祭，精神的净化得以实现，胜利已被夺取。

在易卜生的另一部伟大戏剧《海达·加布勒》中,女主人公也和希尔达一样,有一种近似于疯狂的激情。该剧比《建筑大师》早两年完成,也是以灾难性的胜利来结束全剧:海达在毁灭了两个男人之后自杀,最后一次证明了她不停毁灭的性格。希尔达和海达均是天生的反叛者,不过,海达是个愤怒的虚无主义者,她宣称自己唯一真正的才能就是把自己引向无聊至死的境地,而希尔达则抱有一种真正浪漫的幻想:她希望看到索尔尼斯达到自己真正伟大的顶点,哪怕这意味着他的死亡。和海达不一样的是,希尔达并没有摧毁自己;但是,她们俩均是主宰者,而且对她们两人而言,主宰和向难以驯服的命运投降是同一回事,也是唯一值得关注的事。海达是个不朽的灵魂操纵者,她祈求一种弗兰肯斯坦式的力量,去"塑造一个人的命运"。而且当她摧毁了她的情人乐务博格(其原型是易卜生的对头斯特林堡,易卜生把他刻画得可鄙且滑稽)和她丈夫(枯燥乏味的泰斯曼)之后,她的确获得了这种力量。海达与莎士比亚笔下的伊阿古很相似(哈罗德·布鲁姆语),她甚至比那个出名的恶棍更加令人心灰意冷。当海达几乎没费什么力气就哄骗泰斯曼相信,她是出于对他的爱才烧毁了乐务博格的杰作时,她对他的轻信感到厌恶,而不是激动(就像奥赛罗上当之后伊阿古的反应一样)。她的阴谋是一时兴起的残酷念头,而最终控制海达的正是那种纯粹的残酷。在确信乐务博格已经自杀之后,海达欣喜若狂:"终于有了一件值得做的事!"她内心是一个真正的恐怖主义者,在极致的毁灭中寻求美。当易卜生创造希尔达时(这个名字里有海达的影子),他在海达的基础上做了修改,既让她和海达一样神秘莫测,又令她明显地变得不再那么阴暗,不那么具有破坏力。希尔达比海达要年轻得多,她信任她的建筑大师,并且因为他的话语和行为或感到吃惊,或受到鼓舞,或心灰意冷。海达却不会受到她周围人物的影响,她像撒旦一样对他们感到厌烦,对自己也一样感到厌烦。

易卜生的海达太过了解自己:她从一开始就被赋予了自我认知。易卜生预先将认知强加于他的角色;在这方面,他迥异于另一位极其重要的现代剧作家安东·契诃夫。契诃夫允许他的角色逃避自我认知的急迫性。他们享有一种自由甚至梦幻的状态（易卜生的角色则缺乏这种自由）；在条件允许时，他们用幻想来替换现实。契诃夫笔下的人物被半明半暗的愿望和记忆所困扰，他们逃离了易卜生所坚持的那种赤裸裸的对抗。不过，在更深层面，他们不可能逃开自我认知。

契诃夫和易卜生均是描绘衰落的艺术家：借用阿诺德·温斯坦的评论，我们在他们笔下看到了"一个开始下沉的世界"。同样的评论也适用于莎士比亚的悲剧世界。但是，这三位戏剧巨匠之间有着本质的差别。契诃夫的角色逃避自己；易卜生的角色则打破砂锅问到底，哪怕这意味着他们自己的毁灭（易卜生研究者英格丝蒂纳·尤本克曾做如是评论）。契诃夫可能比别的作家更好地向我们展示了，一个人是以怎样的方式存在，而不是他怎么经历某件事情；与之相反，易卜生的主人公们则专注于他们所经历的事情。契诃夫的人物经常任性地、无效地重新塑造他们的过去，而易卜生的人物则被牢牢地拴在他们的历史中。借用伯特·斯泰茨的话，易卜生的主人公"在各方面都受制于自身的问题"。他注定要以一种连莎士比亚的悲剧英雄们甚至都不会用的方式，去实现他本性中的某些东西。麦克白屈从于偶然出现的刺激，例如他在荒原上与三个女巫的会面，虽然这种刺激后来会夺走他的性命。李尔王按他一时兴起的可怕念头行事，将自己周围的世界搅得天翻地覆。奥赛罗和伊阿古之间的恶劣关系似乎也是纯粹偶然的致命想法的产物：伊阿古的恶毒想法在脑海中一闪而过，于是一切就成了定局。在莎士比亚的悲剧中，一切事情原本都有其他的可能性。而易卜生的悲剧却正相反，一切都早有预言，只要你能读得懂预兆——然而易卜生的所有角色几乎都不知如何解读那些预兆。他们被过去所困扰，同时又看不清未来，不知道什么将要到来，什么一定会发生。危机会刺激和提升他们，而且他们还反常地屈从于统治他们的力量。他们急切地渴求经验，而不论那个经验将会产生多么可怕的灾难。莎士比亚的主人公都是自己最好的听众，而易卜生的人物则被牢牢地捆绑在他们的自我认知上,无法为自己表演,他们需要别人来聆听和评价他们。

莎士比亚和马勒一样,会给我们提供一丝喜剧的微风,来平衡一下黑暗、沉重的情节。他笔下的小丑(其中最棒的就是福斯塔夫)都是极佳的娱乐人物。在莎士比亚的笔下还存在着另一个天真的愚人世界——他的喜剧世界。但是,在契诃夫或者易卜生的笔下都没有这样的地方。契诃夫的所有人物都是沉默的傻瓜,都是悲剧英雄;我们需要做的是调整角度,来观察他们之间的千差万别。而且他们都是受困的角色:永远地受到自己、他人,以及古怪忧伤的局势的束缚。与易卜生的相比,契诃夫笔下的局势更多的是一种气氛,而不那么真实。易卜生操控着情节的进展,而契诃夫戏剧的情节在开放的时间和事件中或随遇而安,或完全逆转。詹姆斯·伍德评论道,契诃夫不喜欢易卜生,因为易卜生就"像一个听了自己的笑话放声大笑的人":他考虑的仅仅是清晰明确的戏剧反讽。契诃夫自己的戏剧反讽就更为隐晦一些。伍德注意到,许多契诃夫的角色对自己的故事感到失望:既包括他们讲述的故事,也包括他们自己的生命故事。失望创造出一种渴望的气氛,一种被扼杀的希望。

《三姐妹》或许是契诃夫在戏剧上最伟大的成就。在这部剧中,三位女主人公奥尔加、伊林娜和玛莎在父亲去世之后被留在一座乡间小镇上。她们不断地谈到要返回她们成长的城市莫斯科,却一直没有动身。她们有一个弟弟安德烈,他娶了镇上一位庸俗的姑娘,与她生了两个孩子。但是,三姐妹自己陷入了一种单调的、没有尽头的停滞状态。玛莎是三姐妹中最绝望的,她嫁给了小学教师库雷根,他虽然有好的一面,脾气温和,性格忠贞,但也极其无趣,令人生厌;另两位姐妹则一直单身。三姐妹身边几乎从来不缺陪伴,陪伴她们的是一群驻扎在镇上的无聊且爱玩耍的陆军军官。在该剧的结尾,这些军官离开了。而就在此之前,他们中的图森巴赫在决斗中被杀,而他原本马上就要与伊林娜成婚。另外一位军官维尔希宁与玛莎有婚外情。其余的军官则只会聊天、抽烟、喝酒、打发时间。

契诃夫的角色就像贝克特的剧中人一样,靠玩游戏打发时间。举一个令人回味的例子:玛莎的情人维尔希宁和伊林娜的未婚夫图森巴赫在闲聊时谈到人类的未来。维尔希宁说:"让我们幻想一下……比如我们死后,再过二三百年,生活会是个什么样子。"图森巴赫的理论阐释毫无意义却颇为精彩,带有一种奇怪却凄凉的需求。"什么样呢?"他说,

> 以后人们都坐了气球在天上飞,衣服也改了样儿,也许第六感觉被发现了,并且发达起来,但生活还是一样艰辛,一样充满神秘与幸福。并且再过一千年,人还是这样叹息着:"唉,生活真艰难啊!"到那时和现在还一样,他都会恐惧,并且不愿意死去。[1]

图森巴赫宽慰自己,生活会永远保持原样,不过在另一方面,它一直以某种隐形的方式在变得更好。(他谈到了气球和第六感,他有着多么奇妙的幻想气质啊!)维尔希宁加入谈话,认为他们仅仅通过存在便在眼下这一时刻创造着一种"幸福的新生活",虽然他们不会活到它实现的那一天。契诃夫《三姐妹》中的许多角色都擅长用这种陈腐的自我安慰的方式来表达对于人类命运的想法,这些想法大胆而"进步",却极其含糊其词。他们梦想着从工作中找到生活的目的(而不是像他们这个阶级那样游手好闲),但无论是奥尔加小学教师的工作,还是伊林娜在电报公司的工作,都一样地毫无意义、令人沮丧。他们都看透了各自乐观时刻的脆弱。然而,到底是什么令他们烦恼,却不清楚。

《三姐妹》中的对话充满了各种不符合逻辑的推论。在该剧快到结尾的地方,维尔希宁别扭地跟三姐妹告别。他必须避免和已嫁作他人妇的情人玛莎说话,所以他疯狂地转换话题,不假思索地说出一些有关科学新想法的例子,接着就语无伦次,并最终停顿下来:

---

[1] 选自《剧本五种》,童宁译,线装书局,2014年,下同。

>（看表）我到时间了！从前人类忙于战争！从生到死,全都是出征、逃亡、胜利这些事……现在这种生活已经过去了。留下一大片空白,暂时还无法填补;人类正急切地寻找,当然,是会找到的;唉,只是要快点啊！……（看一眼表）但是我的时间到了……

在契诃夫的世界中,口头姿态越华丽,现实就越乏味;维尔希宁猛烈地击打他在紧张不安中创造出来的空白状态。契诃夫《三姐妹》中的角色和贝克特《等待戈多》中的角色一样,他们多少有些疯狂地用词汇来挖掘浅显的洞穴:这一举动既不会太冒险,也不会挖掘出太多的意义。他们在忧伤中用一些轻松的笑话来自我消遣;他们的话语不解释任何东西,没有任何承诺。与《三姐妹》中的其他角色相比,玛莎不那么受制于自由泛滥的激情;她独树一帜,十分大胆,甚至有的时候完全无所畏惧。她鄙视自己微不足道、鲁钝的丈夫,并对她所身处的狭隘世界完全不满意。她甚至经常放任自己说出残酷的侮辱之词。虽然剧中只是隐晦地提及她与维尔希宁的婚外情,并没有充分展开描写,但还是令我们瞧不起她:她没有独自背负自己悲惨命运的力量。易卜生的海达·加布勒从那种摧枯拉朽的非人性的优越感中获得力量,但是玛莎缺少这种优越感。相反,她的轻蔑在她看来似乎是一种失败,是她宿命的孱弱性格的又一个证明,而不是她的力量来源。玛莎后来在剧中反思她的怒火:

>一个人要是一点一滴地抓住了一点幸福,可接着又把它丢失了,好像我一样,那么着您就慢慢粗野起来,变成一个不好的人了。（指着自己的胸膛）我这里都快沸腾了……

这一刻的自我审视很快便过去了。这就是契诃夫在角色认知方面给予我们的所有内容:他对亚里士多德的形而上概念并不上心（伊林娜的未婚夫图森巴赫在决斗中死亡,这是一个低沉的逆转,是一个反高潮,而不是高潮)。在该剧的结尾,死气沉沉的环境却出乎意料地出现了逆转:军官们要离开了,其中有玛莎的情人维尔希宁;而图森巴赫死了——伊林娜带着矛盾的心情刚刚接受他的求婚。剧作家似乎朝着传统的戏剧结构稍稍靠近了一点,但立即就逃开了。契诃夫让我们听到玛莎的上述话语,正如他经常所做的那样,他通过这个举动向我们展示了角色的自我暴露,但是这样的时刻与其说是在揭示角色的内心,倒不如说是在嘲弄角色。玛莎是以什么方式"一点一滴地抓住了一点幸福"的? 和维尔希宁一起,那是当然,但是或许还有其他的时刻:我们经由这个提醒才想起来,我们对她的过去了解得那么少! 她为什么要嫁给那个当小学教师的丈夫? 她年轻时候的梦想是什么? 我们永远也不会知道。在该剧的前面部分,玛莎用讽刺的口吻祝酒:"敬幸福的梦想……并且但愿我们永不醒来!"她痛苦地意识到,只有刻意忽略现实才会得到一丝幸福。但她无法保持无知和幸福,她清楚自己的痛苦并不会给她带来什么好处。

在《三姐妹》的最后,契诃夫巧妙地将以下四件事情并置:军官们的离去,三姐妹的不满,她们弟媳的专横,以及最痛苦的一件事——玛莎的丈夫欣喜地展示他从学校里一个男学生那儿没收的假唇髭和胡子。这一试图活跃气氛的举动实在是太粗糙,太不自然,太麻木了。然而,这个愚蠢的丈夫库雷根正是以这种漠然的态度向我们展示了一种生存方式,我们谁也无法太严厉地嘲笑这种生存方式。尽管他令人讨厌,但是他仍然以比三姐妹更旺盛的精力来掌控生活,不过我们永远更喜欢三姐妹的敏感,因为她们始终对爱情感到不满。库雷根沉闷迟钝,不过他也是一个善良的好心人。在现实生活中,库雷根和三姐妹可能同样令人无法容忍。玛莎阴郁的绝望感,可能和她丈夫对工作和家庭尽职尽责的渴望,以及他不合时宜、达不到效果的插科打诨一样不讨人喜欢。然而,在我们观看或者阅读《三姐妹》时,我们同情所有这些人。契诃夫是所有作家中最善于调动读者同情心的艺术家,因为他能让我们同情那些我们在真实的日常生活中永远不会喜欢的人物。他们的忧郁我们体验过,他们一方面尝试设想自己的生活,一方面又在努力回避这种设想的艰辛,我们也曾经历过。

　　契诃夫令我们同情他的角色。而冷冰冰、爱挖苦人的斯特林堡却经常令我们厌弃他的角色。我们由衷地讨厌斯特林堡笔下几乎所有的英雄人物,尽管我们为他们愤世嫉俗的滔滔雄辩而欣喜。斯特林堡最著名的戏剧作品《朱丽小姐》是一部关于狂热梦想的杰作,刻画了骄傲任性的人物之间的激烈战斗,而这正是斯特林堡的强项。不过在我看来,《死亡之舞》的第一部甚至比《朱丽小姐》更棒。《死亡之舞》写作于1900年,斯特林堡创作了两部互不关联的戏剧,第一部常常单独演出。它的两个主要人物是上尉埃德加(他极度痛恨所有人和所有事)和他的妻子艾丽丝(她对什么都感到极度不满)。这两个人物被一起放逐到一座小岛上,岛上还有库尔特(上尉的门生,后来成为艾丽丝的情人),以及一群小官僚和军官(他们从未在剧中露过面,不过上尉喜欢拿他们当嘲笑的靶子)。当库尔特问上尉:"一个人坐在那里,周遭都是敌人,像你现在这样,这不可怕吗?"他回答说,他的敌人帮了他的忙:他们帮他获得了成功。仇恨给他的生活提供动力,使他有斗志、有活力。

　　斯特林堡在《死亡之舞》中的对话有时接近歌舞喜剧的套路,辛辣而充满荒诞主义色彩:

> **库尔特**:但您收入很高,我记得您总是这么说。
> **上　尉**:我当然收入高。不过还不够高。
> **库尔特**:那它就不能算通常意义上的收入高——
> **上　尉**:生活很奇怪,我们也一样。

当生病的上尉发现那些被他无情嘲弄的军官带来鲜花慰问他时,他说:"把花插花瓶里吧。我不是个轻信的人,而且人类都是渣滓,但是这份简单的敬意,老天为证,它是发自内心的。"他的回应令人捧腹,既有些感伤,又带着半真半假的戏谑,这引起了艾丽丝的反感。(在斯特林堡的朋友奥古斯特·法尔克准备演出上尉这个角色时,斯特林堡向他演示了如何演绎这个角色。据法尔克回忆,斯特林堡热情地在房间里走来走去,"脸上带着酸甜掺杂、逢迎讨好的表情,姿态既扬扬得意,又令人心酸"。)当被问到为什么有一次他把艾丽丝推下海时,上尉一脸严肃:"我不知道。当时她站在防波堤上,我就感觉她理应到海里去。"当库尔特提醒他,他生病了所以应该上床休息时,斯特林堡的上尉用尖酸的、极其滑稽的姿态回答说:"不,不能那样。不上床。那就一切都完了。再也起不来了。我今天晚上就在这个沙发上睡。"这个上尉或许能令读者联想起其他独树一帜、生机勃勃、滑稽搞笑的厌世者:菲利普·罗斯的小说《萨巴斯剧院》里的米基·萨巴斯(他最终决定放弃自杀,因为,"他怎么离得开?他怎么能走?他憎恨的一切都在这里")以及托尼·库什纳的《天使在美国》中的罗伊·科恩(他是个权欲熏心的强势人物,别人的敌意便是他的食粮)。易卜生的海达也是一个极其憎恨人类的人物。和海达一样,上尉代表了一种胜利的声音。

在斯特林堡的《死亡之舞》中,上尉的妻子艾丽丝是他的绝佳配偶:她也是一个残暴、令人反感、敏感过头的人物,不过我们觉得她和他一样,有一种奇特的魅力。(这一对夫妇堪称爱德华·阿尔比的《谁害怕弗吉尼亚·伍尔夫?》里乔治和玛莎的真正先驱。)《死亡之舞》第二幕的第一场结束时,艾丽丝解开了裙子的纽扣;库尔特咬住她的喉咙,将她扔在沙发上,然后冲下了舞台,这一举动令艾丽丝大为兴奋。艾丽丝甚至可能比上尉更为致命,至少不逊色于他。到《死亡之舞》第一部的结尾,这对愤愤不平、争吵不休的夫妇接受了他们充满闹剧与噩梦的令人生厌的生活。尽管很不情愿,但他们不得不承认他们享受这种赤口毒舌。上尉说他因为一个认知而动摇了信念——他在病中直接看见了死神的脸——但事实上,他与艾丽丝之间的斗争仍将继续下去,似乎永无止境。"让我们继续吧!"上尉在全剧的结尾处咕哝道。他知道这个婚姻的战场必须存在,不仅是为了娱乐他(以及我们),也是为了他的生存。在斯特林堡的《死亡之舞》中,这才是真正的认知:艾丽丝和上尉的位置永远固定不变,他们的生活将永远滑稽却悲惨,在斯特林堡的炼狱中占据一席之地。

塞缪尔·贝克特是第二次世界大战之后至关重要的英语剧作家,他超越了斯特林堡的恶相环生、危在旦夕的世界,来到了一片意义贫瘠的陌生地域。休·肯纳精准地将"贝克特世界"定义为"各种现象的凌乱堆积,其中可以观察到某些对称和重复,就像早期人类所诠释的物理世界一样"。在贝克特的《等待戈多》中,我们看到两个衰颓的人物(流浪汉弗拉季米尔和爱斯特拉冈,他们相互之间称呼对方为狄狄和戈戈)、一棵难看的树和一条乡间小路。我们关注声音和场所感之间的联系(规则三)。关于狄狄和戈戈,肯纳写道,"他们多少有些笨拙地调用杂耍喜剧的资源":背后的一踢、滑落的裤子等。当我们观看贝克特的戏剧时,我们会问自己:我们为什么来这里?我们在等什么?我们等的正是那两个流浪汉等的东西:戈多,一个神秘的角色,而且无须我多说,他始终都没露面。正如肯特评论的,《等待戈多》有时看起来更像是戏剧的不在场,而不是戏剧本身。那两个流浪汉熟悉他们扮演的角色吗?他们有时候结结巴巴,不知道该说什么。在剧中有两次(分别在第一幕和第二幕)出现了一个名叫波卓的人物,他是个恃强凌弱的暴徒,满嘴责骂之词,跟随他来的是他的奴隶幸运儿。波卓忙前忙后又胡言乱语,却不起任何作用。贝克特暗示说,与其像波卓那样大声叫喊,倒不如像狄狄和戈戈那样即兴表演(这种表演可能贫乏,但是更好玩),以及等待。

哈罗德·布鲁姆总结了贝克特对影响他深远的德国悲观主义哲学家阿图尔·叔本华的传承。布鲁姆写道,叔本华将意志看作"一种盲目的压力,一种完全没有立场或者动机的倾向":这种力量无法遏制,因为它存在于我们每个人心中。贝克特的流浪汉被一种无论如何都要做某事的冲动所驱使——尽管他们并不像准法西斯主义者波卓那样疯狂,反而疲惫不堪、心烦意乱、坚持不懈。他们生活在叔本华式的失意中。布鲁姆注意到,"叔本华认为自我是幻想,生活是折磨,宇宙是虚无,而且他准确地将那些洞察力归功于伟大的现代主义者佛陀";而作为"最伟大的虚无大师",贝克特承认自己是叔本华的忠实追随者。然而,正如贝克特的传记作家安东尼·克罗宁指出的,在贝克特的戏剧和小说中有一种"奇怪的热忱"——某种难以言喻的类似于欢乐的东西。狄狄和戈戈虽然疲惫,却还蠢蠢欲动,渴望做些无用之事。他们的表演偷工减料,这一性质符合《等待戈多》中诸事草率拼凑的状态,但从未达到仪式的确切程度。(贝克特晚期的戏剧常常是一种仪式,既包括精彩的《俄亥俄即兴之作》之类对逝去记忆的致敬之作,也包括《非我》之类令人匪夷所思的作品,以及剧中那张被黑暗包围的颤抖、灵巧的嘴。我推荐英国 BBC 公司出品的贝克特系列里面这两部戏剧的录像版,分别由杰瑞米·艾恩斯和朱丽安·摩尔主演。)

契诃夫的万尼亚舅舅曾经宣称今天是自杀的好日子,因此我们在《等待戈多》的流浪汉身上看到了万尼亚舅舅的影子。《等待戈多》中充斥着这种完美的俏皮话:爱斯特拉冈的"我决不会忘掉这一个胡萝卜";波卓的"我也许不太人道,可是有谁在乎呢";对于爱斯特拉冈的"我跟你说我啥也没干",弗拉季米尔的回答"也许你啥也没干。可是要是你想要活下去的话,重要的是做一件事要讲方式方法"。戈戈问:"咱们老是想出办法来证明自己还存在,是不是,狄狄?"想一想狄狄的回答。他回答:"(不耐烦地)是的,是的,咱们是魔术师。"流浪汉们像做戏一样,你推我让,十分客气("不,不,您先请";"不,不,还是您先请");转眼又相互辱骂。相比之下,波卓和幸运儿始终在进行你死我活的激烈斗争。波卓也有他的精彩时刻:"他们让新的生命诞生在坟墓上,光明只闪现了一刹那,跟着又是黑夜。"贝克特在近期出版的书信集中揭露,他后来开始对流浪汉们感到厌烦,但是我们永远不会。

狄狄和戈戈认真地玩弄着救赎、无望、上帝缺失等主题:

爱:(停止,挥着两只拳头,用最高的嗓门)上帝可怜我!

> 弗：(着急)还有我呢？
>
> 爱：(如前)我！我！可怜！我！[1]

在《等待戈多》中，相互竞争的声音(规则三)的范围引人注目。在收到主人波卓的命令"动动脑子，猪"之后，凄惨的幸运儿讲了一长段刺耳嘈杂且令人不知所云的话。其余的角色再也无法忍受他倾泻而出的滔滔之词，于是打断了他的话。这段喋喋不休、含混不清的独白到了最后就成了一堆生硬堆砌的词语，令人头痛：

> 而且不知道什么原因尽管有网球这胡子这烈火这眼泪这石头那么蓝那么平静哎呀呀康尼马拉的头骨那个头骨那个头骨尽管有网球工人们离开留下没完工的坟墓石头砌成的死寂寓所。

幸运儿(显然他名不副实)在这里很像一个预言性的声音：支离破碎，反反复复，狂热之余却没有意识到他提到的那些显而易见的联系可能会有什么样的深意(贝克特加上了"网球"来调和上述语句中那种盲目的、压抑的强度)。幸运儿莽撞的语言攻击后来受到了反击，在该剧的后面部分，狄狄和戈戈一唱一和，说出了一段挽歌般的对话：

> 弗：你说得对，咱们不知疲倦。
>
> 爱：这样咱们就可以不思想。
>
> 弗：咱们有那个借口。
>
> 爱：这样咱们就可以不听。
>
> 弗：咱们有咱们的理智。
>
> 爱：所有死掉了的声音。

---

[1] 选自《等待戈多》，施咸荣译，人民文学出版社，2002年，下同。

弗：它们发出翅膀一样的声音。

爱：树叶一样。

弗：沙一样。

爱：树叶一样。

[沉默。]

弗：它们全都同时说话。

爱：而且都跟自己说话。

《等待戈多》中还有一段话——第二幕中狄狄激昂的长篇大论，它是对当时流行的存在主义思潮的一段颇为有趣的戏仿：

咱们趁这个机会做点儿什么吧！并不是天天都有人需要我们的。的确，并不是天天都有人需要我们个人的帮助的。别的人也能同样适应需要，要是不比我们更强的话。这些尚在我们耳边震响的求救的呼声，它们原是向全人类发出的！可是在这地方，在现在这一刻时间，全人类就是咱们，不管咱们喜欢不喜欢。趁现在时间还不太晚，让咱们尽量利用这个机会吧！残酷的命运既然注定了咱们成为这罪恶的一窝，咱们就至少在这一次好好当一下他们的代表吧！你说呢？（爱斯特拉冈什么也没说。）

这样的求救呼声是在纳粹占领欧洲以及随后的世界大战期间发出的。贝克特自己是法国抵抗运动的英勇一员，他出色地回应了求救的呼声；但现在（贝克特写作该剧的1948至1949年，或者《等待戈多》首演的1952年），贝克特能做的只剩下回顾过去，徒劳无功地唤醒自己。狄狄颠三倒四的长篇大论掺杂了闹剧色彩（"罪恶的一窝""残酷的命运"），不足以激励听众去采取行动。

狄狄的伪存在主义演讲指向了贝克特拒绝提供的认知时刻。而且他也没有提供情节的逆转：戈多永远不会来，流浪汉们将永远回到同一地点，表演必须继续。该剧的活动渐渐慢下来，接着停止。

迈克尔·戈德曼认为我们无法判断《等待戈多》一剧中有多少内容表达了真正的痛苦，而又有多少内容在戏谑搞笑，他的观点抓住了该剧的某些实质内容。有时候，痛苦似乎包裹在滑稽搞笑的外衣之下，而在另外一些时候，喜剧套路又假装痛苦来博取笑声。这种微妙地游移在悲伤和嬉笑之间的特点，使得《等待戈多》在悠久的喜剧传统中占有一席之地。贝克特把世界精简到几乎一无所有，而莎士比亚却将其扩展，展示它真实的、多种多样的色彩。但在另一方面，莎士比亚的喜剧仍然与贝克特的《等待戈多》颇为相像：两者都用滑稽的行为来平衡不幸的静滞状态，而且都鼓励演员的即兴演出。两者还都努力驱除试图推动时间前进的角色（如《等待戈多》中的波卓）发出的刺耳、压抑的尖叫声。不过，贝克特给我们的教训是：哪怕毫无希望，我们也应该等待。这虽然令人沮丧，但也十分有趣。"要耐心"是我给读者们树立的第一条规则，它也是贝克特的世界里一条冷峻的规则。

莎士比亚的喜剧要远比贝克特的《等待戈多》更充满希望，但是两位作者都倡导一种扭曲的能量，和能够应对奇怪时运的诀窍——而不论这种时运是正在萌芽的喜剧套路（贝克特），还是欲望的突然迸发（莎士比亚）。在莎士比亚《第十二夜》（我个人最喜爱的莎士比亚浪漫喜剧）的开头几分钟内，我们就了解到奥西诺公爵的爱情伤痛（他徒劳无望地爱上了奥丽维娅伯爵小姐），奥丽维娅对已故哥哥的哀痛，以及薇奥拉对误以为已经死去的哥哥的哀悼（她的孪生哥哥西巴斯辛将会回归，从而成就该剧的大团圆结局）。奥西诺的忧伤很大程度上是一种自恋性质的自我吸引；在薇奥拉女扮男装伪装成侍童西萨里奥之后，她的忧伤演变成对奥西诺的相思倾慕；奥丽维娅的哀痛则很快被爱情所取代，她误以为可怜的薇奥拉是个男子，并疯狂地爱上了她。奥西诺、奥丽维娅和薇奥拉这三个人物从未步调一致，却共同演绎了一曲爱情挽歌的三重唱。假如这个情节在你看来相当奇怪,甚至有些疯癫,你的感觉没错。《第十二夜》高调上演了一出关于荒唐欲望的戏码:奥西诺、奥丽维娅和薇奥拉,以及奥丽维娅的管家马伏里奥,他们每个人都追求着一个不合适的恋爱对象。马伏里奥受到"次要角色"(包括奥丽维娅的叔父托比和小丑费斯特)的欺骗,误以为奥丽维娅爱上了自己;一群人牺牲了马伏里奥来娱乐自己。莎士比亚清楚地展示了,对马伏里奥的强力迫害是另一种形式的疯狂,就像恋人们的疯狂一样失去控制。

在《第十二夜》中,喜剧的狂欢冲动与另一极沉静的忧郁冲动相互竞争。当奥丽维娅沉湎于失去哥哥的忧伤时,费斯特对她实施了喜剧疗法;几分钟后,在同一幕里,薇奥拉乔装的西萨里奥将会进一步唤醒奥丽维娅,将她从一个凝重的哀悼者转变为一个无所顾忌、为爱疯狂的未婚女子。作为奥西诺的来使,西萨里奥热忱地扮演了一个为爱所苦的追求者,其激情是奥西诺本人永远也无法企及的。奥丽维娅立即深深地爱上了这个奇怪的颇具女子气的年轻男人。她被欲望惊醒,忘记了一切不幸。"我才是她意中的人",薇奥拉深思道,惊讶于奥丽维娅对她(我是说"他")的爱情。(莎士比亚时代的剧院中,女性角色是由年轻男孩扮演的,这一事实更给该剧增加了一些迷人的魅力。)

奥丽维娅突坠爱河正是这部喜剧的核心,而在莎士比亚的悲剧中也存在类似的悲剧核心:凯歇斯使得勃鲁托斯突然有了挥之不去的念头,或者(比这更黑暗)伊阿古鼓动了奥赛罗,或者麦克白夫人鼓动了麦克白。所有这些遭遇都对应着一种共同的经历,这在莎士比亚的悲剧中比比皆是。在聊天的过程中,我们可能会被朋友的问题打断:"你真知道自己在说什么吗?"这个问题经常等同于"你知道自己是谁吗?"。我们正被劝诱着去发现自我的一个崭新、本质的方面。我们又回到了认知这一问题上,这一亚里士多德的关键概念。在他人的唆使之下,勃鲁托斯、奥赛罗、麦克白变成了他们自己。在莎士比亚的喜剧中,类似的诱惑也打开了自我认知的大门。不过,在喜剧中,结果并不是毁灭性的,反而充满了生机。在《第十二夜》中,奥丽维娅进入了角色,扮演起了一个迷惘的、孤注一掷的恋人。她先是被费斯特唤醒,接着被薇奥拉/西萨里奥打动,摆脱了早先的凝滞情绪,发现了一个崭新的自我。

和悲剧不一样的是,喜剧意味着对命运馈赠的接受。(你做了什么使你配得上这一馈赠:命运的青睐?没啥特别的,命运就是青睐你,你就享受吧。)在《仲夏夜之梦》临近结尾的地方,海伦娜在再次遇见狄米特律斯时感激地说:"我得到了狄米特律斯,像是得到了一颗宝石,好像是我自己的,又好像不是我自己的。"这段话可以看作是莎士比亚向喜剧精神效忠的最动人的誓言之一。就像发现宝石的路人一样,海伦娜重新找到了她珍爱的狄米特律斯;但是他看起来仍然不像她的财产,这种不确定性撒下了魔咒。(狄米特律斯仍然处于剧中魔力爱情的影响之下,所以他很有可能也不是他自己。)喜剧意味着放松地进入一种看似魔幻但真实存在的状态;所以莎士比亚的喜剧信条不仅仅局限于让古怪别扭的马伏里奥和愤恨不满的费斯特进行一场你死我活的较量(奈杰尔·霍桑和本·金斯利在特雷弗·纳恩导演的精彩的电影版《第十二夜》中完美地演绎了这场决斗)。这样的较量妨碍了认知的实现;它妨碍了作者的自由,使之不能自由地探索随机事件、即兴会面和以奇怪的方式交织在一起的各种欲望。而所有的这些才是喜剧的命脉。尽管费斯特是《第十二夜》里的小丑,是他促使奥丽维娅开始喜剧生活,但是他对马伏里奥报复性的无情打击有悖喜剧的精神。怨恨和迫害的情节并不适合喜剧,其恶毒的使命和乖戾的意识更适合讽刺剧。为了使《第十二夜》中的复兴精神发挥作用,讽刺必须与喜剧分离,而且喜剧必须占据上风,这就和喜剧元素必须得战胜该剧开头的忧郁情绪是一个道理。

亚里士多德坚持认为,悲剧是建立在认知和逆转的基础上的:人们头一次看清楚自己是谁,事情的状态被颠倒过来。在喜剧中,认知的内容不是英雄的真实身份,而是新奇事物令人头晕目眩的事实,以及史无前例之事的可能性。逆转也在持续发生:每一种忧伤都有可能转变为其对立面,而每一种欢乐也都会暂时搁浅,直到喜剧精神再次掌舵。

  在莎士比亚的笔下,就像在索福克勒斯、贝克特、契诃夫、斯特林堡和易卜生等人的笔下一样,戏剧兴盛的原因在于剧中人物对自身创造性所保持的开放态度,以及他们即兴创造某种消遣或者短暂欢乐的能力。但是戏剧同时还将人物暴露出来,使之面临着剧作家有时颇为无情的艺术审视。这是戏剧无可逃避的现实,它的表演者要受到观众、作者和其他表演者的制约。在戏剧中,哪怕我们只是独自在阅读,也总会实时实地地想象其行动:在那个房间里,在几个小时的时间内,演员们面对着他们的同伴、他们的裁判——观众。在阅读中鉴赏戏剧就要求我们回到戏剧于舞台上表演这个事实,在那个舞台上,剧中人物和我们一样,既在与时间嬉戏,又在与时间竞赛。

阅读随笔

在法语中，essayer 一词的意思是尝试某样东西。从根本上说，一篇随笔（essay）便是一种尝试，一种试验，或者一种实验。1571 年，38 岁的米歇尔·德·蒙田退出政坛，决定把时间花在记录对世界、对自己、对两者之间如何共处的想法上。他决定将他发明的这一文类称为"随笔"。蒙田的随笔和普鲁塔克以及马可·奥勒留等古代作家的沉思录并不相同。那些古典圣贤与其作品保持一定的距离，口气冷淡而审慎。但是蒙田却径直闯入作品中，或放声大笑，或拧眉沉思，从头至尾保持着活跃状态。在他书写的每一行文字中都有他的身影，一个栩栩如生的人物，屹立在他的字里行间。钦佩他的爱默生曾经这样评论：切割这些文字，它们会流血的。蒙田的座右铭是"我知道什么？"——这个悬而未决的问题促使他去研究生活中看似最无关紧要的方面，并吃惊地发现它们充满了意义。他告诉我们："我经常挠耳朵，有时候里面痒。"接着他又补充说，挠痒是"自然界最令人满足的事情之一"。他坐下时喜欢把脚跷得高过椅面；他吃东西时常常因为着急而咬着舌头，有时候也会咬着手指。在著名的随笔《论经验》中，蒙田写道：

> 不必做试验，白天我肯定睡不着觉；两顿饭之间我不能吃点心，也不吃早饭，晚饭后时间不够长便不睡觉，必须在足足三小时之后才上床；我只在睡觉之前繁殖后代，而且从不站着做爱；我不能出汗不擦，不能喝白水及纯酒解渴，不能光头待的时间太长，晚饭后我从不

剪头发。[1]

多有趣的一张清单啊，都是些无伤大雅的小癖好！不过，蒙田并不打算将自己塑造成一个可爱的古怪人物。他暗示，他的这些怪癖没有什么特别的。毕竟，我们自己的怪癖和他的一样值得尊重。

蒙田发明了我们今天所知道的随笔。他的生活就包含在他的字里行间——不过，正如美国当代最杰出的随笔作家之一菲利普·罗帕特在谈论蒙田时所说的那样：这个老狐狸毫无疑问隐藏了许多秘密。他相当坦率，但有时也闪烁其词，而且全然不惧会触怒读者。蒙田向我们证明了，做一个随笔作家就是要在文章中做自己。

我在本章中讨论的随笔作家（蒙田、伍尔夫、哈兹里特、兰姆、詹姆斯·鲍德温和安德烈·艾席蒙）都证明了声音（规则三）和风格（规则四）的重要性。他们都在作品中"探索不同的道路"（规则十三）：作家在顷刻之间变换立场，扭头走上一条新的道路。而且他们都挑战读者"问正确的问题"（规则二）：在随笔看似随意的行文发展过程中，其本质是什么？作者着手想要揭示、想要阐明的是什么？

随笔自有一种谦逊的意味，而且它还暗示着，随笔作家（不论是蒙田还是他的继承者）能做一些小说家或者诗人做不到的事情（例如，随心所欲地突然变换方向）。随笔作家时而大声疾呼，时而低声细语，哄骗我们去相信他或她。随笔可以随波逐流，可以突然转向，也可以走进一条死胡同然后停留一会儿。它们依赖于作者和读者之间可靠的合作关系。

随笔有别于回忆录，后者更坚定自信。今天的回忆录倾向于揭露内心，倾诉秘密。正如斯文·伯克茨在《回忆录中的时间艺术》中所论述的那样，回忆录也是对生命为何会变成这样的一种持续研究。"回忆录返回到过去，参照着已经知道的结果来探讨其原因。"伯克茨说道。随笔研

---

[1] 选自《蒙田随笔全集》，潘丽珍等译，译林出版社，1996年，略有改动，下同。

究的则是一个不同的方面：它不关注叙述声音的历史成因，声音本身就是一种身份的起源。维维安·戈尼克在著作《情境与故事》中指出，随笔作家关注的不是"为什么"，而是"谁"：随笔作家在写作的过程中发现叙述者，从而戏剧性地呈现作者真实的声音。和回忆录不同，随笔经常围绕着作者的经历大发议论，而不是单纯地将经历袒露给读者。回忆录倾向于在两个固定点之间来回摇摆——当下和过去的自我，并受制于自传对时间和地点的严格要求。相比之下，随笔可以有一连串的自我，或者（从另一个角度看）只是始终变化却奇异地保持静止的同一个自我：像天气一样变化着，但是永远具有一种恒定的特质。回忆录牢牢地锁定其主要话题：作者直面和解决人生问题的尝试。对于回忆录作家而言，有些事情需要被解决（哪怕它最终仍然不能被解决）。随笔则更加自由地畅游于世，对解决任何问题都不感兴趣。随笔作家沉溺于其中，提出质疑，最重要的是，拿自己做试验。

罗帕特在为一本精彩的随笔选集（《随笔的艺术》）写序言时，以令人信服的方式解释了小品文（the familiar essay）和个人随笔（the personal essay）的区别。这两种艺术形式都松散迂回，随心所欲，倾向于自由和坦率的表达。但是罗帕特指出，小品文通过可观察提炼的幽默或感染力来营造轻松的笔调；而个人随笔明显着墨更重。小品文温暖地握住读者的手，有时候还倾向于与之分享一些温馨的个人怪癖。这两种形式的随笔都语言坦率，娓娓道来，个性张扬。

随笔作家往往行事隐秘，哪怕是在坦承生活中的丑闻或难堪之事；他们可不能被轻易地捕捉到。他们以一种随意而非严谨的方式，很快承认自己剖析世界的方式是非正式的，由直觉主导，并且认为缺乏凭据是一种优势。他们把自己称为游手好闲者，并认为自己多少要比那些肩负职责的人更加优越。他们挑战世俗思维，以自身的小癖好为傲；他们对嬉戏十分感兴趣，并感谢机缘巧合。

随笔作家愉快地坚守凌乱的风格，哪怕对社会不满也会保持平和的心态,并且通常宽容大度——直白的厌世话语会显得荒谬可笑。他们并不是用文章给读者上课,他们也拒绝唠叨。蒙田是第一位随笔作家,也仍然是迄今为止最棒的随笔作家。他不是按照伊拉斯谟或者古典道德家那样剖析人性,而是给读者提供一个混杂却温情的描写。在蒙田看来,我们像变色龙一样复杂。正如波洛涅斯在《哈姆雷特》中所说的,我们都在上帝造人的过程中沾染了灰尘,而对蒙田而言,灰尘使我们变得更有价值,因为它令我们更加有趣。蒙田对思考和生活所采取的修补匠态度十分适用于他。美国最重要的随笔作家和思想家拉尔夫·沃尔多·爱默生非常推崇蒙田这种关注昙花一现的零散细节的方式,并在他自己的阅读实践中模仿这一方式,寻找文本中熠熠生辉的闪光点。我们必须以同样的方式阅读爱默生:搜寻闪光点,静待任何可能性。

　　罗帕特敏锐地将"厚颜"列为随笔作家最重要的个性特点。随笔作家回避要点,绕着主题兜圈子,提供一些小小的惊喜和高潮,然后就躲躲闪闪地给出结论。有的时候会有一些零散的引用,证明该作家也满怀热爱地随意涉猎了一些书籍。罗帕特称呼随笔为"对自我的基本研究":你可以在哈兹里特、兰姆或鲍德温的作品中感受作者剖析自我的那种亲密而轻快的节奏,再没有比这更能贴近一位作者的了。随笔作家不是好自言自语的人(像贝克特笔下被拴在某处的角色),而是爱交际的人物,与读者保持着近距离的亲近感。他(或她)在情绪来临时可以热情洋溢,甚至喜不自禁,但绝不会得意忘形;强颜欢笑对他而言是束缚。理查德·罗德里格斯是位优秀的随笔作家和回忆录作者。他曾经说过,虽然自己是个同性恋,但他从来不觉得自己是个 gay[1],因为作家在本质上是阴郁的,并不快乐,而他是位作家。

　　尽管许多随笔都染上了喧闹戏谑的色彩,但随笔作家经常感觉孤独,时常陷入忧郁的深思之中。那时,他可以随心所欲地唾弃这个过于熟悉

---

[1] 一语双关,"同性恋"和"快乐的"。

的世界,正如威廉·哈兹里特在《独游之乐》一文的开头所写的那样:"世间诸乐事中,出游是其一,但我所爱者是独游。在室内我还喜欢与人交往,而一旦出了门,有自然给我做伴就已够了。"这话听起来十分坚决。一两页之后,哈兹里特接着说道:"出游的宗旨,是为了寻求自由,彻底的自由:思想自由,感觉自由,行动自由,摆脱种种羁绊与不便。"但是他随后的一句话又将这种自由放置在了一种全新的角度:"为了自由,我连自己都想抛开,怎么还顾得到别人。"我们想要自由,不仅要摆脱他人,也要摆脱我们自己。做你自己,这意味着摆脱一切客套寒暄,一切你在社交场合佩戴的面具。(在这些虚假的谦恭礼貌都被剥除之后,会暴露出什么样的自我?)但是,哈兹里特并不是离群索居者。当他处于合适的情绪时,他可以表现得热情合群,随时准备与人开怀畅谈(就像他在《拳击》一文中表现的那样。我在后面会详细论述这篇文章)。

弗吉尼亚·伍尔夫在《现代散文》中提到,随笔作家不过是把自己暴露给我们。她引用了马克斯·比尔博姆的《围裙之云》,在那篇文章中作者仅仅简单地称呼自己为"马克斯",他自以为是、机敏灵巧(偶尔有点无伤大雅的愚笨之处),很轻易就形成了独特的风格。伍尔夫写道:在19世纪90年代,

> 听惯了劝告、消息和指责的读者突然听到一个似乎不比他们高大的人的亲切声音,一定感到很惊讶。这个人有私人的喜悦和忧伤,没有教义要宣传,没有知识要传授。他就是他自己,简单而直接,并且保持了他自己。[1]

伍尔夫总结道,比尔博姆的成功是个性的胜利,也是作为个性之精髓的风格的胜利。在论及蒙田时,伍尔夫谈到了"一个最大的困难:做自己"。

---

[1] 选自《普通读者》,马爱新译,人民文学出版社,2012年,下同。

"我们一刻也不会怀疑他的书不是他本人,"她说道,

> 他不肯说教,不肯布道,他总是说他和别人一样。他所有的努力就是为了把他自己写下来……至于读书,他读任何书很少能连续读一小时以上,而且他记性很坏,从一间屋走到另一间屋,就会把脑子里想的事忘掉。

伍尔夫的随笔选取了文化和历史中的私人层面,并对其进行了热情的颂扬。(爱默生写道:"没有历史,只有人物传记。"伍尔夫要是读到这句话一定会同意的。)但是伍尔夫还看重冷峻、非凡的环境,她想要令我们感到陌生。一个重要的例子便是她令人惊叹的文章《不懂希腊文化》。事实上,伍尔夫的文化修养甚高,她从孩提时代起便通晓希腊语。她的目的是要强调这门古典语言的纯粹异国感,它带有一个激动人心的陌生世界的印记。伍尔夫认为,我们在阅读古希腊作家时不应该将作家与其周围环境剥离开来,因为希腊的地理环境与潮湿多雾的英格兰大不相同。希腊人的生活中充满了阳光、明亮的岩石和橄榄树林,是全方位开放的场景,便于人与上帝的交流。[这里占据核心位置的是声音和场所感(规则三)。]"这就是希腊文学给我们的第一印象,那迅如闪电的、俏皮的露天风格。"伍尔夫写道。她又接着说道:"每个词都带着橄榄树、神庙和年轻的躯体中奔涌出的活力。"感受到希腊语给予的那种尖锐、活泼的狂喜,伍尔夫简直要大叫出声:"每一寸肥肉都被剔除了,留下结实的精肉。瘦削赤裸,却没有任何语言比它更迅捷、舞蹈、摇摆、充满活力而又控制自如。"所有的读者,只要他能够读懂古希腊语,能够品尝到埃斯库罗斯粗糙的崇高或柏拉图沉静、纯粹的狂喜,都会赞同伍尔夫的描述。但即使是那些对希腊语一无所知的读者,也能在读完她的文章之后受到震撼人心的启示。伍尔夫不仅描绘了一种语言,还率领我们到那个远古的世界里旅行,令我们对希腊文化肃然起敬。

伍尔夫的《不懂希腊文化》带我们浸润在一个寒冷、异域、令人充满向往的古希腊世界。当伍尔夫充分表露出她对消逝的古希腊世界的热情向往时,她急切地带着我们一起前行。她热切地想与读者分享她的愿望,在这一点上她与英国浪漫主义随笔作家的核心人物威廉·哈兹里特十分相像。哈兹里特本人便是他称之为"亲切文体"风格的例证:他立即便把读者变成了同伴。哈兹里特最看重"韵味"(gusto,他的术语),这种对欲望的求索能给观察增加一些核心元素。哈兹里特在《独游之乐》的文本中散布着一些睿智的观察:"地方一变,思想遂变,连看法与感觉也跟着一起变";"世界在我们头脑里也不过与果壳无异";"宇宙的大小完全因人而异,人看自己也只见局部不见整体"。这些零散的睿智之语不会削弱我们,而是提升了我们:我们愈易变,对我们自身的逃避的理解,以及逃避我们对自身的理解,就显得愈发吸引人。哈兹里特的果壳类似于哈姆雷特的世界,它包含了无限。不论哈兹里特在文章中讨论的问题有多渺小,它都可以延伸到整个生命。

让我们听听哈兹里特在《拳击》的头一页上的赳赳雄音,这篇文章堪称他所有随笔中最令人振奋的一篇:

> 我决心去观看这场拳击赛,不管怎么样也要看,而且我的确看了,以一种雄壮的方式。那是我目睹的**第一场战斗**,然而它远远超出了我的期待。女士们——我正是为了你们才做以下的描述;而且美女关注勇士也没有什么不妥之处。勇敢和谦虚是英格兰人的传统美德;但愿他们永远也不会相互给以冷脸和侧目!请想一想,你们这些最美丽、最可爱的人儿,你们这些温柔魔法的修习者,你们用致命的诱惑杀死了多少人啊,其数量远超过那些在赛场上倒下的拳击手。请克制自己,安静地聆听,不要颤抖。这个故事只是表面上看起来悲惨,但对**想象力**而言却是神圣无比!
>
> 我当时正沿着尚塞路前进,想着到杰克·兰德尔的店里问问拳

击比赛在哪里进行。当我透过"墙上之洞"旅店的玻璃门向里看时,听到一位绅士正在问同样的问题。

哈兹里特的这个开头太过火了。他知道自己在这里挺傻的,但是就让他享受一下开场的这个噱头吧。哈兹里特当时爱上了萨拉·沃克,一个比他小二十多岁的女管家,并且令哈兹里特绝望的是,他很快就被对方抛弃了。哈兹里特向女士们直抒胸臆的那些话颇具绅士之风,带着点玩笑的意味,但仍然显得十分严肃和脆弱。这些话在该文的后面又重复出现。如果我们读得很快,很不耐烦,或许会觉得哈兹里特向那些"温柔魔法的修习者"发出的请求不过是与主题毫不相干的跑题话语。但是,假如我们遵循规则一"要耐心",就会发现他用自己的故事来打动女士们的方式自有其意义:它使得哈兹里特自己,而不仅仅是拳击场上的拳击手们,显得热情勇敢、熠熠生辉。他讲故事的手法(他说,他的故事"对想象力而言却是神圣无比")带有半开玩笑的性质,但他也真的想通过作品充满悬念的力量来产生巨大的影响。

就像那些在拳击场外大声谈论拳击以招揽顾客的人一样,在我上引的那段话中,哈兹里特即兴表演了他那胸怀宽广的男性气概。他向"最美丽的人儿"脱帽致敬,并以英格兰的名义要求得到她们的青睐。在几页之后我们还将看到哈兹里特自己展示出"雄壮的方式",就像他去观看的那些拳击手一样伟大。他一路前往拳击场的英雄行为在他看来就是"勇者的丰功伟绩"。哈兹里特经过复杂的精巧设计,把更多的篇幅花在了前往拳击场的路上,而非拳击赛本身。他最终登上了一节拥挤的车厢,与同伴们聊了好几个小时。终于,哈兹里特宣布进入题目中提到的大事情:"读者朋友,你以前可看过拳击比赛?假如没有,那接下来你就等着享受吧,至少毒气男和比尔·尼特之间的这场比赛是这样。"在哈兹里特看来,汤姆·希克曼("毒气男")和尼特之间的这场比赛具有史诗般的重要性:

在第一场，大家都以为比赛会就此结束。在短时间的活动之后，毒气男像猛虎一样直扑对手，在五秒钟内连击五拳，先是三拳，对手踉跄后退，他追上去，又两拳，先右后左，随后对手倒地，一团烂泥。有人大叫一声，而我说："没人能受得了这个。"尼特看上去毫无生气，只是一堆骨肉而已，毒气男的拳头像电流或闪电一样迅捷地打在他身上，你会以为他就是站起来也不过是被再次击倒而已。整个局面就好像希克曼在右手上握着一把剑或者火把，并用它砍向一个手无寸铁的肉体。他们再次面对面站在一起，尼克看上去，不是畏缩，而是特别地谨慎。我看见他紧咬牙关，眉关紧锁以抵御阳光。他的两只胳膊都在胸前直直地伸开，就像两个大铁锤一样，左臂稍高一到两英寸。

哈兹里特把两个拳击手变成了两个巨人般的对手，他们拥有神一样的忍耐力。就像他们有能力一次次从地板上站起来，他们的毅力超过了普通人类。这里我们"感受到风格"（规则四）。哈兹里特的句子节奏模仿了毒气男打向尼特的雨点般的进攻："先是三拳[简短的短语，仿佛击打一样]，对手踉跄后退，他追上去[缓慢展开的一个缓冲句]，又两拳，先右后左[又回到既狠又准的连续击打]，随后对手倒地，一团烂泥[居高临下的总结]。"

尼特最终打出了毁灭性的一拳，《拳击》的高潮部分便是描述毒气男的倒地，作者的描述真正令人心惊胆战：

不太确定他会向后倒还是向前倒；有一或两秒钟，他就悬停在那里，接着向后倒去，他的手在空中划过，脸朝着天空。我从未见过比他倒地前的样子更可怕的东西。一切生命的痕迹，一切自然表情的踪影，都离他而去。他的脸看起来就像一个颅骨，一个骷髅头，正在向外喷射鲜血。眼睛满是鲜血，鼻子流着血，嘴巴吐着血。他不像一个真正的人,倒像一个超自然的、鬼魂般的存在,或者像但丁《神曲·地狱篇》里的一个人物。

哈兹里特在向我们描述毒气男受到的致命一击时,表达了死亡给生命带来的震惊。有一瞬间,他惊呆了,以为自己目睹的是一个死人,而且他还引用了一个文学典故:但丁的地狱。在那一瞬间,他进入了地狱。

哈兹里特从震惊中恢复过来——他喘着粗气,兴奋不已,简直不敢相信刚才的所见所闻。《拳击》在结尾处简短地提到哈兹里特的朋友汤姆斯,他陪哈兹里特一起观看了尼特和毒气男之间的伟大战斗。"又及:汤姆斯第二天来拜访我,问我是否觉得那场比赛完满。我说,我认为如此。我希望他会喜欢我对它的记叙。"

《拳击》一文和它所描述的那场比赛一样,实现了真正的完满:它首先利用我们热切的期待,接着利用比赛带来的剧烈冲击,始终刺激着我们。这篇文章听起来包含了它所有的注解:此起彼伏的强烈期待、令人窒息的暴力场面、令人满意的回忆。它既致力于表现那个场合,又大胆地超越它,骄傲地诠释了"韵味"的含义。通过《拳击》一文,哈兹里特创造了拳击报告文学的首个伟大样本(这个优秀的传统最终在 A. J. 利布林的《甜蜜的科学》中达到了巅峰),它同时还是一篇无可替代的英文随笔。它既令人忧伤,又有高度的喜剧性,堪称斑驳陆离的大杂烩。

哈兹里特的朋友查尔斯·兰姆曾亲历过一场悲剧。兰姆是个温柔、羞涩的人,有点口吃,好饮酒好交际。在 21 岁那年,有一天他回到家里,发现姐姐玛丽因为精神病发作杀死了他们的母亲。这成了笼罩他一生的阴影。查尔斯余生一直都在照顾姐姐;她与他志同道合,几乎是他的另一个自我。正如安妮·法迪曼在优美的评论文章《毫不含糊的兰姆》中所指出的那样,鉴于兰姆可怕的人生经历,他对恐怖有着清醒的认识。(兰姆的《女巫及其他暗夜恐惧》一文对于胆小的读者来说是一次惨痛的经历。)哈兹里特写到他朋友兰姆时这么说:"他的玩笑像眼泪一样灼痛。"

（哈兹里特在此处用了《李尔王》中的一个典故，在一个特别痛苦的时刻，李尔王哀叹："我自己的眼泪/也像熔铅一样灼痛我的脸。"）在 1795 至 1796 年间，兰姆"在霍克斯顿的一个精神病院里愉快地"度过了六个星期。"我经历了好多好多个小时的纯粹幸福，"他在写给另一位密友、诗人柯勒律治的信中这么说道，"柯勒律治，别以为你已经尝过了想象力带来的所有宏伟与狂野，到你发疯时你就知道了。"

然而，除了有点疯狂之外，兰姆通常是温和而迷人的，读者们早就发现了这一点。兰姆喜爱他自身的弱点，因而也珍视一切古老的、不合时宜的东西。在《往年的和如今的教书先生》一文中，兰姆宣称：

> 讲到学问，我比起别人来整整少知道一部百科全书。……近代语言，我一无所知；古典语言呢，我像另一位比我强的前辈[指莎士比亚]那样，"拉丁文知之甚少，希腊文更是不通"。对于最普通的树木花草的形状、质地，我都觉得陌生——[1]

而且他对之一无所知的学科还包括天文学、历史、地理、经济学和许许多多其他学科。

在《往年的和如今的教书先生》一文中，兰姆思考着他的无知给自己带来的好处。他鄙视如今的教书先生，他们不像往年的教书先生那样安于在故纸堆里消磨时光，而非要把一切都拿来说教。当他"跟学生们在那绿色的田野间（那天然的教员）闲逛时"，这位与时俱进的教师就非得找到知识点。兰姆抱怨道：

> 他必须抓住一切时机——一年内某个季节、一天里某个时刻、天上飘过的一片云霞、一道彩虹、一辆运干草的四轮马车、开过去的一

---

[1] 选自《伊利亚随笔选》，刘炳善译，上海译文出版社，2006 年，略有改动，下同。

队士兵——来进行某种有益的训示。……不管碰上什么东西,他都要利用它进行牵强附会的道德说教,结果总是弄得兴致索然。

相比之下,兰姆对以往的教书先生的刻画就颇具珍重和喜爱之情。兰姆说道:他们

> 一心以教读为乐!他们自幼至老,好像一直在文法学校里做学生,做梦似的度过了自己的岁月。他们始终在变格、变形、句法、诗律之间回旋,不断重温在好学的童年时代使他们迷醉的事业,连续扮演着往昔的角色——生命好像只是漫长的一天,最后悄然流逝。

这些老一辈的教书先生既勤奋又懒怠,他们将自己紧紧地包裹在愉快的生活梦境中,就像饭后的小憩一样。兰姆对他们离群索居的敏感具有高度的共鸣,并羡慕他们的安全感。然而,在结尾处,兰姆更愿意揭露如今的教书先生的局限性,而非赞美以往的教书先生。如今的教书先生一直放不下教师的身份,他把遇见的每一个人都当作学生。而且,兰姆强调说,当老师和当学生一样不健康,因为它意味着附着于生命的一种不平等形式。在兰姆看来,拜服于教师的高级头脑的学生并不受益,而会发现自己受了约束:

> 过多地吸取别人的独创思想,就限制了自己本来拥有的那一份思辨能力的发展。陷入别人的思路之中,就同在别人的庭园里迷路一样。这又像一个身材高大的仆人挽着你走路,他步子大,你步子小,非常吃力。

爱默生曾在《自立》中以完全不同的口吻表述过类似的真理。他告诫他的读者:"坚持自己;永不模仿。"不过,对爱默生而言,我们才拥有更

高级的头脑,它只是受到了狭隘思想的束缚。但是比爱默生更谦逊的兰姆也知道这一点。兰姆虽然口头上说自己的反应老旧、过时且不合时宜,但他一定意识到这些反应是多么了不起,多么奇特,多么具有真正的新意。两位作家都知道,我们要想发现自己的创新力就一定要抵挡他人的影响,而且我们需要将世上的每一个人——不论他多么受人尊敬,多么重要或者多么富有革新精神——都看作是与我们平等的人才能做到这一点。

兰姆的论点具有直观的意义:对他而言,最自由最真实的接触就是对话了,这也是唯一真正的交流,而且对话必须发生在平等的人之间,否则就不是对话。我们必须抵制教师与学生之间不平等的教学模式的牵引。自言自语、做梦、闲谈、回忆等也都是教育的途径,但是我们不希望把它们拉到课堂上从而毁了它们。

《往年的和如今的教书先生》在乖戾和迷人之间穿行。兰姆大力摒弃了有关知识和良好教育的有益之处的老生常谈(他认为知识的益处有限,也鄙视良好教育)。不过,尽管这篇文章打破了人们的传统观念,但由于兰姆表现出的温情、笨拙和有点不知所措,而非居高临下的姿态,这篇文章还是有一种迷人的温和气质。

我要讨论的第二篇兰姆的随笔《一个单身汉对于已婚男女言行无状之哀诉》也同样既吹响了战斗的号角,又勇于坦承自己能力的不足。在这篇文章中,兰姆称自己是情感之事上的失败者。他将自己描绘为在与已婚夫妇聚餐时的一个即使不算多余,也受了怠慢的电灯泡。但是在坦承他自己无足轻重的忧伤境遇的同时,他号召读者反抗那些骄傲的已婚人士的傲慢习惯。他既有点无足轻重,又有点煽风点火。

和在《往年的和如今的教书先生》中一样,兰姆也在《一个单身汉》中用文字模仿话题的摇摆和节奏:他会磨蹭,加速,分心,或者跑题。风格和叙述声音在这里是统一的,取得了微妙的效果。兰姆整体上是阳光、友善的,但是总有乌云悬停在附近。很神奇的是,《一个单身汉》居然是一篇和善的随笔,虽然它对已婚男女,尤其是有孩子的已婚男女大大地抱怨了一番。"最叫我感到不是滋味的,莫过于一对新婚夫妇脸上所流露出的那种十分得意、完全满足的神气。"兰姆写道。那幸福的一对儿流露的神情提醒大家,别人都被永远地隔离在这幸福之外。更糟糕的还是有孩子的夫妻——在这里,兰姆的抱怨达到了令人捧腹的高潮:

> 刚才说的还不算什么,等这些人一有了孩子(他们总是要有孩子的),他们摆出的那副神气就更不得了啦。我想了想:小孩子又算什么稀罕物儿?——每一条街上,每一道死胡同里,到处都有小孩子——而且,人愈是穷,孩子也就愈多——人只要结了婚,一般来说,总要托上天之福,至少生出来这么一个不值钱的小玩意儿——这些小孩子长大了,往往不成器,走上邪道,一生遭穷、受辱,甚至说不定上绞架,使得父母的一片痴心化为泡影——所以,打死我,我也说不出,人生下小孩子,有什么可骄傲的?如果小孩子是小凤凰,一年只生一只,那倒还有可说。可他们又是这么平平常常……

请注意那些有趣的不假思索之语——"甚至说不定上绞架"!兰姆从自说自话中收获了无穷乐趣,他的喜悦感染了读者,虽然这些读者很有可能就是他正在抨击的那种不自觉为害的骄傲的爸爸妈妈。我本人是老来得子,直到晚年才惊喜地当了爸爸,所以我可以佐证兰姆的一些不满。在太多的情况下,一个人除非有孩子,否则就不会被视为一个完整的人;每个孩子都被认为是特别的,但是长大成年的单身汉却不会被认为是特别的。

在毫不留情的驳斥之后,兰姆又在下一页里添加了一句献殷勤的修饰语:"我知道,在世界上一切事物当中(那些能生儿育女的俏佳人也包括在内),只有小孩子才是最可爱的。"但是泼出去的水已经收不回来了。而且兰姆没能忍住,又接着提出了另一项抗议,这次是关于妻子们如何离间丈夫和他的朋友们的。兰姆在《一个单身汉》的结尾发出了一个玩笑性质的威胁：假如他的已婚朋友们再不对他更礼貌一些的话，他就在作品中放弃使用拉丁文代号，而是暴露他们的真名实姓，"让那些肆无忌惮冒犯我的人知道知道我的厉害"。我们知道这位作家并不具备真正的危险性，他的风趣降低了这些批评话语可能产生的伤害。我们宁愿把时间花来阅读他的书，包括那些带刺的话语，也不愿意读那些更四平八稳、喜欢咬文嚼字的作家。

和虽然机敏但友善的兰姆比起来，詹姆斯·鲍德温更具攻击性。鲍德温的作品常有辛辣和轻蔑之语，读起来令人兴奋，他可以称得上是美国20世纪最伟大的随笔作家。《土生子札记》最初发表于1955年，在很大程度上可以被看作是鲍德温反驳伟大前辈理查德·赖特的一篇文章：鲍德温曾于1949年在《党派评论》杂志发文抨击过赖特的长篇小说《土生子》。赖特当时已经功成名就，被认为是美国黑人作家的代表人物。因为赖特早年曾经给刚从事文学创作的鲍德温提供过重要帮助，因而鲍德温的这篇评论引起了轩然大波（该文收录于《土生子札记》中，不过这部文集最重要的一篇还是它的同名文章）。赖特在《土生子》中刻画了一个黑人主人公别格·托马斯，他决定报复白人社会并杀死了两个人。别格不会说含糊话，他代表了正直的暴力。别格的律师麦克斯是个犹太人、共产主义者，他在法庭上为别格辩护，在辩词里强烈谴责了种族迫害。

鲍德温和赖特不同，倒是很像拉尔夫·艾里森在其随笔和重要小说《看不见的人》中所表现出的那样：他主张含糊其词，反对正直。在《土生子札记》中，鲍德温沉默寡言、刻薄残忍的父亲是正直的象征。该文反复出现父亲葬礼的场面，在鲍德温看来，父亲的怨气在葬礼上被遗留给了儿子。（戴维·鲍德温实际上是鲍德温的继父，不过鲍德温不知道自己的亲生父亲是谁，一直管他叫父亲。）老鲍德温是位命运不济的牧师；鲍德温在十来岁时还生活在父亲的掌控之下，曾经也当过几年牧师（他于1941年辞职，那年他17岁，两年后他父亲去世）。鲍德温对他"英俊、骄傲、内向"的父亲的评语相当严厉:"他在布道坛上令人害怕,在私人生活中也难以描绘地残忍,他绝对是我见过的最为心怀怨气的人。"不过,即使这么无情的句子也在结束时增添了限定条件:"不过,必须要说明的是,他还有另外一些东西,深藏于内心,赋予了他巨大的力量,甚至是一种无坚不摧的魅力。"可以理解的是,老鲍德温对白人心怀怨气;而作家鲍德温则认为这种代代相传的怒气是一种毒药、一种难以根治的疾病,"一种盲目的狂热、一种颅内的搏动和一道体内深处的火焰"。鲍德温接着说道,这种折磨人的怒气并不是他独有的,而是一种普遍的种族遗传:"没有哪个活着的黑人没有这种怒气流淌在其血管里——我们拥有的选择只是,要么清醒地与之共处,要么不自觉地听其摆布。对我而言,这种怒气在我体内一再出现,而且还将一直如此,直到我死的那一天。"达里尔·平克尼写道,鲍德温声称自己具有"幸存者和目击证人的权威性";他在自己的血肉中感觉到种族的历史。

正如鲍德温指出的,他的遗产和所有美国黑人的遗产一样,是强烈的怒气,是对白人不灭的憎恨。但是这样的怒火具有杀伤力。黑人应当对它保持清醒而不是任其摆布,这就意味着要认识到美国的黑人和白人也是交织在一起的;在两者之间存在的不仅仅是仇恨,还有一种奇怪的,甚至是有悖常理的爱意。鲍德温对这一矛盾心理保持着清醒的认识,因而总是两面摇摆,既倾向于严酷地接受这一憎恨,又认识到憎恨是盲目而浅薄的,并且人们用憎恨抵御的是某种更为深层的东西:"我认为,人们之所以这么顽固地紧抓着仇恨不放,一个理由是他们意识到了,一旦仇恨没了,他们就得被迫面对痛苦。"在他父亲的葬礼上,致悼词的人将他父亲戴维·鲍德温描绘为一个有耐心、有思想的人。在那之后,鲍德温突然意识到,其他的送葬者也都期待,在自己去世之后,能够得到类似的宽恕性的虚假悼词:

这或许是人类能够给予同伴的最后一件事了,毕竟,它也是他们向上帝企求的东西。只有上帝见过午夜的泪水,只有上帝在场,见证了他的孩子在房间里来回踱步,双拳紧握,哭啼悲鸣的时刻。当一个人在愤怒之下打了自己的孩子时,他心中的痛苦在整个天堂里回响,成为宇宙痛苦的一部分。而当孩子们心中充满了饥饿、不满和不信任,而自己看着他们每天都变得更加狂野,更加疏远,正朝着危险一头冲过去时,只有上帝才知道他在用皮带抽打孩子们的背部时他那心中充斥的感情和正在经受的一切。只有上帝才知道他**本应该**说些什么,如果他也能像上帝一样拥有"活言"(the living word)的天赋的话。只有上帝才知道每个父母在那样的房间里所面对的无能为力:怎么样才能让孩子准备好接受他将被鄙视的那一天;怎么样才能在孩子心中**创造**出——靠什么方法?——一种解毒剂,比自己正在使用的药效更强,来解除这种毒药。

而且,鲍德温接着说道,或许他父亲的送葬者们心里正在想,这样的解毒剂根本就不存在,而且他们最终必须得以毒攻毒地消解种族主义毒药。鲍德温在这些送葬者听众中辨识出"思想的几种分歧"。他们反思自己的罪,他们自己无以言说的残忍;他们在上帝身上看到了一种辉煌的可能性:残忍可以被重新描述为温柔和被束缚的自由;但同时,更深一层,他们也在上帝身上看到了那口被隐藏的智慧泉眼,知道了如何言说,如何解释他们无力让孩子们准备好迎接一个被白人社会歧视的未来。在我上引的那一段中,鲍德温对"创造"一词的强调表达了他的不相信和痛苦,也传达了他所描述的这项任务的巨大荒谬感。["创造"是鲍德温此处的"关键词"(规则八):它绝望地指向那个他们渴望从中逃离的出口,而且这个逃离是极有可能无法实现的,他们试图逃离自己造成的、正在经历的,或者无助地观望和忍受的那一痛苦。]鲍德温毫不迟疑地谴责他那个时代的美国白人社会。不过,他也没有放过20世纪40、50年代的黑人哈莱姆运动。他在这篇文章的另一处写道,白人和黑人对贫民窟街道的惨不忍睹负有同样的责任。

在《土生子札记》中,鲍德温非常像他的父亲:十分顽固,十分鲁莽,十分沉默和不屈不挠。当他因为自己的肤色而被新泽西的一家餐馆拒绝提供服务时,他怒火中烧,掷出一个玻璃杯,砸烂了一面镜子。他落荒而逃,心跳剧烈,认定那群愤怒的白人肯定会杀了他。他虽然逃离了被杀的命运,却被自己心中翻腾的仇恨吓了一跳。

鲍德温和《土生子》中的别格·托马斯不一样,也和他父亲不一样。他在骨子里就知道这是一种奇怪的对立。鲍德温在文章的一开始便提到,父亲的最后一个儿子出生在他去世的同一天。接着还有其他更奇特,更有意义的联系:父亲葬礼的那天也是鲍德温自己的生日,还同时是种族暴动的一天——一群黑人暴徒抢劫和破坏了几家白人商店("砸烂某样东西是黑人聚居区无法根治的长期需求",鲍德温写道)。在葬礼上,他反思了对立面聚合在一起的现象。"生与死这么邻近,"鲍德温说道,"还有爱与恨,对与错,都告诉了我一些我不想听的,关于人的,关于人的生命的事情。"他所听到的是:"仇恨能够摧毁太多的东西,而且绝对会毁了那个心怀仇恨的人,这是一条不变的真理。"然而,作为恨的对立面,爱在鲍德温的《土生子札记》中并不容易实现,同样如此的还有对更美好社会的希望。在《土生子札记》文集的其他几篇随笔中,鲍德温鄙视波希米亚艺术家的改良幻想,并用亨利·詹姆斯式的诙谐口吻来调侃共产主义者——他似乎认为共产主义者是些格外无知的孩子:"不论他们怎么赞扬俄国,他们对一个更美好世界的构想都无可救药地具有美国特点,暴露出某种想象力的匮乏,对可疑的、消化不良的准则的可疑依赖,以及一种极其烦躁不安的浪漫主义轻率。"(选自《数千人逝去了》)鲍德温生活的世界里充斥着自我怀疑,相互矛盾的反应,以及对资格的永恒追求,而唯一推动他前行的是对自我分裂的认知。最终,他在伟大的随笔《塞纳河上的相遇:黑皮肤遇见棕皮肤》中以冷酷而满意的口吻对美国白人与黑人的不幸结合发表了意见:"现在他成了他们的骨中骨,肉中肉。"鲍德温这里引用了《圣经》中拉班对雅各说的话（拉班欺骗了他勤奋工作的外甥，后来又被对方骗了），以及亚当对夏娃说的话。（我在规则六"辨识路标"中讨论过这些《圣经》段落。）

和鲍德温一样，安德烈·艾席蒙也探索身份认同的紧张状态，以及它永远分裂的中心。艾席蒙是位埃及裔犹太人：他出生在亚历山大港，成长在埃及、意大利和法国，目前生活在美国，他把自己定义为一个流放者。在随笔《在双重流放中》中，艾席蒙一开始便召唤出了以利亚，他是犹太教逾越节的弥赛亚客人，每场逾越节的家宴都会为他放上一杯酒。在家宴的某一重要时刻，会有一个人起身来为以利亚开门。这是一个肃穆的时刻，甚至令人感觉压抑，艾席蒙写道："每个人都目不转睛地盯着门口，试图想捕捉到那个隐形先知的运动，看看他是如何走进来并在我们预留的那把空椅子上坐下的。"

艾席蒙在勾勒出宗教的肃穆气氛之后，立即轻快地将之甩到背后。接下来他写道：

> 但到那时我的思绪已经漂离好多好多次了。无神论者总是质疑自己为什么在去年做了决定之后今年又来参加逾越节家宴，和他们一样，我开始思考这个仪式对我的意义是多么渺小——开始回忆《出埃及记》里的"十灾"、跨越红海和神赐灵粮。

作为一位随笔大家，艾席蒙用发散性的思维来探索自己内心感觉到的矛盾。他认为家宴不过是一场烦琐的、没完没了的仪式，但是他又了解这个宗教故事的重大意义，知道它唤起了那么多犹太人在抵抗反犹暴政时经历的幸存和解脱的感觉。就像这个家宴故事中的犹太人一样，艾席蒙自己也被迫离开了埃及。迫使他离开的是那位"现代法老"纳赛尔，他剥夺了犹太人的财产并将他们驱逐出境。（1948年，埃及有7.5万犹太人，但在20世纪50、60年代的种族清洗之后，埃及现在的犹太人不足6万。）在

20世纪60年代,就和在《圣经》中记载的时代一样,埃及由暴君统治。但是在大规模离开埃及之后,在沙漠的漫游中重获自由的以色列人又开始怀念埃及。艾席蒙也是如此。艾席蒙在文章中深情地回忆起年轻时在埃及度过的那段懒散而充满魔力的时光。逾越节经常与复活节以及斋月重合,学生们下午不用上学,这样为斋月斋戒的穆斯林就可以休息了。当时,还是孩子的艾席蒙酷爱这样的下午:"那时整个城市都是静悄悄的,几乎没有家庭作业,而且再过几个星期就要放暑假了。"艾席蒙勾画的是一幅田园诗般的场景,埃及的三大宗教和平共处,到处是一片宁静平和。但是,紧接着他又用可怕的记忆打破了这片宁静:那是他家在埃及的最后一场逾越节家宴。"1965年,在我们动身前往意大利的前夕——那次家宴漫长且阴郁,没有按照程序进行,灯光很暗,所有的窗帘都拉上了,以防街上的行人猜测到我们那天晚上在干什么。"艾席蒙反思道,他们一家"庆祝逾越节的方式,和我们的马拉诺祖先在西班牙宗教迫害期间庆祝逾越节的方式一样:偷偷摸摸,近乎耻辱,缺乏信念,匆匆了事"。正是这句"缺乏信念"使得艾席蒙的经历真实可信:他带着矛盾的心情,以打动人心的方式检视自己的情感,并考问他所热爱的东西是否真实存在。贯穿于艾席蒙文章之中的,是犹太人的历史、历史的回响和不断的流放,以及犹太人对真实的无家可归和想象中的家园的永恒愿景。正如艾席蒙所暗示的,以利亚自己或许便是一个鬼魂一样的存在,在自己的人民中无家可归。艾席蒙总结说,每一个犹太人"都是被某个国家驱逐的公民,那个国家从未真正是他的国家,但是他却学会了渴望它,并且无法忘记它"。艾席蒙十分喜爱普鲁斯特,在他忐忑的怀旧文字中浸透了普鲁斯特式的反讽:"我们或许并不总是知道要记得什么,但是我们知道我们必须记得。"我们每个人心中都有一个"自己的埃及",我们永远无法真正了解它,它寄托着我们对家园的怀念式的幻想;我们一直都在流亡,永远如此。艾席蒙温和而坚定地宣布了要忠实于记忆,哪怕记忆充斥着幻想,而且越是如此越要忠实于记忆。他用散文艺术中典型的转折和逆转的手法,将这种忠诚戏剧化地表现出来。

还有哪个文本比蒙田最好的一篇随笔《论后悔》更适合用来结束我们对随笔的讨论呢？《论后悔》一文收录在《蒙田随笔集》的第三卷（最后一卷）中。蒙田在文章中对变化这一无处不在的主题进行了反思。我下面引用的《论后悔》的开头部分是蒙田随笔艺术的浓缩。

> 其他作家常爱教训人，我却描述人，而且专门描绘他们中的一个；此人教育得很不成功，倘若我能重新塑造他，一定把他造就成另一个样子。不过现在木已成舟。我描绘的形象虽然变化无穷，一人千面，却真实无误。地球不过是一个永远动荡着的秋千，世上万物都在不停地摇晃。大地、高加索的山岩、埃及的金字塔也不例外。万物不仅因整个地球的摇晃而摇晃，而且各自本身也在摇晃。所谓恒定不过是一种较为缓慢无力的晃动而已。我把握不住我描绘的对象。他浑浑沌沌、踉踉跄跄地往前走，如同一个永不清醒的醉汉。我只能抓住此时此地我所关注的他。我不描绘他的整个一生，我描绘他的转变：不是从一个年龄段到另一个年龄段——或者如常言所说，从这个七年到下一个七年——的转变，而是从这一天到下一天，从这一分钟到下一分钟的转变。必须把我描述的事与时间结合起来。

"所谓恒定不过是一种较为缓慢无力的晃动而已。"蒙田的这句话多么优美！保持恒定是斯多葛学派的雄心壮志：稳定、可靠、安全。但是在蒙田看来，斯多葛学派的可靠性不过是又一杯令人陶醉但兑了水的美酒。他发现，甚至在那些具有钢铁般意志的斯多葛派学者身上都有一种晃动。他们在幻想中寻求的自由，累积起来不过是另一个幻想；一切都在摇摆晃动，不论看起来多么稳定。蒙田在这里保持了他一贯的风格：毫不忌惮，全面出击，对他自己和对我们都有无尽的吸引力。甚至他对变化的痴迷也转变成一种相反的强调：我们无法逃离自己；我们并没有自己想象的那么易变。蒙田在《论后悔》的开篇就公开承认不断的变化(我一开始就引用了这段话),而后又迅速地转而强调我们不可避免地总是一成不变。于是,我们吃惊地看到,《论后悔》强烈地反对后悔。最终,蒙田承认,我们无法改变我们的本性:

> 我们能痛悔和改正因一时措手不及或感情冲动而犯下的罪过,但是,那种年深日久、根深蒂固,而且扎根在意定志坚者身上的邪恶是不容易扭转的。后悔乃是否定我们的初衷,反对我们原来的想法,叫我们四处乱投,无所适从。

这是一个中年人的智慧,以他的方式和自律接纳自己。他无法拔高自己,超越自己的局限。

我在此处摘录《论后悔》中的一些句子:

> 我呈献于此的是普通而且缺乏光彩的一生。这又何妨。

> 书中都是真话,虽则并非是我想说的一切,却是我敢说的一切……

> 至于我,我很少感到自己受阵阵骚动的干扰,我几乎总是处于一种惯常的状态……即使我魂不守舍,也总游荡在很近的地方。我的放纵不会把我带得很远。在我身上不会发生极端和怪异的举动,却会有猛烈而有益的思想变化。

> 我一向我行我素,保持完整的自我……

> 我的行为有其准则,并符合我的身份和地位。我已尽我所

能……

> 用打击和伤害达不到让我干任何事的目的,只会叫我诅咒这种手段。这种手段只能对付那种需要鞭打才会觉醒的人。我的理智在幸福祥和的环境中运筹得更自如,它理解痛苦远比理解欢乐时更感到迷惘和费力。天清气朗时我看得更清楚。

蒙田并不完全排除真心悔悟的可能性:他只是将标准设得更高一些。"我不知那种肤浅的、平庸的、做给人看的悔恨为何物,我认为的悔恨必须触动我的整个身心,使我撕心裂肺般痛苦,犹如上帝注视着我一样。"他在几页之后又接着说道:"我憎恨年龄带来的那种偶然的后悔。"老年见证了虚弱和欲望的衰退。蒙田在写作《论后悔》时已经50多岁了(这在文艺复兴时期是相当高龄的年纪了),他发现他受到的诱惑已经"极其无力,不值得理智去抵御,只需伸出双手便能将诱惑驱除"。蒙田并没有像斯多葛主义者那样欣喜于自己的心志坚定,而是将这种自控能力归因为他早期欲望的自然消退。

在准备为《论后悔》做结时,蒙田以骄傲、简单、质朴的口吻大声疾呼:"如果有来生再世,我还会以原来的方式再活一遍;我不怨叹过去,也不害怕未来。我对自己并不失望,而且表里都是如此。"蒙田的这份平静但坚定的声明让我们信服。他没有夸下海口,而是说了真话。这种揭示真相的方式包含了情绪和思想的波动,是我刚才讨论过的所有随笔作家的共同特点,从哈兹里特、兰姆和伍尔夫,一直到鲍德温和艾席蒙均是如此。

爱默生是蒙田的崇拜者,他深深地汲取了《论后悔》的精华,并在他几篇最重要的文章中对它有所呼应,最著名的是《圆》和《自立》。爱默生这么评论蒙田:他"令读者进入思考的状态,使他们感受到他的力量,并引发会心的微笑"。蒙田的作品滋养了爱默生,今天它仍在滋养我们。

蒙田创造了随笔这一文类形式,再没有比他的作品更适合用来介绍随笔的光荣历史的了。他督促我们以读他作品的方式来阅读我们自己的人生,要深切地关注我们如何与我们自己,而不是和其他人,进行辩论、实验和争吵。假如我们留意规则一("要耐心")就会发现,所有优秀的随笔作家都遵循了蒙田的指引:他们并不是随心所欲地漫游,而是仔细地选择落脚之处,同时一直关注着读者——他们最好的旅伴。这样的旅行,以及它所开启的所有分支岔道,都值得我们前去一游。

… 结　语 …

查尔斯·兰姆在标题颇为绝妙的文章《格格不入的读书人》中哀叹道：

> 我们阅读的目的是为了跟别人说我们读过。这个时代，读书的速度赶不上写作的速度，但是我们仍然竭尽全力地在后面追赶……我们非得要以这么令人痛苦的速度来给杂志写评论吗？我们难道再也不能纯粹为了愉悦而阅读？而非得是为了评论、批评和谈论才去阅读？再见了，那些非当代作品给我们提供的古老的、诚实的愉快感——那时候，现代的无尽新鲜事物还没有淹没我们——再见了，为了阅读本身而进行的阅读！

兰姆此处所说的"为了阅读本身而进行的阅读"指的就是我在本书中描述的慢阅读，这种阅读需要耐心的实践，其目的也只是为了愉悦和个人理解。在"阅读随笔"一章中，我把主要精力集中在对兰姆作品的分析上。他的作品时而犀利辛辣，时而又奇怪地令人心生慰藉。兰姆古怪的短篇杰作还包括《古瓷器》和令人（甚至包括像我这样的素食主义者）口水直流的《论烤猪》。他还是一位值得信赖的评论家，比我们当前的阅读潮流要领先好几个世纪。兰姆上述的哀叹之语写于1825年，但在今天也极其适用。在这个繁忙的多元化信息时代，我们的确发现自己苦于各种各样的"现代的无尽新鲜事物"，我们疲于跟上和理解这些东西。我们不是像兰姆理想的那样,"为了愉悦"而阅读。相反,我们阅读是为了知道该说些什么。我们点击鼠标,接着再闲聊下去。加里·施特恩加特写了一部妙趣横生的小说,叫《超级悲伤真爱故事》。小说以不久的将来为背景,那时的人们,尤其是年轻人,完全不屑于阅读。他们用移动设备来了解实时更新的八卦资讯,但是并不阅读。在大学课堂上,他们会在不得已时浏览"经典文本"以获取信息。施特恩加特的反乌托邦社会十分接近我们当前的现实。兰姆所谓的"为了阅读本身而进行的阅读"似乎已经被彻底遗忘了。取而代之的是,我们通过电子嘴巴来过滤繁杂的语言资讯,只收获了如浮游生物般零星的知识。

不过,我们最终会对这种浮躁而毫无裨益的行为感到厌倦。我们渴望收获更多,渴望慢阅读。接近一本书,亲近其作者并从中得到回馈,这种阅读方式是可以通过学习掌握的,不过正如我在本书中指出的,它只能在实践中学会。

威拉德·施皮格尔曼说:"真正的读者早早开始阅读,幸运的他们并不知道自己为什么拥有这项爱好。"普鲁斯特把完全与书本为伴的少年时光称为"神之欢愉"。狄更斯笔下的大卫·科波菲尔回忆道:"一个夏天的傍晚,男孩们在教堂院子里玩耍,我坐在自己的床上读书,就好像那是我的生命一样。"比较一下理查德·赖特关于自己年轻时读书的评论:"我已经品尝过生命之于我的滋味,而且我还想品尝更多,不论以怎样的方式。"佐拉·尼尔·赫斯顿靠阅读北欧神话来逃避美国小镇的生活:"我的身体待在村子里,可我的灵魂却和诸神在一起……我渴望逃离单调乏味,在某场伟大的战斗中大施拳脚。"不论多大年纪,每当我们认真阅读时,都会重新拾起年轻时的热情和梦想,获得一种永恒的青春状态。

再没有比引用弗吉尼亚·伍尔夫的话更适合结束本书的了,她堪称史上最伟大的读者。在她不朽的文章《如何读书?》中,她主张仔细、愉快、孤独地阅读。要想以伍尔夫教导的那种方式阅读,我们必须得逃离"身穿厚皮袍和大礼服的权威专家",他们总是告诉我们书籍的意义何在,把每本书都熬煮成一个教训、一个口号、一场讲座。伍尔夫建议,不要理睬这些枯燥乏味的教书先生,而要找到作者。伍尔夫呼吁道:"不要对作者下命令,要努力设身处地,成为他的同事和同伙。"这样忠诚的友谊会得到回报,你会得以窥见人性的光辉,它照亮了你所读之书的每一时刻,每一道细小、明亮的缝隙。"如果你尽可能敞开胸怀,那么从开头语句的转承曲折中,那些几乎不易察觉的迹象和暗示,就会把你带到一位独一无二的人物面前。"

每一位真正的读者都应该记住伍尔夫《如何读书?》的结尾部分,并以此作为自己骄傲的独立宣言。伍尔夫给予阅读的赞颂无疑比任何人都更高贵、更公正。伍尔夫问道:

> 难道就没有什么事情是可以因为它本身的价值而做的吗?难道就没有什么快乐是终极性的吗?至少我有时梦想,当末日审判来临,伟大的征服者们、律师们和政治家们来接受奖赏——王冠、桂冠、刻在大理石上的永不磨灭的姓名时,上帝看到我们夹着书走过来,会转向彼得,不无嫉妒地说道:"看,这些人不需要奖赏,我这里没什么可以给他们的。他们爱好读书。"

伍尔夫给我们上了最重要的一课:不必为热爱读书而感到愧疚。[莫琳·科里根在书名十分别致的《别烦我,我在读书》中坦承:"当我与别人(哪怕是我最亲近、最热爱的人)共处时,我总会有某一时刻感觉自己宁愿正在看书。"伍尔夫肯定会同意她的观点。]伍尔夫巧妙地借用了账本的概念进行演绎:上帝为我们每个人保管着一个账本,记录我们的善恶行为。伍尔夫认为,读书使我们有能力自己记账。现在我们得到了回报:当我们阅读时,在那张被灯光照亮的书页上,我们以更真实也更奇特的方式认识了自己(华莱士·史蒂文斯语)。在阅读中,我们比最传奇的伟大男女都更具有英雄气概。"然而,谁又是为了达到什么期望的目的而读书呢?"伍尔夫问道。她力主阅读本身的完整性。慢阅读不要求也不承诺任何世俗之物,但是忠实的读者比社会活动家、伟大的征服者和政客都更深入地属于这个世界。有书稳稳地握在手里,我们会觉得那些人不过是些给人类带来麻烦的人。

爱默生渴求"书籍能在我们的生命中与父母、爱人以及热血沸腾的人生经历相提并论"。而卡夫卡则在一封写给朋友奥斯卡·波拉克的信中谈到,"有些书简直就像钥匙一样,能打开自己的城堡中一些我们并不熟悉的房间"。我们在读书时希望能找到一本能够打开我们的心门,甚至撞进我们的内心的书。正如哈罗德·布鲁姆所建议的那样,我们在读书时渴求某种比我们自己更具原创性的东西——新的体验,那将是与我们熟识之物极端不同的东西。这种新奇感会在我们心中找到合适的位置,并让我们热烈拥抱它。它会成为我们的一部分,并且我们总是可以通过简简单单地拿起书本就能再次重温这一体验。今天,我们比以往任何时候都更加深刻地感受到数字科技的浅薄承诺所带来的失落感,它提供的交流方式越来越快捷,越来越独特,却令人越来越不满意。我们不需要再时刻刷新了解最新的消息。相反,我们应该后退一步,想一想伍尔夫以及其他许多人都曾颂扬的:慢阅读带来的回报。全身心投入一本书中,这或许是我们找到自身需求的最稳妥的渠道。

致　谢

我首先必须感谢 John Kulka，他是我在哈佛大学出版社的责任编辑。拜他的指导和修改，本书才得以成形。他还是我之前出版的几本书的责任编辑（其中包括《新编文学术语手册》，该书可以当作《快时代的慢阅读》的辅助读物）。我衷心感谢以下诸位的宝贵建议：Harold Bloom、Morris Dickstein、Mark Edmundson、Rachel Hadas、Herbert Marks、Willard Spiegelman，以及特别要提及的 Jenn Lewin（他提供了关于史蒂文斯的一条重要意见，以及其他的帮助）。Martin Greenup 就我对狄更斯的讨论提供了宝贵意见。文学学者、评论家和作家协会（该组织真正重视阅读的生命力和普通读者的生存状态）的成员们在我构思本书时起了重要的作用。我尤其要感谢以下几位与我的交流和对我作品的评论：Greg Delanty、Mark Halliday、Christopher Ricks 和 Rosanna Warren。美国休斯敦大学荣誉学院的现任院长 Bill Monroe、前任院长 Ted Estess，以及该院的创意写作项目，都为文学研究的存在和良好发展提供了鼓舞人心的证据。我的同事们也教会了我许多有关阅读之事，他们是 Richard Armstrong、Susan Collins、Robert Cremins、Jamie Ferguson、Tony Hoagland、Kathleen Lee、Andy Little、Ange Mlinko、Iain Morrisson、Jesse Rainbow、Tamler Sommers、Rob Zaretsky 和 Jonathan Zecher。

在本书的相关部分，我曾简短地引用了以下两部精彩选集中的文章及其对阅读的评论：Steven Gilbar 编辑的 *Reading in Bed* 和 Julie Rugg 编辑的 *Buried in Books*。Helaine Smith 的著作 *Homer and the Homeric Hymns*

为我提供了范本，教我如何提出有关阅读和解读的最重要的问题。

我的父亲 Louis Joseph Mikics 在我快要结束本书写作时去世了，他是我的榜样，他的慷慨、乐观，以及直面困难的勇气，都令我受益良多。在我写作这本书的过程中，我的岳父母 Larry Malkin 和 Edith Malkin 一直陪伴并支持着我。最后，我要向妻子 Victoria Malkin 和儿子 Ariel Malkin Mikics 表达我最深的谢意。